Florian Göttler

Der Friedhof der Dinge

Buch

Wenn etwas verschwinden muss, möglichst günstig und für immer, gibt es weit und breit keinen besseren Ort als Ignaz Hallgrubers Schrottplatz. Ignaz nimmt es nicht so genau. Er nimmt einfach alles. Der Schrottplatz floriert, und über die Kohle, die Ignaz und sein ewiger Praktikant Max Gold bei Haushaltsauflösungen abstauben, lässt sich auch nicht meckern. Also alles gut? Eigentlich schon. Wäre da nicht Ignaz' Menschenscheu. Es ist ja nicht so, dass er seine Mitmenschen nicht mag. Er mag sie nur nicht um sich haben. Aber die Katrin von der Gemeindebücherei ist einfach verdammt süß und irgendwie anders. Also raus aus der Komfortzone und rein ins pralle Leben. Doch plötzlich ist jemand tot, der es echt nicht verdient hat, auf dem Schrottplatz gibt es ein Rattenproblem, und noch wichtiger: Wann gibt es endlich neue Sachbücher in der Bücherei?

Autor

Florian Göttler, 1977 in Dachau geboren, veröffentlichte 2018 sein Erstlingswerk *Voll aufs Maul*, eine Satire, die mehr als ein Geheimtipp ist. Mit *Ein Heimatlied von Gier und Grausamkeit* (2020) widmete er sich den brennenden Themen unserer Zeit: Umweltzerstörung, Wachstumsirrsinn, Geldgier, falsche Heimatliebe – und blickte tief hinein in die dunklen Abgründe des menschlichen Denkens, Fühlens und Handelns. Mit *Der Friedhof der Dinge* (2021) klettert er zurück ans Licht trotz trister Corona-Zeiten. „Ich wollte ein Gutelaunebuch schreiben. Es schien mir der richtige Zeitpunkt." Der Autor lebt zurückgezogen in Dachau bei München. Er findet das nicht schlecht. Sogar äußerst hervorragend.

Für Marie-Theres

Bibliographische Information der Deutschen Nationalbibliothek:
Die Deutsche Nationalbibliothek verzeichnet diese Publikation in
der Deutschen Nationalbibliographie, detaillierte bibliographische
Daten sind im Internet über dnb.dnb.de abrufbar.

TWENTYSIX – Der Self-Publishing-Verlag
Eine Kooperation der Verlagsgruppe Random House und
BoD – Books on Demand

Copyright: 2021 Florian Göttler

Herstellung und Verlag:
BoD – Books on Demand, Norderstedt

ISBN: 9783740780395

Prolog

Treffen sich ein betrunkener Bürgermeister und ein Singer-Songwriter in der Nacht auf der Straße. So könnte ein Witz beginnen. Einer, der entweder den Politiker auf die Schippe nimmt oder den Musiker. Wenn er gut ist, vielleicht beide. Aber Vorsicht, der Schein kann trügen, wie man spätestens seit Robert Rodriguez' Dokumentarfilm *From Dusk till Dawn* weiß. Darin gondeln die Bankräuber George Clooney und Quentin Tarantino mordend und brandschatzend Richtung Mexiko, zunächst in einem 68er Mercury Cougar, dann tauschen sie den Mercury gegen einen Fleetwood Pace Arrow. Das muss man sich erst mal vorstellen, einen Mercury Cougar stehen lassen für einen hässlichen Kübel von Wohnwagen, das ist ja schon die erste dramatische Wendung in dem Film. In Mexiko landen sie schließlich im Titty Twister, wo ihnen eine junge Frau namens Santanico Pandemonium als begabte Tänzerin auffällt, und man ist als Zuschauer guter Hoffnung, dass sich das Bewegungstalent vielleicht dem kuriosen Roadtrip der Gangster anschließt, weil das allein schon aus ästhetischen Gründen ganz hübsch wäre für den weiteren Fortgang des Films. Vielleicht ist sie auch nett, womöglich sogar klug, und könnte etwas Lehrreiches für den Zuschauer beisteuern, aber nein: Baaaaam krabumm, das flotte Mädel verwandelt sich von einer Sekunde auf die andere in einen furchtbar hässlichen und übelgelaunten Vampir, ein Monstrum vor dem Herrn, was echt schade ist, und mit ihr verwandeln sich fast alle anderen Angestellten der Vergnügungsstätte, vielleicht sind sie gewerkschaftlich organisiert oder einfach unorganisiert solidarisch, das lässt der Film offen, und der Film ist auf einmal kein Killergangsterdokumentarfilm mehr, sondern wechselt Knall auf Fall ins Teuflische-Vampire-machen-sich-über-rechtschaffene-Clubgäste-her

-aber-man-kann-ihnen-relativ-leicht-ein-Stuhlbein-in-die-Brust-treiben-Genre. Selten hat dieses einen besseren Film hervorgebracht.

Nehmen wir Rodjon Romanowitsch Raskolnikow, den rechtschaffenen und blitzgescheiten Jurastudenten in Dostojewskis Jahrhundertroman *Schuld und Sühne*, dem man als Leser beide Daumen drückt, dass er es zu einem glücklichen Leben und einer erfolgreichen Karriere bringt, er müht sich ja redlich und hat sicherlich das Talent dazu. Raskolnikow stattet der alten Pfandleiherin Aljona Iwanowna einen Besuch ab, als wohlgesonnenem Leser geht einem da das Herz auf, weil der junge Mann trotz des Stresses und Trubels, die ihm der Autor zumutet, sich die Zeit nimmt, eine alte Frau zu besuchen, aber oh Schreck, er hat ein Beil in der Hand, man hofft noch, dass er ihr beim Brennholzmachen helfen will. Rechnet doch keiner damit, dass er der Alten mit dem Beil den Schädel spaltet. Wie bitte, jeder rechnet damit? Na gut, schlechtes Beispiel. Als aufmerksamer Leser hätte man Raskolnikows Mordabsicht in Erwägung ziehen können.

Nehmen wir Jonathan Hart, den Selfmade-Millionär. Wer hätte je gedacht, dass dieser smarte Gentleman und seine wunderschöne Gattin Jennifer ein mörderisches Hobby haben und, soweit es die Geschäfte zulassen, in ihrer Freizeit auf Verbrecherjagd gehen? Wie bitte, der treue Chauffeur Max verrät das bereits im Vorspann der Sendung *Hart aber herzlich*? Er tut das jedes Mal, in allen 110 Episoden? Okay, vielleicht sind meine Erinnerungen an die Eheleute Hart und ihren Chauffeur Max über die Jahrzehnte ein wenig verblasst. Und seit ich *Schuld und Sühne* gelesen habe, sind auch schon ein paar Jahre vergangen, außerdem fehlte ein nicht unwesentlicher Teil des Romans in meinem Buchexemplar. Der Vorbesitzer hatte offenbar die wichtigsten Stellen herausgetrennt, bevor er es mir für zwei Mark fünfzig an seinem Bücherstand auf dem Bürgersteig vor dem Schweinchenbau der Ludwig-Maximilians-Universität verkaufte, aber den Schein habe ich trotzdem bekommen. Hoppla, wieder eine unerwartete Wendung. Kann man davon ausgehen, dass ein, vorsichtig ausgedrückt, literarisch unbeleckter Lotterstudent mit einem Buch, dessen entscheidende Seiten fehlen, von einer russischen, Dostojewski vergötternden Dozentin tatsächlich einen Schein ausgehändigt bekommt, sogar mit Note zwei? Und dass er dafür nicht mal eine Seminararbeit schreiben musste? Man denke jetzt bitte nicht, was man vielleicht denken will: Junger, langhaariger Student und russische Dozentin, da geht doch was. Nein, ich bekam den Schein einfach nur dafür, dass ich Woche für Woche im Seminar den weiteren Fortgang des Romans nacherzählte. „Herr Göttler, Florian, schildern Sie doch bitte, was vorgefallen ist auf den letzten fünfzig Seiten. Sie erzählen das immer so schön naiv." Und jedes R in Herrr, Göttlerrr, Florrian und schilderrn klang wie eine Salve aus einer Kalaschnikow, aber das O in Flooorian und voorgefallen und das Ö in schöööön klangen nach wohlmeinender, vielleicht auch mitleidender Milde. Ich bekam den Schein, aber insgesamt bringt uns das nicht weiter, was dieses Buch hier betrifft.

Nächster Versuch: *Die Blechtrommel*, der Kaschuben-Klassiker. Riesig ist die Vorfreude des Lesers, diesen kleinen fidelen Oskar Matzerath durch seine Kindheit zu begleiten, zu lesen, wie er wächst und gedeiht und zu einem stattlichen Mannsbild heranreift, wie ihn nur die Kaschubei mit ihrer eiweißaffinen Kulinarik hervorzubringen in der Lage ist. Aber nein, der kleine Trommler beschließt an seinem dritten Geburtstag trotzig, von diesem Tag an nicht mehr zu wachsen.

Ein aktuelleres Beispiel, an das ich mich besser erinnern kann: *Babylon Berlin*, dritte Staffel. Die ist freilich nicht mehr so faszinierend wie die Vorgängerinnen, nicht wirklich spannend, nur noch unterhaltend, ein netter und gelungener Zeitvertreib. Die wunderbare Kriminalassistentin Lotte Ritter baumelt fünf oder zehn oder zwanzig Meter hoch an einer Kette, die Höhe variiert je nach Kameraeinstellung, ihre Kräfte lassen allmählich nach, sie ist ja recht zart und filigran geraten, kein Kraftlackl, sie droht jeden Augenblick in den Abgrund zu stürzen, aber als Zuschauer ist man sich sicher: Sie wird vielleicht fallen, aber sie wird dabei verdammt nochmal nicht draufgehen. Nicht in Staffel drei. Und ihre Überlebenschancen stehen wohl auch in den folgenden Staffeln recht gut.

Genauso ergeht es dem bedauernswerten, weil kriegstraumatisierten, drogensüchtigen, von seiner Frau verlassenen und seinem Bruder tyrannisierten Gereon Rath. Die Bösewichte können ihn noch so eifrig durch die Kulissen prügeln, ihm die Rippen entzweibrechen wie Zündhölzer, sein Backenfleisch durchstoßen, bis ihm der stählerne Pfahl blutrot glänzend zum Mund herausragt, aber sterben wird er nicht. Wir sind ja nicht bei *Game of Thrones*. Da geht sowas, da werden die Protagonisten ohne Rücksicht auf Verluste zerfetzt, dass es eine wahre Freude ist. Aber doch nicht in Babylon und nicht in Berlin.

Wie handhaben wir das in Engelberg? Kennen Sie nicht? Macht nichts. Engelberg, ein Wort, zwei Lügen. Niemals ist ein Engel dort hingeflogen. Die Behauptung des Mönchs Anselm Musius, der Herr sei ihm gnädig oder brate ihn weiterhin eifrig im Fegefeuer, wer kann schon mit Sicherheit sagen, welche göttliche Strafe auf blühende Phantasie steht, jedenfalls erwies sich die Erzählung des Mönchs, ihm sei an Heiligabend des Jahres 1349 ein Engel in der Sakristei der örtlichen Kapelle erschienen und habe ihm aufgetragen, auch außerhalb der Fastenzeit jeden Tag mindestens fünf Liter Bier zu trinken, als plumpe Schummelei. Das ist verbrieft, es steht in einem noch erhaltenen Schriftstück des Vatikans aus dem Jahr 1353, von Papst Innozenz VI. höchstselbst signiert, und damit handelte es sich im übertragenen Sinn um einen Brief direkt von Gott, in dem dieser die Engelserscheinung auf den legendar ubermäßigen Alkoholgenuss des Mönchs zurückführte. Anselm Musius habe nicht mal die Farbe der Engelsfedern konkret beschreiben können, heißt es in der päpstlichen Weisung, in der der Papst dem zuständigen Kardinal zu einer angemessenen Bestrafung des Irrgängigen riet, deren Härte er dem Ermessen, der Weisheit und Gnade des Kardinals anheimstellte, man rate zu einer Verbrennung oder Enthauptung, vorheriges Teeren und Federn sei nur angeraten, wenn ausreichend Teer zur Verfügung stehe. Die Engelserscheinung, auf deren Stattfindung Anselm Musius noch auf dem Scheiterhaufen lauthals bestand und behauptete, er habe die Farbe der Federn nicht beschreiben können, weil er farbenblind sei und alles nur schwarzweiß sehe, aber das sei ja jetzt wurscht, jetzt brenne er ja schon, die Engelserscheinung war trotz der aufrichtigen Beharrlichkeit des Verbrennenden alles in allem unwahrscheinlich. Warum sollte ein Engel diesem trostlosen Flecken Erde einen Besuch abstatten, wenn es doch so viele andere schöne Orte gab?

Auch das mit dem Berg im Namen Engelberg ist eine Lüge. Der Berg ist ein kleiner Hügel, ach was, eine Anhöhe. Wäre ja gelacht, dürfte sich jede Anhöhe Hügel nennen und jeder Hügel einen Berg.

Aber wie ist es, abgesehen von fehlenden Engeln und Bergen, um die Verhältnisse in Engelberg bestellt? Literarisch unentdeckt fristeten die Engelberger bisher ein unbeachtetes Dasein. Zeit, das zu ändern. Ich lebe seit mittlerweile 43 Jahren nur ein paar Kilometer entfernt von Engelberg. Bisher kam es mir wie allen anderen Menschen überhaupt nicht in den Sinn, über Engelberg zu schreiben, nicht einmal den Engelbergern selbst. Aber als mir jemand von Ignaz Hallgruber erzählte und seiner verrückten Lebens- und Liebesgeschichte, da kam es mir wie eine schriftstellerische Unterlassung vor, würde ich seine Geschichte und das ganze Drumherum nicht aufschreiben.

Ich muss, bevor ich Ihnen bald von Ignaz Hallgruber und einigen anderen Engelbergern berichte, vorausschicken: Ignaz Hallgruber hat an der Entstehung dieses Romans nicht mitgewirkt. Ich habe nie mit ihm gesprochen. Naja, einmal schon. Damals, als ich auf seinen Hof kam und ihm sagte, dass ich einen Roman über ihn schreiben will. Ignaz werkelte gerade an einem nahezu vollständig im Boden vergrabenen Plastikfass herum. Ich konnte nicht erkennen, was darin war, denn Ignaz Hallgruber griff nach einem Spaten und teilte mir mit, was er von mir und meinem Vorhaben hielt: „Verschwinde von meinem Hof und komm nie wieder, dreckiger Schmierfink. Oder komm erst wieder, wenn du keinen Roman, sondern ein Sachbuch schreiben willst."

Seitdem habe ich nicht mehr versucht, mit ihm zu sprechen. Alles in diesem Roman über Ignaz Hallgruber und die anderen Engelberger ist also reine Fiktion. Denn auch alle anderen Engelberger, oder zumindest die meisten, erwiesen sich als nicht besonders gesprächig. Ich kann daher nicht behaupten, dass das alles tatsächlich so passiert ist. Aber das muss ja nicht heißen, dass es nicht genau so passiert ist.

Treffen sich also ein betrunkener Bürgermeister und ein Singer-Songwriter in der Nacht auf der Straße. Wird es ein guter Witz? Wird es überhaupt ein Witz? Spielt das wirklich eine Rolle? Wer weiß? Wird dieses Buch mittendrin Knall auf Fall ein Böse-Vampire-haben-es-auf-rechtschaffene-Bürger-abgesehen-Roman?

Unwahrscheinlich. Werden Menschen sterben? Ja mei, kann vorkommen. Wird es vorhersehbar wie Jonathan und Jennifer Harts hundertzehn Fünfundvierzig-Minuten-Abenteuer aus den Achtzigerjahren? Hoffentlich nicht. Wird es ein die Jahrhunderte überdauerndes, episches Meisterwerk wie Dostojewskis *Schuld und Sühne*?

Ach, was! Engelberg ist nicht Petersburg, und ich bin nicht Dostojewski. Und Ignaz Hallgruber kein Raskolnikow. Bei weitem nicht. Aber er ist auch kein Langweiler, obwohl man das am Anfang vielleicht zu denken geneigt ist. Geben wir ihm eine Chance, begleiten wir ihn ein wenig, schlurfen wir ihm hinterher. Wir müssen nicht hinter ihm her hetzen, wir können gemütlich schlendern. Er bewegt sich normalerweise nicht schnell. Wir müssen nicht atemlos spurten und ihm auf Schritt und Tritt auf den Fersen bleiben. Müssen ihn nicht stalken und ihm überall auflauern, um auf dem Laufenden zu bleiben, und wenn wir ihn mal aus den Augen verlieren, dann ist er gewiss nicht für immer verschwunden und entwischt wie ein Geheimagent, der seine Spuren hinter sich verwischt, eine neue Identität annimmt und auf Nimmerwiedersehen untertaucht.

Wenn er uns also tatsächlich einmal entwischt, dann können wir uns sicher sein, dass er wiederauftaucht, und zwar immer am selben Ort: Seinem Zuhause. Denn wenn er sich da nicht regelmäßig um die Ratten kümmert, dann wäre schnell die Kontrolle verloren.

Die Bürgerversammlung, der malade Trachtenzustand und das Artisten-Ansinnen

10. April 2018, ein Dienstag, 4 Grad Celsius (20:29 Uhr), Luftdruck 994 Hektopascal, Tendenz steigend

Ignaz schüttelte noch ein paar Tropfen ins Pissoir. Die Toilettentür sprang auf und schlug gegen die Wand. Im Putz war längst wieder eine tiefe Delle. Die Wirtin hatte irgendwann aufgehört, dort wo die Klinke immer wieder gegen die Wand schlug, die zerdepperte Fliese ersetzen zu lassen. Die meisten männlichen Toilettengänger im Mönchsbräu ignorierten geflissentlich das Schild an der Toilettentür: ‚Bitte mit Gefühl öffnen.'

Die Engelberger hatten es nicht so mit Gefühl, wenn es pressierte, und auch sonst nicht oft. Was nutzte Gefühl, wenn man Kraft hatte?

Schorsch Gutwein war ein Prachtexemplar von einem Engelberger. Viel Kraft, wenig Gefühl, aber das Herz war noch nicht vom rechten Fleck gerutscht. Schon im Türrahmen begann er hektisch an den Knöpfen seiner Hirschledernen zu zerren. Ein paar Sekunden später plätscherte der Urin aus seinem grobschlächtigen Körper ins Nachbarurinal. Er wischte sich mit der Hand über die verschwitzte Stirn. Mit der anderen kratzte er sich am Hintern. „Jessas, grad noch rechtzeitig."

Ignaz knöpfte sich die Hose zu. Das Waschbecken ignorierte er. „Schwadroniert der Klugscheißer immer noch?"

Gutwein räusperte sich, zog etwas aus der Tiefe seiner Kehle nach oben und spuckte es ins Pissoir. „Dauert sicher noch zehn Minuten. Macht die Arschgeige immer so. Clever ist er ja. Die Leute totreden bis kurz vor Anpfiff. Dann hat keiner mehr Lust, was zu fragen. Wollen dann alle schnell rüber ins Stüberl vor den Fernseher. Damit erspart sich der Otter kritische Fragen. Aber nicht mit mir."

Ignaz schnäuzte sich ausführlich und wandte sich zur Tür.

„Aber nicht mit mir", sagte Gutwein nochmal.

Ignaz ging raus auf den Gang.

„Geh weiter, Ignaz, rauchen wir eine", rief ihm Gutwein hinterher.

Draußen vor dem Wirtshaus pfiff der Wind über den Dorfplatz, als beeilte er sich, rechtzeitig mit seinem Tagwerk fertig zu werden und nach Hause zu kommen, bevor in der Allianz Arena sein großer Bruder, der Sturm, losbrach. Bayern gegen Manchester United, spannende Konstellation. Hinspiel zweieins für die Tommys. Musste man sehen.

Endlich tat Ignaz Gutwein den Gefallen und fragte: „Was willst denn vom Bürgermeister?"

Gutwein zog heftig an seiner Zigarette und hustete den Rauch in den Wind. „Geld. Was sonst?"

„Warum sollte der Otter dir Geld geben?"

„Halt wegen dem Trachtenverein. Seit vier Jahren fordern wir einen Zuschuss für die Erneuerung der Trachten." Um die Dramatik der misslichen Situation zu verdeutlichen, streckte Gutwein fünf Finger in die Luft. „Seit geschlagenen vier Jahren. Und die Vereinsfahne ist auch nur noch ein trauriger Fetzen. Aber heute Abend nagle ich ihn fest, den feinen Herrn Bürgermeister. Heut kommt er mir nicht davon."

„Dann drück ich mal die Daumen." Ignaz steckte seine Zigarette in den Sand des großen Aschenbechers und stieß die schwere Wirtshaustür auf.

Gutwein folgte ihm: „Wie läuft's auf dem Hof?"

Ignaz blieb stehen. „Passt schon. Warum interessiert dich das?"

Der Trachtler wippte seinen fleischigen Kopf verlegen hin und her. „Naja, du weißt schon. Wegen der Muhs."

Ignaz zuckte mit den Schultern. „Sind, wo sie immer sind. Wo sollten sie sonst sein?" Er öffnete die schwere Eichentür zum Saal und setzte sich in die letzte Stuhlreihe.

Hinter dem Rednerpult auf der Bühne, einen Meter über den Zuhörern, stand Bürgermeister Robert Otter und forderte einen seiner Beamten auf, die nächste Folie zu zeigen. „Hier seht ihr, dass das, was ich euch heute in der gebotenen Kürze sagen wollte, kein Geschwätz ist, sondern auf harten Fakten beruht." Er deutete auf einen Wirrwarr von Zahlen, die ein surrender Beamer auf eine Leinwand projizierte. „Hier könnt ihr es mit eigenen Augen sehen. Uns ist es, wie von mir versprochen, tatsächlich gelungen, mit dem Verkauf des alten Schulhauses einen stattlichen Gewinn zu erwirtschaften, so dass die mageren Zeiten in Engelberg jetzt der Vergangenheit angehören. Es hat ja durchaus ein paar Gemeinderäte gegeben, die das bezweifelt haben. Die haben ja ordentlich Wirbel gemacht und Presse gekriegt, aber am Ende müssen sie sich schon sagen lassen, dass sie falsch gelegen sind mit ihrer Kampagne, aber ich finde, da schauen wir jetzt mal großzügig drüber weg, weil die haben mir inzwischen insgeheim gesagt, dass ich recht hatte und nicht sie, aber man muss irren können und man muss verzeihen können, und das tu ich natürlich gerne. Am Ende ziehen wir ja alle am selben Strang."

Otters Parteigänger klatschten begeistert. Auch andere nickten anerkennend und applaudierten.

Der Bürgermeister sah auf die Uhr. „Ja hoppla, wie die Zeit verfliegt. Jetzt sind es nur noch fünf Minuten bis zum Anpfiff. Da hab ich eure Zeit mal wieder viel zu lang in Anspruch genommen, aber immerhin mit guten Nachrichten. Ich danke euch ganz herzlich für euer Interesse und wünsche uns allen noch einen schönen Fußballabend."

„Jetzt pass auf, Ignaz. Jetzt zeig ich's dem Wichtigtuer", raunte Gutwein, der sich neben Ignaz gesetzt hatte. Gutwein rückte den

Kragen seines Trachtenhemds zurecht und stand auf. „Herr Bürgermeister, das hier ist eine Bürgerversammlung und keine Bürgermeisterversammlung. Aber bisher hat keiner der Bürger die Gelegenheit gehabt, was zu sagen."

Otter, der schon die Stufen der Bühne erreicht hatte, blieb stehen und blickte sich im Saal nach dem Rufer um.

„Hier hinten", rief Gutwein und winkte.

Der Bürgermeister schenkte Gutwein ein breites Lächeln. „Ah, der gute alte Gutwein Schorsch. Grüß dich. Lass uns das doch morgen in meinem Büro besprechen." Otter deutete auf seine Uhr.

„Nein, Robert, das besprechen wir jetzt."

Einige im Publikum murrten, andere gingen einfach, aber nicht wenige blieben gespannt sitzen. Dass jemand Otter ein Widerwort gab, kam nicht allzu oft vor. Der Bürgermeister ging zurück zum Pult. „Herr Gutwein, lieber Schorsch, du hast das Wort." Dann wandte er sich an einen Mitarbeiter: „Gleixner, bringen Sie Herrn Gutwein ein Mikrophon."

Der Mitarbeiter zuckte mit den Schultern. „Haben keins dabei. Haben wir noch nie gebraucht."

„Du wirst mich auch so verstehen", rief Gutwein und streckte seinen Köper durch, als gelte es, eine zufällig durch den Saal des Mönchsbräu marschierende Militärparade abzunehmen. „Es geht um die Trachten. Seit sechs Jahren", Gutwein hielt wieder fünf Finger hoch, „seit sechs oder sieben Jahren steht die Renovierung unserer wunderbaren Engelberger Trachten an. Die ist jetzt dringend notwendig, wenn nicht überfällig. Wir brauchen neue Hirschhornknöpfe, die Nähte gehen überall auf, und die Hüte sind seit dem Unwetter damals beim Gauschützenjubiläum völlig ruiniert. Als Engelberger Trachtler muss man sich mittlerweile regelrecht schämen. Die Audacher mit ihrer stolzen Tracht lachen uns seit Jahren aus. Wir brauchen endlich den Zuschuss für die Instandsetzung unserer Trachten. Oder wollt ihr", jetzt wandte sich Gutwein nicht mehr an den Bürgermeister, sondern an die Leute im Saal, die ihn anstarrten, als wäre er ein großer Revolutionär, ein Lenin in Lederhosen, der Che Guevara der Trachtenerhaltung, „dass wir heuer vom Aufzug aufs Oktoberfest ausgeschlossen werden, weil wir daherkommen wie die letzten Haderlumpen. Das haben uns die Münchner nämlich schon angedroht."

Ein Raunen ging durchs Publikum. Jemand rief: „Die Engelberger laufen seit hundert Jahren beim Oktoberfestaufzug mit. Eine Schande wäre das, wenn wir ausgeschlossen werden."

Ein anderer Mann, er war der örtliche Fuhrunternehmer, ein bekannter und wohlangesehener Leistungsträger im Ort, dessen Wort so viel Gewicht hatte wie sein Körper, rief: „Für die Flüchtlinge haben wir Geld, aber nicht für die Tradition."

Gutwein streckte seinen Körper jetzt noch mehr durch. Ignaz befürchtete, er würde jeden Moment in der Mitte auseinanderbrechen. Aber Gutwein brach nicht auseinander, noch nicht, sondern sagte: „Ich stelle einen Bürgerantrag und fordere eine Abstimmung. Das steht so in der Gemeindeordnung."

„Abstimmen, abstimmen, abstimmen", rief der Fuhrunternehmer, und auf einmal riefen das auch die meisten anderen im Saal, weil wenn der Fuhrunternehmer etwas rief, dann gewiss nichts Schlechtes.

Bürgermeister Otter hob beschwichtigend die Hände. „Liebe Leut, was ist denn heute in euch gefahren? Ich bitte um Ruhe. Kann ja wohl nicht sein, dass wir Engelberger uns hier auseinanderdividieren, auf so einer schönen Bürgerversammlung. Natürlich werden wir über den Antrag vom Schorsch abstimmen."

Die Bürger beruhigten sich und überließen ihrem Bürgermeister wieder das Feld. Mehr als dreißig Sekunden Meinungsfreiheit erschien ihnen dann doch als zu revolutionär.

Bürgermeister Otter setzte wieder sein Lächeln auf, hob generös die Arme und sagte: „Dass wir Engelberger nicht beim Oktoberfest mitlaufen, das kommt überhaupt nicht in Frage. Da müssen wir handeln. Und lieber Schorsch, da marschiere ich mit dir Arm in Arm und Schulter an Schulter vorneweg. Wie viel Geld brauchst du, um diese Katastrophe zu verhindern?"

Gutwein war so überrascht von der Frage des Bürgermeisters, dass er vergaß, Haltung zu bewahren. Seine Schultern gehorchten endlich wieder der Schwerkraft und stürzten nach unten. Die Wirbelsäule bog sich zurück in ihre gewohnte leicht nach vorn gebeugte Haltung. „Fünfzehntausend", murmelte Gutwein.

„Tschuldigung, Schorsch, ich hab dich nicht verstanden", sagte Otter.

„Sag dreißigtausend", nuschelte Ignaz.

Alle starrten Gutwein an. Gutwein verkümmerte zusehends zu einem Gnom, versuchte sich zu räuspern, aber selbst das gelang ihm nicht überzeugend.

Ignaz stand auf, legte Gutwein die Hand auf die Schulter und sagte laut: „Dreißigtausend braucht der Schorsch, damit er unseren wunderbaren Trachtenverein wieder auf Vordermann bringt. Das werden wir uns hier in Engelberg ja wohl leisten können."

Gutwein nickte und ließ sich von Ignaz Hand sanft zurück auf seinen Stuhl drücken, als bestünde er aus Knetmasse.

„Ich möchte Schorschs Antrag mit einem weiteren Antrag verbinden", sagte Ignaz.

Der Bürgermeister sah Ignaz argwöhnisch an. „Moment mal, wer sind Sie denn überhaupt?"

Jetzt starrten alle auf Ignaz. Wieder Murmeln. „Ja, wer iss'n das?"

Ignaz musste sich nicht erst aufblasen wie ein Oberst oder Major, der vor einem General auf dicke Hose machen will. Mit seinen knapp zwei Metern Körpergröße und recht breiten Schultern machte er Eindruck, indem er einfach nur dastand. „Sehr geehrter Herr Bürgermeister, wir kennen uns seit einer Ewigkeit. Wir waren in einer Klasse."

Der Bürgermeister kniff die Augen zusammen. „Schrotti, bist du das?"

„Mein Name ist Ignaz Hallgruber, aber du kannst mich gern wie früher Schrotti nennen. Man muss ja alte Gewohnheiten nicht aufgeben, bloß weil sie beleidigend sind."

„Ignaz, schön dich hier auf einer Bürgerversammlung zu sehen." Otter breitete die Arme aus, als wolle er Ignaz einen Heiratsantrag machen. „Wie lange haben wir uns nicht mehr gesehen? Tut mir leid, dass ich dich nicht erkannt habe. Liebe Bürger, ihr müsst wissen, der Herr Hallgruber und ich, wir sind beide miteinander zur Grundschule gegangen und später aufs Gymnasium in Audach. Lieber Ignaz, was ist dein Ansinnen?"

„Nachdem wir eben erfahren haben, dass in Engelberg auf einmal der Reichtum ausgebrochen ist, beantrage ich, dass der Bücherei endlich mehr Geld für neue Bücher zur Verfügung gestellt wird. Seit Jahren gibt es dort keine Neuerscheinungen außer dämliche Regionalkrimis. Die Bücherei braucht genauso wie unser wunderbarer Trachtenverein einen Betrag von dreißigtausend Euro, damit wir wieder eine Bücherei bekommen, die dieser Bezeichnung würdig ist."

Viele der im Saal Verbliebenen murrten. Der Fuhrunternehmer rief: „Dann kauf dir halt Bücher, wenn du lesen willst." Die meisten verließen gelangweilt den Saal. Das Spiel hatte längst begonnen, und aus dem Stüberl war lauter Jubel zu hören.

„Okay, Ignaz, dann nehmen wir das auch als Antrag auf", verkündete Bürgermeister Otter gnädig.

„Ich habe auch noch ein Anliegen", rief eine Frau aus der zweiten Reihe. „Ich will etwas klarstellen." Die Frau trug ein buntes Kleid und hatte sich einen wahrscheinlich mehrere Meter langen Strickschal um den Hals gebunden wie eine Boa Constrictor, die ihre Trägerin zu erwürgen versuchte. Aber dennoch schaffte die Frau es, laut zu sprechen. „Ich möchte anmerken, dass das, was der dicke Mann vorhin gesagt hat, nicht stimmt. Wir haben nämlich hier in Engelberg gar keine Flüchtlinge. Was da gerade gesagt wurde, stellt für mich verbale Gewalt dar und ist in meiner Wahrnehmung unstatthaft und unbotmäßig."

„Hat die Wetterhex mich gerade ein dickes Boot genannt?", rief der Fuhrunternehmer und erntete genüsslich einige Lacher.

Die bunte Frau sprach unbeirrt weiter: „Ich bin es leid, immer wieder zu hören, dass man Geld für Flüchtlinge hat, aber für nichts anderes. In Wahrheit haben wir Geld für alles andere, aber keine Flüchtlinge. Deswegen spreche ich mich jetzt dafür aus, dass der Trachtenverein den Zuschuss bekommt. Und die Bücherei auch."

Erneut war lauter Jubel aus dem Stüberl zu hören. Immer mehr Leute verließen den Saal. Auf eine Flüchtlingsdiskussion wollte sich keiner einlassen. Man galt ja heutzutage schon als rechtsradikaler potenzieller Massenmörder, wenn man nur das Wort ‚Aber' in den Mund nahm oder einen Bissen Zigeunerschnitzel.

Die bunte Frau sprach unbeeindruckt weiter: „Ich möchte einen dritten Antrag stellen. Wir vom Weltoffenen Kulturverein Engelberg fordern, dass endlich der Beschluss des Gemeinderats umgesetzt wird, einen Artist in Residence nach Engelberg zu holen."

„Sie wollen einen Artisten nach Engelberg holen?", fragte der Bürgermeister ehrlich erstaunt.

Die bunte Frau schüttelte den Kopf. Ebenso die letzten verbliebenen Zuhörer, die sich nun ebenfalls anschickten, den Saal zu verlassen.

„Jetzt wird's aber hinten höher wie vorn", rief einer, „einen Artisten will die ins Dorf holen. Einen Clown haben wir ja schon." Der Rufer deutete auf die bunte Frau. Einige lachten.

Die bunte Frau sah den Rufer gleichmütig an und sprach weiter: „Vor vier Jahren hat der Gemeinderat beschlossen, dass wir einen Gastkünstler nach Engelberg holen und in der leerstehenden Gemeindewohnung einquartieren. Ich glaube, das wurde damals entschieden, weil Audach das seit Jahren ähnlich macht, und die Gemeinderäte den Städtern beweisen wollten, dass wir das ja wohl auch können. Aber da muss ich mich auf Hörensagen berufen, schließlich wohnen mein Mann und ich erst seit einem halben Jahr hier."

„Ja leck mich am Arsch, die Hex hat einen Mann. Der arme Kerl", rief der Fuhrunternehmer und verließ den Saal.

Der Bürgermeister nickte. „Jetzt erinnere ich mich. Da war mal was. Das hat sich der Krontaler Hias damals so sehr gewünscht, dass wir ihm das genehmigt haben, weil er doch so krank war. Gott hab ihn selig."

„Und seitdem ist nichts geschehen in der Sache, hat mir Krontalers Witwe erzählt", beharrte die bunte Frau.

Der Bürgermeister wurde langsam ungeduldig. „Weil der Hias ein paar Wochen später gestorben ist. Für mich hat sich das dann erledigt, weil wir es doch nur dem Hias zuliebe beschlossen haben."

„Trotzdem stelle ich den Antrag, dass Sie diesen Beschluss umsetzen. Ein auswärtiger Künstler würde unserer Kulturszene guttun. Jede Szene braucht Input von außen. Wir könnten das Projekt ja Hias-Krontaler-Gedächtnis-Stipendium nennen", schlug die bunte Frau vor.

Wieder schallten laute Rufe aus dem Stüberl in den Saal. Nachdem der Geschäftsleiter der Gemeinde die Anträge auf ihre Zulässigkeit geprüft hatte, saßen außer Ignaz nur noch Schorsch Gutwein, die bunte Frau, ein paar Rathausangestellte und der arme Kerl von der Lokalzeitung im Saal. Der Geschäftsleiter nickte seinem Chef zu. Offenbar war an den Anträgen nichts auszusetzen.

„Die Anträge sind rechtens, wir können abstimmen", sagte der Bürgermeister. „Wer ist dafür, dass der Trachtenverein dreißigtausend Euro bekommt?"

Ignaz, Gutwein und die bunte Frau hoben die Hände. Auch der Journalist von der Lokalzeitung, offenbar ein Praktikant, streckte seine Hand in die Luft. Vielleicht dachte er sich, wenn er wegen dieser dämlichen Bürgerversammlung schon das Spiel verpasste, dann wolle er wenigstens mitentscheiden. Dabei wohnte er gar nicht in Engelberg, sondern in München, Gott sei Dank.

„Gegenstimmen?" Otter blickte sich im Saal um. „Zweiter Antrag: Dreißigtausend für die Gemeindebücherei. Wer ist dafür?"

Wieder gingen vier Hände hoch.

„Und drittens: Die Gemeinde Engelberg holt einen Artisten, warum auch immer, und nennt das Ganze Krontaler-Hias-Gedächtnis-Stipendium."

Drei Hände hoch. Der Journalist war da schon auf dem Weg ins Stüberl.

Der immer gleiche Ausleihvorgang

13. April 2018, ein Freitag, 16 Grad Celsius (15:43 Uhr), Luftdruck 1003 Hektopascal, Tendenz steigend

Ignaz blickte interessiert auf den Nagel seines rechten großen Zehs. Dieser erhob sich eine Körperlänge entfernt aus dem Badeschaum wie der Zuckerhut aus dem Meer vor Rio de Janeiro. Auch in der Farbgebung ähnelte der Nagel dem Felsen. Was für eine Farbe war das? Hellbraun oder Braungrau oder Mattgraubraun mit bisschen Grün? Egal, jedenfalls würde der Nagel flöten gehen, da war er sich sicher. Ignaz setzte sich auf und knubbelte an ihm herum. Vorn konnte man ihn schon leicht und schmerzfrei anheben. Aber weiter hinten sträubte sich das Fleisch darunter, ihn gehen zu lassen. Nächsten Freitag würde er ihn wahrscheinlich komplett abknubbeln können, oder vielleicht glitschte er irgendwann davor einfach aus dem Nagelbett, ohne dass er es merkte, und wenn Ignaz dann am Abend seine Gummistiefel und Socken auszog, würde der Nagel einfach in der Socke zurückbleiben wie ein ausgesetzter Hund, unbeachtet und nutzlos.

Ignaz hatte Erfahrung, was die Abscheidung von Zehennägeln betraf. Diesmal war Max Gold mit dem Gabelstapler gegen eine Venusstatue rangiert, woraufhin die göttliche Schönheit mit ihrem marmornen Dickschädel auf Ignaz Fuß knallte. Hätte er keine Sicherheitsschuhe getragen, wäre wahrscheinlich der komplette Fuß Klump gewesen. Dank der Stahlkappe musste nur der Nagel dran glauben, dessen Nachfolger wahrscheinlich schon tüchtig nachwuchs. Die Zehennägel des Menschen sind wie das Revolvergebiss des Hais. Fällt einer aus, rückt der Nächste nach. Ignaz hielt das für eine nützliche evolutionäre Errungenschaft.

Letztes Wochenende hatte er die Biographie eines australischen Surfers gelesen, dem ein Großer Weißer das Bein abgebissen hatte. Ein ganzes Bein wächst freilich nicht mehr nach, ein

Bein ist ja kein Zehennagel, naja auch, aber größtenteils nicht nur, insofern hatte es Ignaz in der Badewanne mit seinem maroden Zeh deutlich besser als Nick, der arme Surfer im Pazifik, der nun versuchte, auf einem Bein zu surfen, was ihm, wie Nick in seinem Buch ehrlich zugab, nur leidlich gut gelingen wollte. Das Buch lag in einem kleinen Stapel auf dem Fußboden im Flur.

Ignaz tauchte kurz mit dem Kopf ins Wasser, griff nach dem Shampoo und wusch sich die Haare. Fünf Minuten später stand er vor dem Spiegel, sauber und trockengerubbelt, und kürzte mit der Nagelschere die Nasenhaare auf nicht sichtbare Länge. Rasieren brauchte er sich heute nicht. Hatte er schon am Dienstag vor der Bürgerversammlung getan. Ignaz blickte in den Spiegel.

Mit Dreitagebart sah er mutiger aus, als er war, fast verwegen. Ein Rebell mit Stil und Charme. Seine abgetragene schwarze Lederjacke, die er gleich über ein schwarzes Shirt ziehen würde, und graue Jeans über braunen Lederboots würden den Eindruck einer rebellischen Gesinnung und strotzenden Selbstvertrauens noch verstärken.

Aber dann würde er doch wieder an ihr vorbeischauen, ihrem Blick ausweichen, unruhig das Gewicht von einem Fuß auf den andern verlagern, hin und her, hin und her, und statt mit ihr ein Gespräch anzufangen, würde er schweigen. Sie wollte mit ihren Fragen ja seit Monaten mit ihm ins Gespräch kommen, das spürte er, ach was, nicht seit Monaten, seit Jahren. Und trotzdem würde er wieder nur knapp mit ja oder nein antworten, womöglich auch mit vielleicht oder weiß nicht. Er würde danke sagen und ein schönes Wochenende wünschen. Und dann raus, nichts wie raus.

Ignaz kämmte sich die nassen Haare nach hinten. Schön langsam erreichten sie wieder Richard-David-Precht-Länge, also das Mindestmaß. Sein letzter Friseurbesuch vor knapp einem Jahr war ein fulminantes Malheur gewesen. Ersin war im Urlaub, eine

Aushilfe hatte ihn geschnitten, sie war nicht gut in Deutsch und auch nicht gut an der Schere, jedenfalls verstand sie von den Wörtern „einfach fünf Zentimeter wegschneiden" offenbar nur „fünf Zentimeter", und auf diese Länge hatte sie seine Haare dann so schnell zurechtgestutzt, dass Ignaz nicht rechtzeitig verhindernd einschreiten konnte. Er war ja auch abgelenkt, schaute gar nicht hin, war vertieft in die Autobiographie von Nelson Mandela, wollte sie unbedingt noch fertiglesen, bevor er sie gleich zurück in die Bücherei bringen musste, er hatte schon zweimal überzogen, und nachdem er die letzte Seite gelesen hatte, zufrieden, es war ein gutes Buch, klappte er es zu, blickte in den Spiegel und sah in das Gesicht eines Mannes, dessen Haar für eine Filmrolle als Obersturmbannführer zurechtgeschnitten war. „Hab ich schön gemacht, gute Frisur für gute Mann", hatte der Ersin-Ersatz gesagt und Gel angeboten, „weil Gel macht gute Frisur noch besser". Ignaz hatte abgelehnt. Er beschwerte sich nicht über den üblen Zuschnitt, er nahm die Entstellung widerspruchslos hin als wäre er eine Thujenhecke, die jedes Jahr im Herbst klaglos ihre übermäßige Zurechtstutzung erträgt, gab zwei Euro Trinkgeld und bedankte sich. Ignaz fand, wer beim Friseur nicht aufmerksam und auf der Hut ist, der darf sich über Entstellung nicht beschweren.

Und jetzt, ein Jahr später, Schwamm drüber, sowieso. Ist ja nachgewachsen. Fußnägel wachsen nach, Haare auch. Haare sind noch besser als Fußnägel oder Haifischrevolvergebisse. Sie müssen nicht erst ausfallen, um nachzuwachsen.

Es klopfte an der Tür. So heftig konnte nur einer klopfen.

„Was gibt's, Max?"

„Haushaltsauflösung. Pressiert."

„Ich hab nix an."

„Hab dich damals als Vierjährigen nackert mit einer Rotzglock'n um den Christbaum rennen gesehen. Ich komm jetzt rein." Max Gold riss die Eingangstür auf und stolperte über den Bücherstapel im Flur. Fast wäre er der Länge nach aufs Laminat geschlagen, aber er fing sich mit knapper Not. Die Bücher schlitterten über den Boden. „Herrschaftszeiten. Scheiß Bücher. Sollen mich in Ruhe lassen. Hab noch nie eins gelesen, und jetzt hätten sie mich fast umgebracht."

Ignaz schlang sich das Handtuch, das er nach dem Abtrocknen auf den Boden neben der Badewanne geworfen hatte, um die Hüften und ging ins Schlafzimmer. „Auflösung bei wem?" Er zog sich an, während Max Gold berichtete.

„Bei der alten Graorac. Die Moltner vom Sozialamt hat's mir gesteckt. Will zweitausend, die gierige Bissgurkn."

„Kann nicht", sagte Ignaz und ging in den Flur. Er klaubte die über den Boden verstreuten Bücher auf. „Kruzifünferl, jetzt schau dir mal das Buch hier an. Total zerdatscht. Und dein Fußabdruck drauf. Was macht das für ein Bild von mir, wenn ich das so zurückgebe?"

Max Gold scherte sich nicht um den Zustand des Buchs. „Hast du nicht gehört, was ich gesagt hab? Die haben endlich die Graorac abgeholt. Endgültig und amtlich für verrückt erklärt. Haar, Ignaz, Irrenhaus, da kommt die nicht mehr raus. Ihr Haus wird geräumt, Anordnung vom Amtsgericht wegen Sozialhilfebetrugs. Wir sind die Ersten, wenn wir gleich hinfahren. Die Moltner hat gemeint, dass auch der Kneubert von der Sache Wind bekommen hat. Wenn du mich fragst, von ihr. Die kassiert doppelt."

„Ich kann nicht", sagte Ignaz nochmal. „Muss die Bücher zurückgeben." Er rubbelte mit dem Handtuch auf dem Einband der Biographie von Gorbatschow herum, um Max Golds Trittspuren zu beseitigen. „Jetzt schau dir das an, so eine Sauerei." Der rote Fleck auf Gorbatschows Schädel war kaum mehr zu erkennen. Über ihn zog sich ein schwarzer, schmieriger Streifen.

„Wo bist du denn da wieder rumgelaufen mit deinen grintigen Stiefeln?"

„Hab den Ölöfen, den der Kratzer angeschleppt hat, abgefackelt und vergraben. Da macht man sich halt die Füße dreckig. Was machst du hier für einen Wind? Ist doch nur ein scheiß Buch."

„Warum musst du immer erst alles abfackeln, bevor du es vergräbst?" Ignaz klaubte die Bücher in einen Stoffbeutel und ging.

„Weil Abfackeln Spaß macht. Aber was machen wir jetzt wegen der Graorac?", rief ihm Max Gold hinterher.

Ignaz lief über den Hof zum Audi 80. „Nimm den Laster und stell ihn in ihre Einfahrt. Und sperr das Grundstück mit Flatterband ab. Ich bin in einer halben Stunde da."

Katrin Bückenbecker-Mahlstrom schaute auf die Uhr. Schon zwanzig vor fünf. Er war spät dran. Wie immer würde er sich etwa eine Viertelstunde lang umsehen, zuerst bei den Romanen. Er würde ein Buch aus dem Regal nehmen, den Klappentext lesen, leicht, fast unsichtbar den Kopf schütteln, das Buch zurück an seinen Platz stellen und sich nach einem anderen umsehen. Es herausziehen, Klappentext, Kopfschütteln, Zurückstellung. Das würde ein paar Mal passieren, bis er schließlich zum Regal mit den Biographien und Sachbüchern weiterging. Dort konnte sie ihn nicht mehr sehen. Der Spiegel, in dem sie die Kunden beobachten konnte, zeigte nur den Bereich der Regale mit der Belletristik. Wenn hier jemand etwas klaute, was in den acht Jahren, seit Katrin Bückenbecker-Mahlstrom für die Gemeindebücherei zuständig war, erst dreimal vorgekommen war, dann einen Roman. Einmal einen Eberhofer-Krimi, wenig später kam irgendeine Liebesschmonzette weg, kurz darauf *Der Butt* von Grass. Die Beute ließ kein Muster erkennen, ein Täterprofil sich nicht erstellen, obwohl die von Bürgermeister Otter verständigte Polizei sich eine geschlagene Viertelstunde mit dem Fall beschäftigte. Den Eberhofer hatten sie zweimal da, um die Schmonzette war es nicht schade, und der Grass war eh nur Zierde, den hatte noch nie jemand ausgeliehen. Der Schaden für das Engelberger Gemeindebibliothekswesen war also überschaubar, aber Bürgermeister Otter hatte trotzdem den örtlichen Glaser kommen lassen, der für zweitausend Euro den Spiegel installierte.

Schad ums Geld. Wie viele gute Bücher hätte Katrin Bückenbecker-Mahlstrom dafür kaufen können? Aber egal. Hauptsache, Ignaz Hallgruber tauchte auf. Er würde nach etwa zehn Minuten wieder in den Sichtbereich treten, fünf Bücher in der Hand, würde einen kurzen Blick auf die Literaturempfehlungen links vom Schalter werfen, wieder fast unmerklich den Kopf schütteln, und dann stünde er endlich vor ihr an der Ausleihtheke und würde „Grüß Gott, Frau Bückenbecker-Mahlstrom" sagen.

Genau das tat Ignaz Hallgruber nun um sechzehn Uhr fünfundfünfzig. Er legte die Bücher auf die Holzplatte und schob sie zu ihr hinüber.

„Grüß Sie Gott, Herr Hallgruber. Sind Sie wieder fündig geworden?"

Herr Hallgruber nickte kurz und blickte zur Seite.

Frau Bückenbecker-Mahlstrom scannte die Bücher ein und schob sie zurück auf Ignaz' Seite. „Wie immer eine interessante Auswahl."

Herr Hallgruber trat unsicher von einem Bein aufs andere, dann sah er Frau Bückenbecker-Mahlstrom einen Augenblick lang in die Augen, aber gleich wieder weg. Er nahm seinen Rucksack ab und zog ein paar Bücher heraus. „Die muss ich noch abgeben."

Frau Bückenbecker-Mahlstrom scannte die Bücher und legte sie auf einen Rollwagen. „Eines fehlt noch. Die Gorbatschow-

Biographie. Immer noch ein toller Mann, wenn sie mich fragen. Lebt er noch?"

Herr Hallgruber nickte, wieder fast unmerklich, aber Katrin Bückenbecker-Mahlstrom war über die Jahre eine Expertin für die Hallgrubersche Minimalmimik geworden. Insgeheim, in humorvollen Momenten, die sie freilich nur mit sich selbst teilte, nannte sie Herrn Hallgruber den Alfred Döblin von Engelberg. Schwer zu lesen, aber gut. Das hatte sie ihm freilich nie gesagt.

Herr Hallgruber räusperte sich. „Dem Gorbatschow ist ein Unfall passiert. Jemand ist auf ihn draufgestiegen. Also nicht auf den Gorbatschow selber, aber auf das Buch." Er zog eine durchsichtige Brotzeittüte aus dem Rucksack. Darin befand sich das zerfledderte und dreckverschmierte Buch. „Tut mir leid. Ich bezahle es natürlich."

Frau Bückenbecker-Mahlstrom lächelte Ignaz an. Sie gab sich einen Ruck, schüttelte sich innerlich durch, wusste selbst nicht, was sie da tat, hatte keinen blassen Schimmer, was sie zu dieser Verrücktheit verleitete, und woher aus ihrem Innern sie den Mut zusammenkratzte, aber sie tat es einfach, endlich tat sie es, sowas Verrücktes hatte sie noch nie gemacht, aber jetzt tat sie es, und sie hatte ja auch Grund und Anlass, schließlich hatte sie es niemand anderem zu verdanken als Herrn Hallgruber und seinem Antrag auf der Bürgerversammlung, dass die Bücherei jetzt endlich wieder Geld für Neuanschaffungen bekam. Also lächelte sie Ignaz an und legte ihre Hand auf seine. Einen Moment lang befürchtete Frau Bückenbecker-Mahlstrom, er würde seine zurückziehen. Aber er tat es nicht.

Ignaz' Hand zuckte kurz. Er überlegte, ob er sie in seine Hosentasche stecken sollte, aber das wäre maximal unhöflich, und eigentlich fühlte sich Frau Bückenbecker-Mahlstroms Hand auf der seinen ganz gut an, warm und sanft, und als er sie sich genauer ansah, die Hand auf seiner Hand und unter seiner Hand das verschmierte Antlitz Gorbatschows, da bemerkte er, dass sie lackierte Fingernägel hatte, fast so wie Helen damals, nur nicht violett, sondern hellrot, aber eben lackiert, und dann spürte er auch das Streicheln auf der Hand, es war ja seine, über deren Haut Frau Bückenbecker-Mahlstrom mit der Kuppe ihres Zeigefingers strich.

Dann begann sie zu sprechen. Und wie sie zu sprechen begann. Frau Bückenbecker-Mahlstrom hörte ihrem eigenen Redeschwall zu, als wäre es nicht sie, die da redete, sondern jemand anderes. Sie war mehr Beobachterin als Akteurin, unfähig einzugreifen, machtlos dem ausgeliefert, was sie von sich gab. „Herr Hallgruber, das mit dem Gorbatschow macht überhaupt nichts. Kann ja mal passieren, dass man auf ein Buch steigt, ist mir auch schon passiert. Ich steige dauernd auf Bücher, so ein Dussel, wie ich bin. Und bezahlen müssen Sie das ja gleich hundertmal nicht. Weil die Bücherei dank Ihnen dreißigtausend Euro bekommt. Bürgermeister Otter hat es mir gleich am Mittwochmorgen erzählt. ‚Dieser ausgefuchste Hallgruber', ja ausgefuchst hat er gesagt, das ist ein Lob, vor allem, wenn es vom Otter kommt, weil der nennt die meisten Leute einfach nur Deppen oder, wenn sie mehrere sind, einen Deppenhaufen, und einmal hat er auch jemanden eine greisliche Brunzkachel genannt, natürlich nur, wenn die Leute nicht da sind, also hinter ihrem Rücken, aber Sie hat er hinter Ihrem Rücken ausgefuchst genannt, und das will was heißen. Sie sind nicht nur ausgefuchst, Sie sind ein Engel, jedenfalls für mich, weil die Bücherei jetzt endlich Geld für Neuanschaffungen bekommt, ich hab mich ja schon schämen müssen beim jährlichen Büchereitreffen, wenn die Kolleginnen aus den anderen Gemeinden erzählten, wie viel Geld sie haben für neue Bücher, und sie mich dann gefragt haben, wie viel ich bekommen habe, und dann musste ich fünfhundert Euro sagen, und dann haben sie erst gestaunt, weil sie dachten, fünfhundert Euro in der Woche, aber nein, hab ich gesagt, und dann haben sie gemeint, fünfhundert Euro im Monat seien ja auch ein ordentliches Budget, aber ich hab dann gesagt, weil man muss ja ehrlich sein zu seinen Kolleginnen, dass die Fünfhundert pro Jahr sind, und dann haben sie mich bemitleidet, aber ich könnte schwören, dass sie hinterher gelacht haben über die Engelberger Gemeindebücherei, und wer über die Engelberger Bücherei lacht, der lacht auch über mich, also jedenfalls bin ich Ihnen so dankbar, dass Sie das gemacht haben auf der Bürgerversammlung, und deswegen wollt ich Sie fragen, ob Sie nicht mal mit mir ausgehen wollen, naja, man muss ja ehrlich sein, eigentlich wollte ich Sie das schon viel, viel länger fragen, weil Sie immer so schick ausschauen mit ihren Haaren und der Lederjacke und den Jeans, aber glauben Sie bitte nicht, dass ich nach Äußerlichkeiten gehe, ich finde, dass die inneren Werte zählen, und ich glaube, dass die bei ihnen tipptopp sind, so belesen wie Sie sind, und was Sie sich immer für spannende Bücher ausleihen, also nicht spannend im Sinn von Krimi, da meint ja mittlerweile jeder, dass er Krimis schreiben kann, und ich muss die dann auch noch anschaffen mit dem wenigen Geld, das mir zur Verfügung steht, weil der Bürgermeister den Kluftinger so gern mag und den Eberhofer ja sowieso, den mag ich ja auch ein bisschen, sogar sehr, weil der ist, wie er ist, und sind wir nicht alle ein bisschen so, wie wir sind, also ich jedenfalls schon, aber was Sie sich ausleihen, ist toll, Bücher über Churchill oder Willy Brandt, oder auch mal Silvester Stallone oder Mike Tyson, die Iris Berben haben Sie sich ja auch mal ausgeliehen, oder jetzt die Biographie über Hannah Arendt, die hat echt noch nie einer ausgeliehen, und darum hab ich mich gefragt, ob ich Sie nicht mal frage, ob Sie mit mir auf ein Konzert gehen wollen, ich geh so gerne zu den Konzerten im Café Rousseau, da spielen immer so tolle Musiker, die Henni holt da Musiker aus aller Welt, und die spielen da vor fünfzig Leuten oder auch weniger, und das ist eine total intime Stimmung, das ist so innig und inspirierend, und jedenfalls hab ich mir gedacht, dass wir vielleicht vorher was essen gehen und dann auf ein Konzert ins Rousseau, aber nicht heute, leider nicht heute, weil heute hab ich erstmal Bogenschießen und danach geh ich mit einer Freundin ins Kino, und heute ist ja eh kein Konzert, aber vielleicht nächste Woche am Freitag, da ist wieder ein Konzert, ich glaub ein Ami, ist ja ganz unglaublich, wo die heutzutage überall herkommen, um hier bei uns in Engelberg zu spielen, aus aller Herren Länder kommen die mittlerweile, weil die Henni und ihr Rousseau sich längst einen Namen gemacht haben bei den ganzen Sängern und Songwritern, die treten mittlerweile nicht mehr in München auf, sondern bei uns hier in Engelberg, weil da die Atmosphäre so wunderbar ist, also nächste Woche hätt ich voll gern, dass Sie wie immer hierher in die Bücherei kommen, sich ihre Bücher ausleihen, und dann gehen wir essen, vielleicht im Bachhuber oder im Mönchsbräu, naja vielleicht eher im Mönchsbräu, weil der Bachhuber ist unverschämt teuer und sein Krautsalat eine Katastrophe, weil der tut da keinen Kümmel rein, das muss man sich mal vorstellen, dass ein so guter und teurer Wirt wie der Bachhuber keinen Kümmel reintut, und dann hören wir uns das Konzert an, das wär doch toll oder nicht, und ich bin übrigens die Katrin, obwohl auf meinem Namenschild hier nur Bückenbecker-Mahlstrom steht, da hat der Vorname nicht mehr draufgepasst, weil der Nachname schon so lang ist, man kann ja kein Namensschild tragen, das quer über die Busen geht."

Katrin Bückenbecker-Mahlstrom nahm ihre Hand von Ignaz' Hand und drückte sie auf ihren Mund. Aber nur kurz. „Ich hab gerade Busen gesagt, aber ich meinte doch nur Brust, Brust hab ich gemeint, also nicht im sexuellen Sinn, sondern im anatomischen, nur im anatomischen, wir haben ja alle eine Brust, also ich bin die Katrin und du bist der Ignaz, das weiß ich, weil ich ja die Kartei verwalte, und deswegen bekomme ich noch zwölf Euro, weil der Jahresbeitrag fällig ist, ja wie die Zeit vergeht, aber den kannst du natürlich auch nächsten Freitag zahlen, das pressiert ja nicht, aber Hauptsache noch in diesem Haushaltsjahr, weil sonst müssen wir zurückbuchen, und das hat der Kämmerer nicht gern, aber das ist jetzt auch noch kein dringendes Problem, weil wir haben ja erst April. Aber bevor ich mich jetzt hier völlig um Kopf und Kragen rede und du mich auslachst, höre ich auf, ich plappere dich ja total voll, und außerdem ist jetzt tatsächlich schon fünf Uhr und das heißt, ich muss abschließen, weil Überstunden darf ich hier nicht machen, nicht mal Überminuten, deswegen musst du, müssen Sie jetzt auch gleich gehen, aber wenn nächste Woche ausgemacht wäre, dann würde ich mich riesig freuen."

Ignaz nahm die Hand von der Holzplatte, packte die neuen Bücher in seinen Rucksack und sah Katrin in die Augen. „Dann zahle ich den Jahresbeitrag nächste Woche."

„Ja gern", sagte Katrin. „Und dann ausgehen?"

Ignaz Hallgruber nickte fast unmerklich. „Gerne. Schön, dass du gefragt hast."

Das Geld anderer Leute

13. April 2018, ein Freitag, 17 Grad (17:09 Uhr), Luftdruck 1006 Hektopascal, Tendenz stark steigend

Als Ignaz in die Seitenstraße einbog, musste er scharf bremsen. Ein Transporter schlingerte ihm entgegen. Dessen Fahrer trat ebenfalls auf die Bremse. Der große Transporter und der kleine Audi 80 standen sich auf der engen Straße gegenüber wie zwei kurzsichtige Duellanten, die sich aus zwei Metern Entfernung die Revolver ins Gesicht streckten. Ignaz erkannte den Fahrer zuerst nicht, weil dieser sich ein Taschentuch auf die Nase drückte. Dann zeigte er Ignaz den Mittelfinger, nahm das Taschentuch von der Nase, legte den Rückwärtsgang ein, rangierte und manövrierte den Transporter an Ignaz' Auto vorbei. Ignaz glaubte, Blut aus der vorbeifahrenden Nase tropfen zu sehen.

Max Gold saß auf der Treppe zum Hauseingang, rauchte eine Zigarette und rieb sich die rechte Hand. „Da bist du ja endlich. Hätte Verstärkung gebrauchen können."

„Hab ich was verpasst?"

„Nur den Kneubert."

„Der ist mir gerade entgegengekommen. Sah nicht so gut aus."

„Hat er sich verdient. Meint der Trottel, er kann hier in unser Revier pissen, und das auch noch allein. Ja glaubt denn der, dass wir auf der Brennsuppn dahergeschwommen sind und ihm mir nichts, dir nichts die alte Graorac überlassen? Ich hab ihm eine aufs Maul gehauen."

„Hast recht. Hat er verdient."

Ignaz ging zum Lastwagen, den Max Gold in der Einfahrt geparkt hatte, und holte das Stemmeisen. Max rauchte fertig, während sich Ignaz an der Tür zu schaffen machte. Er trieb das Eisen auf Höhe des Türschlosses in den Spalt zwischen Tür und Zarge und riss daran. Das Holz splitterte, Falle und Riegel gaben ihren Widerstand auf, aber die Tür blockierte weiter. „Das misstrauische Luder hat noch mehr Riegel einbauen lassen."

Max Gold warf seine Zigarette ins Blumenbeet und stemmte sich hoch. Mit seinen achtundfünfzig Jahren auf dem Buckel, zweimeterfünf Körpergröße, hundertfünfzig Kilo Nettogewicht ohne Bier und dem versteiften Knie dauerte es eine Weile, bis er seinen Hintern von der Treppenstufe hochbekam. Aber kräftig war der Kerl wie eh und je, er konnte immer noch mächtig hinlangen, er war einst als Preisboxer auf allen möglichen Volksfesten in ganz Bayern unterwegs gewesen, und auch wenn er aussah, wie Säufer mit knapp sechzig nun mal aussahen, war Max Gold nach wie vor ein Kraftbrocken vor dem Herrn. Das hatte Kneuberts Nase gerade zu spüren bekommen, und dieses Schicksal stand nun auch der Graoracschen Haustür bevor. Max hinkte zum Lastwagen und holte seine Axt.

Nach zehn Schlägen hatte die Tür aufgegeben. „Sesam, öffne dich", sagte Max, riss mit beiden Händen die zertrümmerte Tür aus den Angeln und warf sie achtlos in den Vorgarten.

„Was machen Sie denn da für einen Radau?" Eine alte Frau streckte ihren Kopf über eine vertrocknete Hecke, die das Nachbargrundstück von dem der Graorac trennte.

„Haushaltsauflösung. Hat alles ihre Richtigkeit", sagte Ignaz.

„Ist die Graorac endlich gestorben?"

Ignaz ging zur Hecke und stellte sich vor. „Wir sind in behördlichem Auftrag hier, quasi höchstoffiziell. Die Graorac ist in die Klapse in Haar gekommen."

Die Frau auf der anderen Seite der Hecke trug eine grüne Schürze und darüber noch ein paar wenige graue Haare auf dem Kopf. Auch sonst wirkte sie uralt, war aber offenbar noch geistig rege. „Dann ist ja endlich gut. War ja nicht mehr zu ertragen, die ständige Rumscheißerei."

„Was meinen Sie?"

Die alte Frau streckte sich wieder, um über die Hecke schauen zu können. Dann schwang sie ihre Pflanzkelle in Ignaz' Richtung.

Er machte einen Schritt zur Seite, um nicht getroffen zu werden, aber die Alte deutete damit nur auf den Boden jenseits ihrer Hecke.

„Hat überall hingeschissen, die Graorac. Hatte ein Attest, dass sie das darf, weil sie plemplem ist. Aber wenn Sie mich fragen, wusste die ganz genau, was sie gemacht hat. Hat nur hier in den Bereich geschissen", sie deutete mit der Kelle auf den Rasen rings um Ignaz, „damit es bei uns im Garten recht stinkt. Zum Doktor Bergmann auf der anderen Seite hat sie nie geschissen. Ich sag Ihnen", jetzt richtete die Alte die Kelle direkt auf Ignaz' Gesicht, „die war nicht plemplem, die hat genau gewusst, was sie tut und wo sie hinscheißt, und jetzt sollen sie diese bösartige Hexe nur recht tüchtig quälen in der Klapsmühle, hat sie sich redlich verdient. Ich sag Ihnen, was wir mit der mitgemacht haben in den letzten Monaten, war schlimmer als der Krieg und was uns die Amis danach angetan haben. Ich rede ja nie schlecht über andere Leute, aber die Graorac, die hat's verdient."

Ignaz lächelte die Frau an. „Nun haben Sie es ja überstanden. Ich werde das weitergeben. Aber jetzt müssen wir unseres Amtes walten. Ich danke Ihnen für ihr Verständnis."

Die Frau nickte. „Endlich tut mal einer was. Dankeschön. Und passen Sie auf, wo Sie hintreten." Dann verschwand sie hinter der Hecke und widmete sich wieder ihrem Beet.

Ignaz blickte auf den Boden. Überall um ihn herum lagen braune Würste. Jetzt roch er es auch. Er hob seinen linken Fuß und warf einen prüfenden Blick auf das Profil des Stiefels. Nichts. Dann der Stiefel am rechten Bein. „Scheiße", sagte Ignaz.

„Einfach nur scheiße."

„Hab ich doch gesagt", hörte er die Stimme der Alten durch die Hecke.

Es dauerte eine Weile, bis Ignaz die Hinterlassenschaft der alten Hexe aus dem Profil seiner Schuhe entfernt hatte. Das Gröbste konnte er am Raufaserputz des Hauses abstreifen, aber aus den Rillen bekam er das Zeug nur mit einem Spachtel.

Max saß wieder auf der Stiege vor der Haustür, beobachtete Ignaz und klopfte sich vor Vergnügen auf die Schenkel.

„Ist nur halb so lustig, wie es aussieht", knurrte Ignaz seinen Praktikanten an.

Das Haus der Graorac war eine Goldgrube. Eine wahre Schatzkammer. Die Graorac war einundsiebzig, und bevor sie plemplem wurde, hatte sie ihr Leben lang gearbeitet. Kinder hatte sie keine, und ihr Mann war vor zehn Jahren infolge eines Arbeitsunfalls verblichen. Bis dahin war er ein fleißiger Bauarbeiter gewesen, zuletzt Kranfahrer, bis der Kran umfiel und seiner Frau einen stattlichen Betrag aus der Unfallversicherung bescherte.

Menschen wie die Graorac vertrauten keiner Bank. Sie holten sich jeden Monat ihr Geld am Bankschalter ab, weil es dort nicht sicher war, und stopften es in Kissen oder verbargen es in einem Versteck unter den Küchendielen. Es gab auch welche, die nähten es in Vorhänge ein, andere versteckten es in der Gefriertruhe zwischen eingefrorenem Apfelmus und Fischstäbchen. Die Graorac war offenbar von der besonders argwöhnischen Sorte. Sie deponierte ihr Geld nicht in einem einzigen Versteck, sondern hatte es auf mehrere aufgeteilt.

Ignaz fand ein Geldbündel in einem Paar dicker Stricksocken. Max Gold wurde in der Küche unter dem Besteckkasten fündig sowie in einer großen, hässlichen Porzellanvase auf dem Geschirrschrank. Das Fotoalbum im Wohnzimmer war zwanzigtausend Euro wert, grob geschätzt. Die Scheine waren feinsäuberlich zwischen die Seiten eingelegt.

Überall fanden sie Geld, nur nicht im Geldbeutel der Graorac. Sie suchten eine Stunde lang in der Wohnung und im Keller. Dann setzten sie sich auf die Eckbank am Küchentisch und zählten. Jeder einmal. Ignaz kam auf hundertvierundzwanzigtausend und ein paar Zerquetschte. Während Max Gold nachzählte, ging Ignaz zum Kühlschrank.

„Mir auch zwei", nuschelte Max mit einer Zigarette zwischen den Lippen.

Ignaz schlug an der Kante der Arbeitsplatte die Kronkorken ab und schüttelte den Kopf. „Sitzt auf einem Vermögen und säuft Rimbacher. Kein Wunder, dass sie die Alte eingewiesen haben."

Max Gold zählte fertig: „Hundertvierundzwanzigtausenddreihuntertfuchzig. Rechne du aus, wie viel das für jeden ist."

„Macht nach Abzug der zweitausend für die Moltner einundsechzigtausendeinhundertfünfundsiebzig für jeden von uns."

Max Gold grinste. „Na, wenn du das sagst. Ich zähl's mir schnell ab." Dann ging er ins Wohnzimmer, packte eine stattliche Zimmerpalme am Stamm, zog sie aus dem Übertopf und warf sie achtlos auf den Teppich. Er stopfte seinen Anteil in den Topf und setzte sich zurück an den Küchentisch.

Ignaz hatte währenddessen den Inhalt des Graoracschen Nähkästchens auf den Küchenboden gekippt und sein Geld darin verstaut.

Max Gold lachte. „Gehst du jetzt unter die Näherinnen?"

Die beiden grinsten sich an. „Nicht schlecht für nen Freitag, den dreizehnten", sagte Ignaz.

„Muss ne alte Oma lang für stricken."

Die beiden stießen mit ihren Bierflaschen an und tranken.

„Sag mal, ist das Bier abgelaufen oder schmeckt Rimbacher immer so scheiße?", fragte Max.

Ignaz schaute auf das Ablaufdatum. Mindestens haltbar bis August 2018. „Schmeckt wohl immer so."

Der feine Unterschied zwischen Muffeln und Stinken

17. April 2018, ein Dienstag, und die folgenden Tage, 26 Grad Celsius (11:18 Uhr), Luftdruck 1013 Hektopascal, Tendenz steigend

Sie brauchten eine ganze Woche, um das Haus komplett auszuräumen. Am Dienstag mussten sie ihre Arbeit für zwei Stunden unterbrechen, als auf einmal zwei Astronauten in der Tür standen. Sie trugen weiße Ganzkörperoveralls mit transparenten Sichtfenstern vor den Augen und darunter über Mund und Nase noch extra eine Maske. Beide hielten Klemmbretter in den Händen. Die Astronauten behaupteten, sie seien vom Gesundheitsamt.

Ignaz schaute die zwei Gestalten belustigt an. „Gesundheitsamt Tschernobyl, oder was?"

Die Astronauten blickten ihn ausdruckslos an.

„Geht wohl kein Humor durch die Schutzanzüge", sagte Ignaz und bat die Herrschaften einzutreten.

Die beiden bewegten sich nicht vom Fleck. „Das Grundstück ist bis auf Weiteres gesperrt. Hiermit sprechen wir ein vorläufiges Betretungsverbot aus. Bitte verlassen sie unverzüglich das Grundstück mit der Gemarkung dreizehn-schrägstrich-neunzehnhundertfünfundsechzig. Wir müssen das Ausmaß der Kontamination ermitteln und überprüfen, ob eine Gesundheitsgefährdung für die Allgemeinheit besteht", sagte einer der Astronauten.

„Tut mir leid, ich verstehe kein Bürokratisch", sagte Ignaz.

„Macht einfach Pause, Jungs", übersetzte der andere Astronaut.

Ignaz und Max saßen auf der Ladefläche des Lastwagens und warteten darauf, dass die Astronauten das Grundstück wieder freigaben. Der Pizza-Russe hatte Pizzen geliefert und zwei Halbe für jeden.

Es war ungewöhnlich warm für Mitte April. Die Sonne prügelte ihre Strahlen auf die Erde, als wäre es August. Aber unter der Plane des Lastwagens war es schattig, und ein leichter Wind wehte Ignaz und Max ins Gesicht. Alles in allem eine angenehme Situation, sowohl in kulinarischer wie in klimatischer als auch in finanzieller Hinsicht. Schließlich konnte Ignaz die Unterbrechung dem Sozialamt als Arbeitszeit in Rechnung stellen. Auch das Unterhaltungsprogramm war hervorragend.

Die beiden Astronauten tapsten im Garten herum wie auf einem Minenfeld. Einer machte mit einer großen Kamera Fotos. Plötzlich glitt ihm die Kamera aus den gummibehandschuhten Fingern und fiel auf den Boden. Ignaz und Max konnten den Astronauten durch seinen Raumanzug fluchen hören, als er die Kamera aufhob und die gröbsten Kontaminationen mit dem Zeigefinger vom Objektiv schnippte. Der andere Astronaut bückte sich über ein Würstchen, von dem er offenbar befürchtete, dass von eben diesem eine ganz besondere Gefahr ausging, entnahm mit einer Pinzette eine Probe und verstaute den Kackpartikel in einem Reagenzglas.

„Gibt schon Scheißjobs", meinte Max Gold und stopfte sich ein Achtel Pizza in den Mund.

„Naja, unser Job ist ja auch nicht der allerbeste, so rein hygienemäßig". Ignaz wischte sich seine Pizzahände an der Hose ab und machte sich sein zweites Bier auf.

„Musst halt öfter mal duschen. Nicht nur freitags Badewanne. Wasser gibt's auch an allen anderen Tagen."

„Stink ich, oder was?" Ignaz lehnte sich zurück auf seine Ellenbogen und sah den Astronauten bei der Arbeit zu. In Tippelschritten arbeiteten sie sich zur Treppe vor und verschwanden im Hausflur.

„Naja, stinken würde ich es jetzt nicht unbedingt nennen. Eher muffeln."

„Was'n der Unterschied zwischen stinken und muffeln?"

Max Gold stopfte sich das letzte Pizzastück in den Mund. „Gibt da ganz feine Unterschiede. Ich spiel ja wieder bei Olympic Engelberg in der Seniorenliga."

„Echt, trotz dem Knie?"

„Ein steifes Knie ist ein Grund, aber kein Hindernis. Die haben nen Stürmer gebraucht, der sich durchsetzen kann. Da kann ich Olympic Engelberg doch nicht im Stich lassen. Bin seit drei Jahren wieder dabei. Hab ich dir schon oft genug erzählt."

„Jetzt fällt's mir wieder ein", meinte Ignaz.

„Gibt bei uns im Team Leute mit zwei neuen Hüften, aber die leisten trotzdem ihren Beitrag. Die kannst du immer noch anspielen und der Ball prallt von ihnen schnurstracks zurück zu dir als wären sie Zidane. Habens immer noch drauf, die Burschen."

„Und stinken die Burschen jetzt oder muffeln sie? Ist doch dasselbe." Ignaz nahm einen Schluck.

„Zwischen Gestank und Muffelei besteht ein Riesenunterschied, mein Lieber. Himmelweiter Unterschied. Wenn wir von Olympic Engelberg nach einem Spiel oder nach dem Training in der Kabine unsere Fußballschuhe ausziehen, dann muffelt's. Ist ja klar, weil es riecht halt nicht wirklich gut, wenn man eine Stunde lang in die Schuhe reinschweißelt, und baaam, alle ziehen gleichzeitig ihre Schuhe aus in der kleinen Kabine. Aber Stinken ist das noch lange nicht. Dann geht man duschen, und danach sprüht man sich mit Deo ein, einige haben sogar ein Odetolett dabei, und dann duftet es auf einmal wie im Orient oder im Bordell oder was weiß ich wo. Dann gehen wir rauf ins Vereinsstüberl, und wenn man reinkommt, dann riecht man schon, was der Milo gekocht hat, und damit sind wir schon beim nächsten Unterschied. Etwas kann muffeln, duften oder riechen. Der Milo kocht viel mit Zwiebeln, der Zwiebelrost vom Milo ist ein Braten vor dem Herrn. Zwiebeln riecht man jetzt nicht unbedingt gern, hab mal eine Frau geschmust nach einem Schweizer Wurstsalat mit ordentlich Zwiebeln drauf, da hat sie gemeint, ich soll erstmal zwiebelmäßig abmunitionieren, bevor wir uns wiedersehen. Zwiebeln riecht man also nicht gern, aber auf dem Zwiebelrost vom Milo sind sie halt einfach ein Gedicht, und ein Wurstsalat ohne Zwiebeln wäre ein Schwerverbrechen an der Wurst. Und wenn wir fertiggegessen haben im Vereinsstüberl und grad so richtig am Watten sind, dann fängt der Hellmeier Erwin mit dem Furzen an. Sei mir nicht bös, ich mag den Erwin, hat immer einen guten Spruch auf Lager, und er hat ja auch einiges mitgemacht mit seinen ganzen Darmoperationen, hat ja damals nur knapp überlebt, aber das war gut, dass er überlebt hat, weil der Erwin ist jedes Jahr unser Torschützenkönig, und ohne den Erwin wären wir längst abgestiegen aus der Ehrenliga, und wer will schon in der Gnadenliga spielen, aber wenn der Erwin einen Zwiebelrost gefressen hat, den schafft er als Einziger immer noch ganz, wir anderen lassen uns die Hälfte einpacken, aber der Erwin frisst den Zwiebelrost immer noch vollständig auf, weiß auch nicht, wo er das hin frisst, weil er ist ja eigentlich ein Spargeltarzan, aber der Zwiebelrost rutscht ihm halt recht schnell durch die Eingeweide. Und dann spielen wir Watten, und letztes Mal, also gestern, spielt er den Haube aus und ruft ‚Trumpf oder Kritisch', und dann lässt er dabei einen fahren, dass es auf der Eckbank nur so rumpelt, als hätten wir ein Erdbeben. Ich weiß nicht, ob das Taktik war oder unabsichtlich, der Erwin kann ja auch hinterfotzig sein, bei dem weiß man ja nie, dem kann man durchaus eine gewisse Hinterlistigkeit unterstellen, da muss man schon taktisch einkalkulieren, dass der einfach nur schorst, weil er kein gutes Blatt auf der Hand hat. Ich schmeiß also bei Trumpf oder Kritisch meinen Soacha rein, aber der Schellngruber, der Partner vom Erwin, übersticht mich gleich mit dem Belle, und der Haberer wirft den Maxe rein. Unser Stich, aber der Erwin sagt trotzdem Geh. Der Haberer deutet mir mit der linken Schulter, dass er noch einen Schlag hat, und ich hab auch noch zwei recht hohe Trümpfe auf der Hand, aber dann beginnt sich der Schors vom Erwin so richtig zu entwickeln. Dauert ja immer ein paar Sekunden, bis ein Schors sich seinen Weg bahnt. Ein Schors muss seine Wirkung ja immer erst aufbauen. Aber als sich der Schors dann vollständig aufgebaut hat, stinkt es auf einmal dermaßen nach Scheiße im Stüberl, dass ich die Karten auf den Tisch schmeiß und sag: „Ja, wir geh'n." Wir hätten das Spiel glatt gewonnen, ich hatte die Trumpfsau und den König, aber das, was der Erwin da gerade aus seinem Arsch geblasen hat, das hat so greislig gestunken, dass einem die Lust aufs Gewinnen glatt vergeht. Wir sind dann alle aufs Klo zum Brunzen, der Milo hat gleich die Fenster aufgerissen, und wir haben noch zwei Stunden weitergespielt. Der Erwin und der Schellngruber haben am Ende fünfzig Euro von mir und dem Haberer gewonnen. Aber was sind fünfzig Euro gegen das Geld, das wir bei der Graorac abgezogen haben?"

„Ich stinke also nicht, ich muffle nur. Ich rieche also nicht wie die Fürze vom Hellmeier, sondern ich muffle nur wie eure Fußballschuhe?"

Max Gold biss mit seinen Zähnen den Kronkorken von seiner zweiten Bierflasche und spuckte ihn auf die Einfahrt.

„Naja, das mit den Fußballschuhen ist ja nicht so schlimm. Die stellt man raus auf die Terrasse, lässt sie auslüften, sprüht sie mit so Schuhduftzeugs ein, und dann riechen sie wieder wie neu. Aber du muffest halt spätestens am Mittwoch, und ab Donnerstag wird's grenzwertig. Am Freitagvormittag bist du auf der Schwelle zwischen Muffeln und Stinken, aber dann gehst du ja am Nachmittag in die Badewanne, und ab dann riechst du nicht nur, du duftest."

„Wieso sagst du mir das erst jetzt? Ich mein, du hättest mir das ja schon vor ein paar Jahren sagen können."

„Irgendwas kommt ja immer dazwischen. Außerdem hast du nie gefragt." Max Gold exte sein Bier. „Und küssen will ich dich eh nicht."

Ignaz roch an seinen Axeln. „Hättest trotzdem mal was sagen können."

Ignaz Hallgruber und Max Gold hatten ihre Mittagsbiere gerade ausgetrunken, als die Astronauten aus dem Haus trotteten. Der Astronaut mit der Kamera riss das Absperrband entzwei und rollte es auf. Der andere Astronaut ging schnurstracks auf sie zu. Er zog sich die Kopfbedeckung herunter und riss sich den Mundschutz vom Gesicht. Der Astronaut war eine Frau. Sie sah recht gut aus, schüttelte ihr tiefschwarzes Haar, und offenbarte ein Gesicht von göttlicher Schönheit. Schneewittchen mit schwarzen Haaren. Aber immer noch eine Frau mit Klemmbrett in der Hand. Also potenziell gefährlich.

„Wir haben in der Toilette einen beträchtlichen Geldbetrag gefunden. Haben Sie bei der Entrümplung andere Geldverstecke entdeckt? Sie sind verpflichtet, uns darüber Auskunft zu geben."

Ignaz und Max schüttelten den Kopf. „Wir hätten natürlich das Amt informiert, wenn wir was gefunden hätten. Wir sind ja keine Grabräuber, sondern zuverlässige Auftragnehmer des öffentlichen Dienstes", sagte Ignaz.

Am Abend saßen Ignaz und Max auf Campingstühlen vor dem Wohnpavillon. Hinter den Bäumen auf der Westseite des Grundstücks machte die Sonne allmählich Feierabend. Es war noch warm, und einige Sonnenstrahlen fanden ihren Weg durch das Dickicht der Äste.

„Dürfen uns nicht drüber ärgern", sagte Ignaz und nahm einen

Schluck Bier. „Kann ja keiner ahnen, dass jemand in den Garten scheißt, weil er Kohle in der Kloschüssel bunkert. Trotzdem darf uns das nicht nochmal passieren."

Max Gold machte sich trotzdem Vorwürfe. „Ich hab einfach zu wenig gesoffen. Wenn das Rimbacher im Kühlschrank nicht so widerlich gewesen wäre, hätte ich sicher mehr gesoffen. Und dann hätt ich auch mal bieseln müssen. Kommt beim nächsten Mal nicht mehr vor. Scheiß Rimbacher. Sollte man in die Luft sprengen, die Brauerei. Waren die teuersten Biere, die ich in meinem Leben nicht getrunken hab."

„Na ja, es gibt jetzt nicht wirklich viele Biere, die du in deinem Leben nicht getrunken hast", meinte Ignaz.

Max Gold strich sich über seinen kahlgeschorenen Kopf. Dann begutachtete er seine Fingernägel und kratzte mit einem Spachtel den Schorf unter den Nägeln heraus. „Haben trotzdem gut Kasse gemacht. Gut sechzigtausend Euro. Und du kannst sicher nochmal fünfzehntausend beim Amt in Rechnung stellen fürs Entrümpeln."

„Trotzdem hätten wir in die Kloschüssel schauen müssen."

Max zuckte mit den Schultern. „Wenn du meinst. Aber dein alter Herr hat schon damals gesagt, dass man mal was übersehen kann. Und das Schlimmste, was man danach machen kann, ist sich den Kopf darüber zu zerbrechen."

„Mach ich ja auch nicht. Ich sag ja, wir dürfen uns nicht drüber ärgern."

„Dann ist ja gut", sagte Max Gold. Er klopfte Ignaz auf den Oberschenkel, stemmte sich aus dem Campingstuhl und hinkte zu seinem Moped. „Dann mal bis morgen." Er trat das alte Gefährt mit seinem nicht versteiften Bein an und fuhr vom Hof.

Ignaz blickte seinem Praktikanten hinterher. Das Moped spuckte eine graue Abgaswolke aus dem Auspuff. Es war ein Wunder, dass dieses kleine Gefährt, das unter dem Riesen wirkte wie ein Laufrad für Kleinkinder, unter seiner Last nicht entzweibrach. Max fuhr die Zündapp schon seit zwanzig Jahren. Sie musste irgendwann zusammenbrechen, aber sie weigerte sich, trotzte allen Wahrscheinlichkeiten und kutschierte Max jeden Abend zuverlässig mit dreizehn Stundenkilometern nach Hause.

Ignaz zündete sich eine Zigarette an und griff nach dem Buch auf dem Abstelltisch. Es war die Biographie von Hannah Ahrendt, die er am Freitag in der Gemeindebücherei ausgeliehen hatte. Zweihundert Seiten hatte er schon durch, gut dreihundert standen ihm noch bevor. Wenn jemand auf den ersten zweihundert Seiten schon so viel erlebt hatte, was würde da noch kommen? Die Banalität des Bösen auf jeden Fall, bisher war das Thema noch gar nicht zur Sprache gekommen. Ignaz las sich im Sonnenuntergang der Banalität des Bösen entgegen, aber irgendwann schafften es die letzten Sonnenstrahlen nicht mehr durch die Fichten, und die Banalität des Bösen ließ weiterhin auf sich warten. Er schlug das Buch zu und blickte über den Hof.

Die Nutzlosigkeit

Kein Datum, weil eigentlich immer, Luftdruck schwankend

Wenn man über Ignaz Hallgrubers Hof schaute, blickte man in die Vergangenheit. All die Dinge, die dort lagen, dienten einst Menschen. Heizkörper wärmten sie. Jetzt rosteten sie träge vor sich hin. Kühlschränke bewahrten einst Lebensmittel vor Verderbnis, jetzt verdarben sie selbst und tropften ihre Kühlflüssigkeit Korrosion und Gravitation gehorchend in die Erde. Eisenstangen hielten einst die Häuser von Menschen aufrecht. Jetzt bildeten sie in verbogener Vereinigung einen Haufen, in dem sich die Ratten verkrochen. Kupferkabel sorgten einst dafür, dass die Deutschen ihren Deutschen viermal dabei zusehen konnten, wie sie alle Fußballweltmeister wurden. Jetzt bildeten sie ein wirr aber innig ineinander verschlungenes Knäuel, vorne und hinten abgeschnitten und für immer ihrer Fähigkeit beraubt, jemals wieder etwas zu übertragen. Kühltruhen, Ofenrohre, Lampenschirme, Spiegel, Fensterrahmen, Türen, Dachziegel, Waschmaschinen, Standuhren, Fahrradrahmen, Satellitenschüsseln, Wasserboiler, Badewannen, Dachrinnen, Abflussrohre, Kloschüsseln, sie alle dienten einst ihren Besitzern. Über Generationen hinweg hatten die Menschen mit ihnen und dank ihrer gut gelebt. Jetzt fristeten sie ein trauriges, nutzloses Dasein auf Ignaz Hallgrubers Schottplatz.

Jeden Abend bot sich Ignaz, wenn er auf seinem Campingstuhl vor dem Wohnpavillon saß, und es zu dunkel zum Lesen wurde, dieselbe Aussicht: Nichts als menschengeschaffener Schrott. Nutzlosigkeit allüberall. Was bleibt von den Dingen, wenn sie ihren Nutzen verlieren? Was bleibt von Öfen, wenn sie nicht mehr wärmen. Was bleibt von Satellitenschüsseln, wenn sie nicht mehr die Geschehnisse der Welt ins Wohnzimmer übertragen dürfen, was bleibt von zersplitterten Spiegeln, wenn keine Gesichter mehr hineinblickten?

Was blieb von Rohren, wenn durch sie kein sauberes Wasser mehr ins Haus floss und durch andere bemitleidenswerte Rohrkollegen als Schmutzwasser wieder hinaus?

Indem man den Dingen ihre Aufgabe nahm, raubte man ihnen ihren Sinn. Dann wurden sie reduziert auf ihren materiellen Wert. Was den Sinn des Einst-gemacht-worden-seins verlor, war von einem Tag auf den anderen nur noch Müll. Reduziert auf seinen materiellen Wert hofften die Dinge inständig auf neue Verwendung, auf eine bessere Zukunft, aber realistisch hoffen durften nur die wenigen von ihnen, denen das Glück zuteilwar, einst aus einem Material geschaffen worden zu sein, dem die Neuerschaffenden einen Restwert beimaßen. Alles andere lag einfach nur nutzlos herum.

Kupfer und andere Wertstoffe hatten Glück. Täglich fuhren halbseidene Zwischenhändler auf den Hof, stopften ihre Transporter mit allem voll, was von Wert sein mochte, und drückten Ignaz je nach Menge ein paar Hunderter in die Hand.

Regelmäßig schaute der örtliche Installateur vorbei auf der Suche nach alten Wasserrohren, die noch halbwegs etwas taugten und wenige Tage später in den Mauern von Neubauten verschwanden und auf der Rechnung als Neumaterial auftauchten. Welcher Bauherr riss schon die verputzten Wände seines gerade entstehenden Eigenheims wieder auf, um nachzusehen, ob die Rohre tatsächlich neu waren? Im Engelberger Neubaugebiet stand vermutlich kein Haus, in dem nicht irgendetwas verbaut war, das zuvor auf Ignaz Hallgrubers Hof in der Sonne geglänzt und im Regen vor sich hin gerostet hatte.

Dann gab es noch die Heimwerker und Pfennigfuchser. Sie suchten ein hundertfünfziger Knierohr, Schrauben mit passenden Muttern oder halbwegs intakte Fahrradrahmen für ein Radl Marke Eigenbau. Manche kamen auf der Suche nach noch halbwegs tauglicher Emailware auf den Hof, andere holten sich kaputte Möbel als Brennholz für ihre Kachelöfen.

Aber die meisten Dinge kamen auf Ignaz' Schrottplatz, um zu bleiben und nie wieder zu gehen.

Deshalb war eine der wenigen Veränderungen, die Ignaz Hallgruber nach der Übernahme des Hofs vorgenommen hatte, das Schild am Tor. Dort stand nicht mehr ‚Schrottwarenhandlung Hallgruber'. Jetzt prangte über der Einfahrt zum Schrottplatz ein längst nicht mehr weißes Blechschild mit schwarzer Aufschrift: ‚Friedhof der Dinge'.

Eine gravierendere Veränderung auf dem Hof war der Wohnpavillon. Er stand hinter dem Freisitz, in dem Ignaz einen Großteil seiner Freizeit verbrachte. Der Freisitz bestand aus dem Plastikcampingstuhl, auf dem Ignaz saß, den drei Plastikstühlen, die Max Gold aufeinandergeschichtet hatte wegen Gewicht und Gravitation und so, einem Plastikcampingtisch und meistens einem Kasten Bier. Hinter dem Freisitz hatte bis vor ein paar Jahren Ignaz' Elternhaus gestanden, siebzig Jahre lang. Ignaz' Großeltern hatten es in einer Zeit erbaut, in der es keinen Schrott gab. In einer Zeit, in der selbst kaputte Dinge einen Sinn und einen Wert besaßen, aber dafür so viel anderes sinnlos und wertlos und kaputt war.

Die Vergangenheit, die Hilfsbereitschaft und die Gier

Damals

Ignaz Hallgrubers Urgroßeltern hatten verdammtes Pech: Im April 1944 ging ein Bomber der Alliierten irr und ergoss seinen Inhalt nicht wie befohlen über München, sondern auf gerader Linie ins nachtdunkle Nirgendwo über dem Hallgruber Hof.

Ignaz' Großeltern hatten verdammtes Glück. Sie waren nicht im Haus, als die Bomben einschlugen, das Anwesen sprengten und bis auf die Grundmauern niederbrannten.

Hermann Hallgruber, Ignaz' Großvater, hatte einst recht schlimm an Kinderlähmung gelitten. Sein rechter Arm war taub geblieben. Er durfte nicht an die Front. Was nutzte einer an der Front, wenn er kein Gewehr halten konnte? Aber zum Flakhelfer taugte er allemal. Er hatte sich geradezu aufgedrängt, wollte, wenn auch nur halbseitig, einen Beitrag leisten wie alle anderen in seinem Alter. Lang genug hatte ihn sein Vater geschmäht und Hermann vorgehalten, er sei eine Schande für die Familie. Das ganze Dorf zerreiße sich das Maul, schließlich hätten alle Familien Kinder an der Front, nur die Hallgrubers nicht, und das sei ja wohl eine Böswilligkeit Hermanns sondergleichen.

Zumal noch hinzukam, dass der Bub nicht einmal in der Lage war, den Arm ordentlich zum Hitlergruß zu recken. Da kröche es ihm, dem Vater, jedes Mal übel die Speiseröhre hoch, wenn der einzige Sohn am Mittag zu Tisch saß und kindergelähmt mit seiner linken Hand den rechten Arm zum Hitlergruß in die Luft stemmte, aber Hand und Unterarm unkontrolliert nach unten baumelten, und die Finger in die Kartoffelsuppe klatschten, als verhöhnten sie den Führer und die von der Mutter gemachte Suppe. Aber wenigstens als Flakhelfer konnte er etwas fürs Vaterland tun, zumindest ein bisschen, wenn der Krüppel schon nicht in der Lage war, wegen dieser Dreckskinderlähmung seinen

Arm tüchtig zum Gruß zu heben.

Auch Hermanns Mutter war seit jeher voll Groll auf ihren Sohn. Bei der Geburt war es zu Komplikationen gekommen. Nein falsch, in ihren Augen war es nicht einfach so zu Komplikationen gekommen, sondern Hermann hatte diese böswillig verursacht. Sie sagte es ihm jeden Tag. Er sei ein widerspenstiger Gebürtling gewesen, als wollte er nicht auf die Welt, und beinahe hätten beide das stundenlange Prozedere nicht überlebt. Die Mutter konnte fortan keine Kinder mehr gebären, und dann erlaubte der einzige Sohn, den sie jemals auf diese Welt bringen würde, sich auch noch diese verreckte Kinderlähmung.

Rückblickend und ehrlich eingestanden bestand die Lebensleistung der alten Hallgrubers darin, dem Reich einen Krüppel geschenkt zu haben, der zu nichts taugte, während alle anderen angesehenen Engelberger Familien Briefe zugestellt bekamen, in denen ihnen versichert wurde, dass ihre gesunden Söhne im heldenhaften Kampf für Führer, Volk und Vaterland gefallen waren. Insofern waren Hermanns Eltern gottfroh, als sich der örtliche Parteifunktionär endlich erbarmte, den jungen Hermann wenigstens zu den Flakhelfern zu schicken.

Als die Bomben auf dem Hallgruber Hof explodierten, stand Hermann zehn Meter neben der Flak auf einer Lichtung im Engelberger Forst und hielt den Verbandskasten fest in seiner linken Hand, während Alte und Jugendliche eifrig das Flugabwehrgerät munitionierten und damit ab und zu sinnlos den Nachthimmel beschossen.

Auch Therese war in der Bombennacht nicht auf dem Hof, dem Parteifunktionär sei Dank. Er hatte sich ausbedungen, dass der alte Hallgruber seine Magd jeden dritten Abend zu ihm ins Büro schickte. Der Hermann bei den Flakhelfern sei ja rein militärisch kein Vorteil, er sei zu nichts nutze. Es wäre reichlich egal, ob der Krüppel den Verbandskasten hielt, oder dieser einfach irgendwo auf dem Boden lag. Aber die Magd, diese Therese, das Reserl, hatte es dem Funktionär angetan. Also ging der Hermann zu den Flakhelfern und die Therese zu ihm. „Ist ein armes Waisenkind, die braucht Nähe", meinte der Parteifunktionär.

Der alte Hallgruber fand die Übereinkunft durchaus akzeptabel.

Er wusste freilich nur zu gut, dass er seine Magd nicht jeden dritten Tag nach dem Abendbrot zum Parteifunktionär schicken musste, weil sie eine gute Gesprächspartnerin war. Das Reserl war taubstumm. Während die Bomben auf dem Hallgruber Hof einschlugen, nahm es zum dreizehnten Mal gehorsam den Samen des Parteifunktionärs in sich auf. Klaglos, aber wenn ihr der Herrgott die Gnade erwiesen hätte, ihr eine Stimme zu gönnen, wenn auch nur für einen kurzen Augenblick im Leben, in einem Moment ihrer Wahl, dann hätte sie geschrien wie am Spieß.

In der Nacht, als der Bomber auf seinem Irrweg über den Hallgruber Hof flog, waren die alten Hallgrubers also die einzigen Menschen auf dem Hof. Die Bomben ließen nichts von ihnen übrig. Hermanns Eltern waren einfach nicht mehr da.

In den Tagen nach dem Unglück half das ganze Dorf bei den Aufräumarbeiten. Einige klaubten zusammen mit Hermann verrußte Habseligkeiten aus den Trümmern des Wohnhauses. Was noch einigermaßen zu gebrauchen war, warfen sie neben der Ruine auf den Boden, den Rest auf einen großen Haufen in der Mitte des Hofs. Wo der Rinderstall gestanden hatte, lagen schwarzverkohlte Holzbalken ineinander verkeilt, als wollten sie einander nie mehr loslassen. Die Helfer schlugen die Balken mit Äxten auseinander und bahnten sich einen Weg zu den Kadavern.

Die schwelenden Körper waren kaum noch als Kühe zu erkennen. Sie verbreiteten einen unerträglichen Gestank. Manch hartgesottener Bauersmann erbrach während der Bergungsarbeiten sein Morgenbrot auf den Boden.

Andere werkelten an einem Bombenkrater neben dem zertrümmerten Stall. Sie gruben ihn weiter aus. Als er breit und tief genug war, schlangen sie den Kadavern dicke Seile um die Körper und zogen sie, sechs kräftige Männer pro Kuh, aus den Trümmern heraus und hinein in den Krater. Nachdem sie alle darin verstaut hatten, schütteten sie den Krater zu und walzten mit einer Feldwalze über das Rindermassengrab.

Aus noch brauchbaren Ziegelsteinen und Brettern mauerten und zimmerten die Engelberger eine provisorische Hütte für Hermann und Therese, die alle freilich nur Reserl nannten, sie konnte eh nicht hören, wie man sie nannte, und fragen konnte man sie auch nicht, wie sie denn genannt werden wollte. Nun ja, fragen konnte man sie schon, aber sie würde halt nicht antworten, und ein Engelberger machte den Mund nur auf, wenn er mit einer Antwort rechnen konnte, außer bei Bedienungen. Die mussten nicht antworten, sie mussten nur schnell genug eine frische Maß Bier vor einen auf den Tisch stellen.

Die Solidarität und Hilfsbereitschaft der Engelberger mit dem behinderten Vollwaisen Hermann war herzergreifend. Sie halfen nicht nur bei den Aufräumarbeiten und beim Aufbau der Baracke, sondern trieben auch einen alten Ofen auf und brachten allerlei Geschirr und Lebensmittel vorbei, auch zwei Betten und natürlich Öllampen und Öl, damit man Licht machen konnte.

Eine Woche lang sagte Hermann jeden Tag mindestens hundertmal danke. Dann klopften ihm die Helfer und Spender auf die Schulter, blickten ihn mitleidig an und sagten, „das ist doch eine Selbstverständlichkeit, dass wir hier im Dorf zusammenhalten, wenn einen das Schicksal so arg trifft" oder ähnlich anrührende Halbwahrheiten. In Wahrheit dachten sie, dass nun auch die bisher verschonte Familie Hallgruber endlich ihren Beitrag und Blutzoll geleistet hatte. Und vielleicht würde sich bei den Aufräumarbeiten ja noch etwas finden, das man unbemerkt einstecken konnte, oder das lohnte, nach Sonnenuntergang wiederzukommen.

Die Hilfsbereitschaft der Engelberger endete am siebten Tag nach der Bombardierung kurz vor der Mittagspause.

Hermann wühlte sich zum wiederholten Mal mit seinem linken Arm durch die Trümmer an jener Stelle, wo das Ehebett seiner Eltern gestanden haben musste. Er stemmte ein paar verkohlte Bretter zur Seite. Eine rußige Blechkiste kam zum Vorschein. Sie maß etwa fünfzig mal achtzig Zentimeter. Hermann werkelte mit einem Stemmeisen am Schloss herum und schließlich gelang es ihm, den Verschluss aufzustemmen. Der Deckel sprang auf und offenbarte unzählige silberfarbene Münzen, die in der Mittagssonne glänzten, als wären sie nie bombardiert worden.

Hermann griff nach einer der Münzen und begutachtete sie. So eine Münze hatte er noch nie gesehen. Er kannte Pfennige und Fünferl und Zehnerl und Fuchzgerl, auch eine Reichsmark mit dem hässlichen Adler auf der Rückseite und der Schriftprägung ‚Gemeinnutz vor Eigennutz' hatte er einmal in der Hand gehalten, damals am Tag seiner Firmung, aber auf dieser Münze war ein Mann im Profil zu sehen, den er nicht kannte. „Paul von Hindenburg, 1847 bis 1934", las Hermann leise. Dann drehte er die Münze um. Rund um den hässlichen Adler stand geschrieben: ‚Deutsches Reich, 1936, 5 Reichsmark.'

„Der Hermann hat ein Geld gefunden", rief ein Junge in kurzen Lederhosen. „Schaut mal, der Hermann hat ein Geld gefunden." Aufgeregt lief das etwa sechsjährige Büberl zu den Helfern, die sich gerade an der Baracke betätigten.

Der Bub musste nicht lang um Aufmerksamkeit buhlen. Sobald ein Engelberger das Wort Geld hörte, merkte er auf, ein Reflex, der angeboren schien oder spätestens mit der Muttermilch aufgesogen wurde, diese Frage zu klären war die Wissenschaft noch nicht soweit.

Die Helfer stellten ihr Werkeln ein und starrten Hermann an, der in den Trümmern seines Elternhauses stand und eine funkelnde Münze in der Hand hielt. „Was hast'n da gefunden, Hermann?", fragte einer.

Hermann streckte ihnen die Münze entgegen. „Was für ein Glück", rief er mit unsicherer Stimme. „Hab ich doch glatt den Fünfer von meinen Eltern gefunden." Vorsichtig versuchte er mit einem Bein ein paar Bretter über die Kiste zu schieben.

Die Helfer kamen näher. „Zeig mal her", rief einer. „So nen Hindenburg hab ich schon lang nicht mehr zu sehen bekommen." Es war der Otter Ferdl, ein nichtsnutziger Tagelöhner auf dem Hof der Gutweins. Er stand dort kurz vor dem Rausschmiss, da er ein ebenso begnadeter Säufer wie Faulenzer war. Aus der Wehrmacht war er unehrenhaft entlassen worden, er war dann ein paar Monate im KZ. In Engelberg war man sich einig, dass er das verdient hatte, denn er taugte tatsächlich zu gar nichts, und jeder im Dorf konnte sich lebhaft vorstellen, wie der Otter Ferdl seine Zeit als Soldat verbracht hatte, nämlich zitternd vor Angst tief im Schützengraben kauernd, während die Kameraden eifrig nach vorn stürmten, dem Feind und dem Sieg entgegen. Aber die Otters waren eine große Nummer in Engelberg, sie besaßen den größten Hof und dazu eine Fischzucht, doch bei sich wollte der Otterbauer den Ferdl nicht mehr haben. Der eigene Sohn ein Feigling und KZler, der musste sich erstmal auf einem anderen Hof verdingen, mit dem wollte der Otterbauer natürlich erstmal nichts zu tun haben, so ungefähr bis alles vorbei war, anschließend konnte man ja mal reden von Vater zu Sohn, vielleicht käme ja mal eine Zeit, in der es nützlich wäre, einen KZler zum Sohn zu haben.

Ferdl Otter ging jetzt nicht mehr, er trabte. Nie mehr seit Ferdl Otters Kindertagen hatte ein Engelberger den Faulenzer in geschwinderer Fortbewegung als Schlurfen beobachtet. Aber jetzt trabte er nicht mehr, er rannte geradezu. Er sprang auf den Trümmerhaufen, wand sich behände durch die Balken, und ehe Hermann wusste, wie ihm geschah, packte Otter Hermanns Linke am Handgelenk und entriss ihm mit der anderen den Hindenburg. Hermann wollte sich wehren, aber sein rechter Arm hing schlaff an seinem Körper, und so sehr Hermann sich mühte, er regte sich nicht. „Das ist mein Fünfer", protestierte er, aber es kam ihm selbst nicht überzeugend vor.

Ferdl Otter stieß Hermann heftig vor die Brust.

Hermann fiel nach hinten und stürzte auf die Trümmer. „Das ist mein Fünfer", brüllte er im Fallen, dann raubte ihm der Aufprall auf die Ziegelsteine die Luft.

Ferdl trat die Bretter zur Seite und griff in die Kiste. Ein paar Hindenburgs plätscherten aus seiner Hand. Dann wandte er sich seinen Mithelfern zu. „Da ist nicht nur ein Fünfer. Da ist ne Kiste voll mit Fünfern. Der Mistkrüppel macht hier einen auf armes Waisenkind, dabei sitzt er auf einem Schatz."

Nun entdeckten auch die anderen Helfer ihre Fähigkeit zur schnellen Fortbewegung und liefen in die Trümmer des einstigen Bauernhauses. Staunend beugten sie sich über die Blechkiste.

„Hab doch gesagt, dass der Hermann ein Geld gefunden hat", rief der kleine Bub stolz.

„Noch keine Handbreit höher als eine Saustalltür, aber da hat der Bengel verdammt nochmal recht. Wie viel ist das? Was meint ihr?", fragte Ferdl Otter und warf sich in Pose, als hätte er gerade Amerika entdeckt.

„Tausend oder so, schätz ich mal grob", meinte der Schmied.

„Mehr, viel mehr. Sind gut und gern fünftausend", schätzte der Bäcker.

„Ja leck mich am Arsch, das sind doch fünfzigtausend", war sich die Treubnerin sicher. Sie war die Frau des Metzgers und kannte sich im Dorf am besten aus mit Geld. Meistens gab sie den Kunden zu wenig davon zurück. Die Kunden duldeten es. Die Treubners besaßen die einzige Metzgerei in Engelberg und machten einen göttlichen weißen Presssack. Wegen der zwei oder drei Pfennige, die sie von der Treubnerin zu wenig zurückbekamen, wollte es sich niemand mit der einzigen Metzgerei weit und breit verderben.

„Das ist mein Geld", wisperte Hermann und versuchte sich aufzurappeln.

Ferdl Otter bückte sich und drosch ihm eine Faust ins Gesicht. Blut schoss aus Hermanns Nasenlöchern. Der Getroffene lag röchelnd auf dem Boden. Ferdl griff nach einem angekokelten Ziegelstein, streckte ihn in die Höhe und beugte sich über Hermann, der flehend seinen gesunden Arm reckte. Ferdl grinste: „Was meint ihr, sollen wir uns holen, was uns für unsere Hilfsbereitschaft zusteht?"

Die Engelberger schwiegen. Manch einer war entsetzt, aber die Entsetzten schwiegen ebenso wie die Ungerührten, die sich eingestanden, dass sie eigentlich ganz gern ein paar hundert Hindenburgmünzen nach Hause tragen würden, egal ob sie ihnen zustanden oder nicht. Otter mochte ein Feigling vor dem Feind sein, ein asozialer Drückeberger und Faulenzer, aber jetzt wirkte er tatsächlich wild entschlossen, auch mal etwas für die Gemeinschaft zu tun. Manch einer hätte am liebsten gerufen, „was machst du denn da? Willst du jemanden erschlagen, damit wir sein Erbe stehlen können? Ist es schon so weit gekommen, dass wir unsere Nachbarn totschlagen?", während sich andere still und leise wünschten: „Schlag zu, schlag dem Krüppel den Schädel ein, wir verscharren ihn, und dann nehmen wir das Geld." Aber keiner machte den Mund auf.

Ferdl Otter streckte weiter den Ziegelstein in die Höhe, bereit ihn auf den Kopf des wimmernden Erben zu schlagen. Er blickte sich zu den Leuten um. „Macht's Maul auf, soll ich den Mistkrüppel totschlagen oder nicht?"

Die Umstehenden schwiegen weiter eisern. Sie wandten sich ab, einer nach dem anderen. Wollten nicht sehen, was geschehen würde. Wer nicht hinsah, konnte nichts dafür. Dann war man eigentlich gar nicht dabei. Wie sollte man etwas verhindern, das man nicht sah, man war ja kein Augenzeuge? Sie vertrauten darauf, dass der Ferdl Otter auch ohne ihre Unterstützung oder ihr Einschreiten das Richtige tun würde, er würde es auch ohne ihre Zustimmung tun, das sahen sie ihm an. Und alle waren sich sicher, dass sie gemeinsam den Mantel des Schweigens über alles ausbreiten würden, was vielleicht geschehen würde oder nicht.

Ein ohrenbetäubender Knall zerriss das Schweigen, gleichermaßen erschreckend wie erleichternd. Niemand musste mehr eine Antwort auf Ferdl Otters Frage geben. Niemand musste mehr wegschauen.

Nachdem die Leute sich umdrehten, um sich anzusehen, was passiert war – nachdem etwas geschehen war, egal was, konnte man ruhig wieder hinsehen, man war ja nicht schuld an dem, was passiert war, man sah es sich nur an –, da sahen sie, dass Ferdl keinen Ziegelstein mehr in der Hand hielt. Er hatte ihn fallenlassen, war selber auf die Knie gestürzt und drückte beide Hände gegen seinen Hals. Zwischen seinen Fingern spritzte Blut heraus. Aus seinem Mund drang ein anschwellendes und wieder nachlassendes Röcheln. Atmung unter den erschwerenden Bedingungen einer zerschossenen Kehle. Das Einatmen klang wie ein langgezogenes Ooooh, das Ausatmen ähnelte einem jämmerlichem Iiiii.

Ferdl Otter klang in seinen letzten Momenten wie ein Esel. Nach einer Minute des Wieherns versagten die Muskeln in seinen Armen, seine Hände ließen den Hals los und offenbarten ein Loch, aus dem das Blut herausschoss wie Bier aus einem fahrlässig weit aufgedrehten Zapfhahn. Es spritzte Hermann ins Gesicht, der immer noch auf dem Boden lag und seinen linken Arm in die Luft reckte, es spritzte auf die verkohlten Bretter und Ziegel des zerbombten Hauses, und es spritzte auf Hermann Hallgrubers Erbe in der Blechkiste. Hindenburg strahlte jetzt nicht mehr silbern in der Sonne. Unter all dem Blut, das sich auf die Münzen ergoss, war der einstige Reichspräsident gar nicht mehr zu sehen, fast so, als wäre er nie dagewesen.

Die Engelberger sahen dem Ereignis schweigend zu. Irgendwann, es kam ihnen längst überfällig vor, als wollte Ferdl Otter selbst sein Ableben in lästiger Trägheit, ja in jener Lahmarschigkeit zelebrieren, die ihn ein Leben lang ausgezeichnet hatte, stürzte er nach vorn und fiel auf Hermann Hallgruber. Mit einem langgezogenen, leisen ‚Iiiiii' verabschiedete er sich aus seinem nichtsnutzigen Leben und gestattete es den Zusehern, sich nun der Ursache des eben Geschehenen zuzuwenden.

Das Reserl stand inmitten der Trümmer, in ihren zarten Händen ein doppelläufiges Gewehr, dessen gefährliches Ende sie hin und her schwenkend auf die Zuseher richtete.

„Des Reserl hat den Otter daschossen", wisperte die Treubnerin ungläubig.

Das Reserl blickte die Engelberger an, einen nach dem anderen, und spannte den Abzug des zweiten Laufs.

Die Treubnerin hob beschwichtigend die Hände. „Wir waren heut gar nicht da. Keiner von uns war da. Heut ist ja überhaupt Schlachttag. Ich muss in die Metzgerei." Sie drehte sich um und ging weg.

Auch der Otterbauer, Ferdls Vater, der an diesem Tag auch auf dem Hallgruber Hof war, um sich sehen zu lassen und ein wenig anzupacken, streckte die Arme in die Luft, drehte sich um und ging, als wäre nichts geschehen.

Das mit dem Gespräch von Vater zu Sohn hatte sich erledigt. Das mit dem KZler als Sohn auch, aber er hatte ja noch vier weitere Söhne. Und der Ältere redete in letzter Zeit am Mittagstisch so renitent aufwieglerisch und undeutsch daher, dass sich aus ihm vielleicht ein nützlicher Widerständler machen ließ.

Eine Minute später waren das Reserl und Hermann Hallgruber die einzigen lebenden Personen auf dem Hallgruber Hof. Therese schob die Leiche von Hermanns Körper und half ihm auf.

Eine Stunde später war die Grube tief genug. Sie warfen Ferdl Otter hinein, und dazu einen der Hindenburgs und den Ziegelstein, mit dem der Tote Ignaz Kopf einzuschlagen vorgehabt hatte. Ferdl Otter sollte wissen, warum er lag, wo er lag. Zwanzig Minuten danach war die Erde über Ferdl Otter plattgewalzt. Nichts war geschehen.

Am nächsten Tag schlurfte der erste Helfer auf den Hof. Hermann und Therese werkelten an ihrer Hütte herum. Der Besucher grüßte unsicher. Das Reserl machte keine Anstalten, das Gewehr zu holen. Ein ermutigendes Zeichen. Er müsse den Ofen und das Geschirr nun doch in Rechnung stellen, sagte der Besucher. Ach was, eine Rechnung brauche in diesen Tagen ja niemand, Hermann solle ihm einfach fünfzig Mark geben.

Nachdem sich herumgesprochen hatte, dass der Ofenbauer unversehrt und fünfzig Mark reicher vom Hof spaziert war, kamen in den folgenden Tagen alle. Hermann zahlte sie wort- und grußlos aus.

Eine Woche später traute der örtliche Pfarrer Hermann Hallgruber und Therese Moreau.

Einen Monat danach gab das Ehepaar Hallgruber bei einem Bauunternehmer im Nachbardorf Himmelreich den Bau eines neuen Hauses in Auftrag. Die Hallgrubers bezahlten den Vorschuss in bar. Und sie stellten eine Bedingung: Kein Engelberger Handwerker durfte einen Auftrag bekommen.

Rückblickend betrachtet erwies sich der Irrflug des Bombers nicht nur dank der Auslöschung der Eltern als ausgesprochener Glücksfall für Hermann Hallgruber und seine Frau Therese. Sie gehörten dank des Erbes zu den wenigen, die vor Kriegsende ein Haus bauten, also zu einem Zeitpunkt, als Münzen, auf denen Hindenburg zu sehen war, noch etwas wert waren.

Das Haus war gerade fertig, als der Krieg endlich ein Ende nahm, und Therese Ignaz' Hallgrubers Vater gebar. Sie tauften den strammen Jungen Frank, in Erinnerung an den ein paar Wochen zuvor verstorbenen amerikanischen Präsidenten Franklin D. Roosevelt. Hermann hielt den Namen in doppelter Hinsicht für passend. Schließlich hatte der tote Präsident wie er an Kinderlähmung gelitten. Und das Glück mit dem Ausbomben hatten sie ja irgendwie auch dem Präsidenten zu verdanken.

Therese nickte. Sie hätte jedem Vorschlag zugestimmt. Sie würde den Namen ohnehin nie aussprechen. Therese lag im Wochenbett, der Säugling kauerte auf ihrer Brust, sie blickte ihren Mann an, der sich lächelnd den Zeigefinger seiner linken Hand ins Ohr steckte. Seine Lippen formten zwei Worte: „Er schreit." Über Thereses Wangen rannen Tränen des Glücks. Er schreit. Er hat eine Stimme.

Der Einfluss an der Stirn festgefrorenen Speiseeises auf die Weiterlebensbereitschaft anderer und die unerfreulichen Folgen des Schweinshaxenattentats

Damals

Frank blieb das einzige Kind, das der Herrgott Hermann und Therese Hallgruber zu schenken gewillt war. Ansonsten meinte es das Leben gut mit ihnen. Sie hatten den Stall nicht wiederaufgebaut und keine Kühe mehr angeschafft. Sie handelten jetzt mit Schrott. Schrott war gefragt in diesen Jahren. Hermann war der Erste in Engelberg, der sich ein Auto leisten konnte, und er war der Erste, der einen Fernsehapparat kaufte. Als Rahn am vierten Juli 1954 um kurz vor sieben im Wankdorfstadion zu Bern aus dem Hintergrund schoss, saß halb Engelberg im Hof der Hallgrubers und starrte auf den Fernseher, den Hermann auf einen Tisch vor die Fensterbank des Wohnzimmers gestellt hatte, damit alle durchs offene Fenster zusehen konnten.

Irgendwann musste Schluss sein mit dem Nachtragen. Wenn man der reichste Mann in Engelberg war, konnte es einem auch egal sein, ob einem der rechte Arm am Leib herunterhing wie ein nasser Lappen, und es konnte einem noch egaler sein, dass die Nase seit Ferdl Otters Faustschlag arg an die eines erfolglosen Preisboxers erinnerte.

Ignaz Hallgruber hatte seine wunderbare Therese, er hatte einen prächtigen Sohn, er hatte ein Haus, einen florierenden Handel, und er hatte ein Herz. Und das rief ihm zu, dass er den Engelbergern doch endlich verzeihen soll. Sie hatten genug gelitten unter der Währungsreform und den Entbehrungen der Nachkriegszeit, es war ja eigentlich lachhaft, dass die Engelberger mehr an den wirtschaftlichen Zumutungen der Nachkriegszeit gelitten hatten als während des Kriegs, aber immerhin, sie hatten Söhne verloren oder gaben sich immer noch der ebenso leidvollen wie sinnlosen Hoffnung hin, die Verschollenen kämen eines Tages zurück. Und kein Engelberger hatte jemals wieder den Namen Ferdl Otter ausgesprochen.

Nicht mal der alte Otterbauer, der neue Bürgermeister, der schwarz auf weiß nachweisen konnte, dass er einen spurlos verschwundenen KZler und einen in den letzten Kriegstagen hingerichteten Widerstandskämpfer großgezogen hatte, und längst hochoffiziell entnazifiziert war, er hatte es schriftlich, dass er nur ein Mitläufer war wie alle anderen Deutschen außer Hitler, nicht mal der Otterbauer hatte jemals wieder den Namen seines Sohnes Ferdl erwähnt.

Also ließ Hermann Hallgruber die Vergangenheit ruhen und die Engelberger auf den Hof kommen und das Finale schauen. Auch der alte Otter war gekommen, und als Herbert Zimmermanns Stimme mit den Worten „aus, aus, aus, aus, das Spiel ist aus" aus dem Radio schepperte, weil der Ton am Fernseher nicht funktionierte, da war der alte Otter der Erste, der Hermann Hallgruber umarmte und sich bedankte, dass sie alle bei ihm das Spiel schauen durften.

Das Wunder von Bern war auch ein kleines Wunder von Engelberg. An diesem Tag wurden Hermann und Therese Hallgruber in den Herzen der Engelberger wieder zu ihresgleichen, und auch Hermann und Therese fühlten sich zum ersten Mal in ihrem Leben als dazugehörend, zumindest ein wenig.

Zehn Jahre lang hatten die Engelberger die Hallgrubers argwöhnisch beäugt, vor dem schießwütigen Reserl hegten sie einen Mordsrespekt, sie machten einen Bogen um Reserl, wenn es in Engelberg zum Bäcker ging oder zum Metzger, aber jetzt, im Moment des Triumphs, im glückseligen Jubel darüber, dass man zwar nicht neunzehnhundertfünfundvierzig aber immerhin neunzehnhundertvierundfünfzig Weltmeister geworden war, waren auch die Engelberger bereit, Hermann Hallgruber großherzig zu verzeihen, dass sie ihn vor zehn Jahren am liebsten totgeschlagen hätten.

Hermann Hallgrubers Glück hielt bis zum Abend des neunzehnten Novembers neunzehnhundertneunundsechzig. Hermann saß in seinem Fernsehsessel und schaute die Nachrichten. Der SPD-ler Wehner hatte eine Audienz beim Papst. Hermann waren sowohl Wehner als auch der Papst egal. Der Wehner war ein Kommunist und der Papst zu fromm. Er freute sich auf den anschließenden Krimi und auf das Eis am Stiel, das Therese ihm gerade aus der Kühltruhe im Keller holte.

Um dreiviertel neun war der im Drehbuch als Leiche vorgesehene Mitwirkende endlich tot und schwappte lethargisch in einem Klärbecken herum. Die beiden Kommissare waren damit beschäftigt, in endlosen Diskussionen zu erörtern, wie er da wohl hineingeraten war. Nicht freiwillig, dessen war sich Hermann sicher, bevor es die einfältigen Kommissare waren, aber das Eis am Stiel kam nicht. Die vier Feierabendbiere auf dem Beistelltisch waren nun auch leer, und Hermann musste aufs Klo und den weiteren Fortgang der Ermittlungen kurz den Kommissaren überlassen.

Nachdem er sich auf dem Klo ausgepieselt hatte, stieg Hermann die Kellertreppe hinunter. Nach Therese zu rufen, war ja sinnlos.

Hermann fand seine Frau vor der Tiefkühltruhe. Sie bückte sich tief hinein. Ihr kürzeres Bein mit dem Plüschpantoffel unter der Fußsohle berührte den Boden gar nicht mehr. „Was suchst du denn da drin?", fragte Hermann und erwartete keine Antwort. Er ging zu ihr und legte seine Hand vorsichtig auf ihre Schulter, um sie nicht zu erschrecken. Sie erschrak trotzdem jedes Mal, wenn er sie von hinten berührte, aber der Schreck legte sich immer, wenn er ihr mit dem Daumen über den Nacken strich, dort, wo ihr Haaransatz noch nicht wirklich Haar war, sondern nur ein fast unsichtbarer heller Flaum, er strich weiter, aber sie rührte sich nicht, und da wurde ihm klar, dass etwas nicht stimmte. Hermann packte seine Frau an den Schultern, zog ihren Oberkörper aus der Kühltruhe und legte sie vorsichtig auf den Boden. Ein Capri-Eis war an ihrer Stirn festgefroren. Therese starrte mit ausdruckslosen Augen an die Decke.

Ach, hätte sie doch eine Stimme gehabt, hätte Gott ihr nur einmal im Leben eine Stimme gegönnt, mit der sie ein einziges Mal hätte schreien können, dann hätte sie ihn rufen können. Aber jetzt lag sie vor ihm auf dem Boden, ein Capri pappte an ihrer Stirn, und insgesamt war das dann schon irgendwie unwürdig.

Ein paar Tage später hatte Hermann es schriftlich, dass es ein Sekundeninfarkt war, niemand hätte etwas dagegen tun können, er solle sich keine Vorwürfe machen. Aber trotzdem machte Hermann sich welche. Er hätte zumindest früher nachsehen können, was seine Frau so lange im Keller trieb. Man brauchte ja keine Dreiviertelstunde, um ein Eis aus der Kühltruhe zu holen. Dann hätte er sie vielleicht gefunden, bevor das Capri an ihrer Stirn festfror.

Aber insgesamt war das alles egal. Was festfriert, taut irgendwann wieder ab. Therese jedoch würde nie wieder aufstehen, und wer weiß, vielleicht ging es ihr da oben im Himmel jetzt besser, vielleicht hatte Gott ihr eine Stimme gegeben als Belohnung für ihr rechtschaffenes und leises Leben, und das mit seinem Fünften Gebot konnte er nicht ernsthaft gegen sie verwenden, nicht wenn er ein gerechter Herrgott war. Ein gerechter und aufmerksamer Herrgott hatte sicherlich von oben beobachtet, dass Therese den Ferdl Otter nur über den Haufen geschossen hatte, um Hermann zu retten, und das war ja wohl ein ziemlich triftiger Grund.

Nach dem Tod seiner Therese verlor Hermann Hallgruber das Interesse am Schrotthandel. Wie überhaupt an allem. Gerade mal sechsundvierzig Jahre alt, kam er zu dem Ergebnis, das das alles keinen Sinn mehr hatte. Warum sich weiter auf dem Schrottplatz abrackern, wenn doch alles egal war? Warum mit dem Cabrio durchs Dorf fahren, wenn Therese nicht neben ihm saß? Warum nach Audach fahren und feudal im Schlossrestaurant speisen, wenn Therese nicht dabei war? Das Essen war gut im Schloss, aber der Ausflug rentierte sich nur wegen Thereses strahlenden Augen, wenn der Ober als Nachtisch einen Bananensplit mit extra viel Schokoladensoße auf den Tisch stellte. Hermann Hallgruber fand, dass es Zeit war, seinen Sohn Frank mit ins Geschäft zu nehmen.

Der Frank war ja schon vierundzwanzig Jahre alt und studierte im letzten Semester Chemie, um mehr über Werkstoffe zu lernen. „Werkstoffe sind Wertstoffe", sagte er immer, wenn er sonntags zum Mittagessen kam und mit seinem Wissen prahlte. Ansonsten lebte er in einer Wohngemeinschaft in Schwabing, demonstrierte sinnlos in der Gegend herum, statt zum Friseur zu gehen, und vagabundierte mit seinen Gedanken in weit entfernten Sphären. Sonntags referierte er knödelfressend über die Möglichkeiten Plastik zu recyceln, um eine Minute später von der sozialistischen Weltrevolution zu schwadronieren, die unmittelbar bevorstand, dafür würde man schon sorgen. Wieviel Fleiß und Initiative waren von jemandem zu erwarten, der so groß daherredete, aber „man" sagte statt „ich", fragte sich Hermann Hallgruber und entschied sich, es herauszufinden.

Fünf Tage nach ihrem Ableben in der Gefriertruhe wurde Therese unter reger Teilnehmerschaft und Anteilnahme der Engelberger auf dem örtlichen Friedhof beigesetzt.

Frank Hallgruber besaß tatsächlich die Chuzpe, sein neues Flitscherl zur Beerdigung mitzubringen. Beim Sonntagmittagsfressen hatte Frank sie nie erwähnt, dabei prahlte er gern damit, wenn er eine Neue aufgerissen hatte. Also musste er sie erst vor ein paar Tagen kennengelernt haben. Und dann saß dieses Schlamperl, dem Therese nicht ein einziges Mal im Leben begegnet war, in der ersten Reihe und wagte es tatsächlich, während Pater Alberts Trauerrede ein Taschentuch unter ihrem Poncho hervorzuziehen und sich Tränen von den Wangen zu wischen.

Hermann Hallgruber, der seine Frau viel besser gekannt hatte als dieses unbekannte Mao-Mädchen es tat, durchstand die Beerdigungsprozedur selbstverständlich ohne eine einzige Träne zu vergießen. So verhielt man sich nun mal, wenn jemand beerdigt wurde, und das ganze Dorf dabei zusah. Man weinte nicht, man riss sich gefälligst zusammen, und als Hermann sah, dass sich nun auch sein Sohn mit dem Handrücken Tränen aus dem Gesicht wischte, entschloss er sich, den Frank endlich an die Kandare zu nehmen. Und zwar sofort.

Beim Leichenschmaus im Mönchswirt saßen Vater und Sohn nebeneinander, wie es sich gehörte. Es gab Schweinshaxe, und wem Haxe zu schwer war, der durfte sich Schweinswürstl mit Kraut bestellen.

Das Flitscherl an Franks Seite bestellte einen Salat. Sie esse keine Tiere. Carnivorismus sei Mord, belehrte sie die Bedienung.

„Willst du mir deinen Zeitvertreib nicht vorstellen?", fragte Hermann Hallgruber ohne seinen Sohn anzusehen. Er trank seine Halbe aus. „Noch ein Weizen", rief er der Bedienung hinterher.

Das Flitscherl fühlte sich bemüßigt, für Frank zu antworten. „Ich bin kein Zeitvertreib. Mein Name ist Anke. Ich kann Ihre Emotionen verstehen, ich fühle sie sogar selbst ganz und gar innig in mir selbst. Und ich will Ihnen mein Beileid aussprechen. Aber ich bin kein Zeitvertreib. Ich bin Franks Freundin."

Hermann Hallgruber lächelte gehässig. „Bis er nächste Woche eine andere findet. Oder in zwei Wochen, wenn du Glück hast."

„Jetzt sag doch auch mal was, Frank", forderte Anke ihren Freund auf.

Frank nahm einen Schluck Bier. „Am besten, wir sagen jetzt alle erstmal gar nichts." Und so saßen die drei nebeneinander am Tisch und schwiegen.

Der Streit fiel niemandem der anderen Gäste auf. Ein Leichenschmaus war für die engsten Angehörigen ja immer erstmal eine eher stille Angelegenheit, bis die ersten zwei oder drei Halbe die Stimmung lockerten, und man den traurigen Anlass beiseite soff.

Es musste ja irgendwie weitergehen, es ging einfach weiter, ob man trauerte oder nicht, und habt ihr schon gehört, dass der Scheuberer Girgl besoffen in die Güllegrube gefallen ist, erst gestern Abend, da stehe in ein paar Tagen die nächste Beerdigung an, wieder ein sauberes Doudnmoi, weil der Scheuberer beziehungsweise seine Witwe, die werde sich sicher nicht lumpen lassen, aber jetzt erst mal prost auf das Reserl, eine gute Frau sei sie gewesen, ein bisschen wortkarg, aber trotzdem oder gerade deswegen eine gute Frau, hahaha, der war gut, einer sagte dann sogleich, um noch einen draufzusetzen, „wir waren heut auf der Beerdigung einer Frau, von der wir noch nie etwas gehört haben", allgemeines Lustigsein, so ein Leichenschmaus war halt einfach eine urige Sache, wenn der Anlass nicht die eigene Familie betraf.

Außer Leichenschmäusen gab es in Engelberg nur das Sommerfest des Burschenvereins, den Faschingsball der Feuerwehr und alle zwei Jahre das Maibaumaufstellen. Wenn unterm Jahr keiner starb, gab es keinen Anlass, sich rechtschaffen zu besaufen. Was nicht hieß, dass die Engelberger einen rechtschaffenen

Anlass brauchten, um sich zu besaufen.

Zwanzig innerfamiliäre Schweigeminuten später kam das Essen.
„Soll ich dir die Haxe schneiden?", fragte Frank seinen Vater.
„So weit kommt's noch. Ich hab mit einem Arm den ganzen Schrottplatz aufgebaut. Ich bezahle mit dem Geld, das ich mit einem Arm verdient hab, alles, was du mit beiden Händen zum Fenster rauswirfst. Dann werd ich mit diesem Arm ja wohl noch eine Schweinshaxn fressen können." Hermann Hallgruber stach mit der Gabel in den kleinen Spalt zwischen Knochen und Fleisch, hob die Haxe aus dem Teller und biss entschlossen davon ab. In Windeseile fraß der Witwer sich durchs Fleisch, als gäbe es morgen keine Schweine mehr.

Frank schob seinen Teller in die Tischmitte. „Mir ist der Hunger vergangen. Mama ist kaum eine Stunde unter der Erde, und du frisst wie ein Schlauderaff."

Der Vater grunzte zwischen den Fleisch-, Krusten- und Fettstücken aus seinem Mund hervor: „So frisst ein Einhändiger nun mal. Und wenn ich schöner fressen würde, wird sie auch nicht wieder lebendig."

Anke pickte mit der Gabel in ihrem Salat. „Jetzt muss ich schon mal was sagen. Sie tun hier so, als hätten Sie das alles, was Sie geschafft haben, alleine aufgebaut. Aber da hat mir der Frank was ganz anderes erzählt. Der hat mir erzählt, dass man Sie totgeschlagen hätte, wenn Ihre Frau Sie nicht gerettet hätte. Und dass Ihre Frau jeden Tag geschuftet hat bis zum Umfallen. Und dann ist sie halt umgefallen, während Sie im Fernsehsessel saßen und es sich bequem gemacht haben. Sie hat den Frank aufgezogen, sie hat die Buchhaltung gemacht und die Steuer, sie hat den Haushalt gemacht, und dann hat sie auch noch den Garten gemacht. Der Frank hat mir das alles erzählt."

Der Witwer schlang seine Zähne in die Schweinshaxe und murmelte: „Bin's nicht gewohnt, dass Frauen sprechen. Was meinst du, Sohn?"

„Ich meine, dass du mir mein Erbteil auszahlen sollst", sagte Frank.

Hermann riss mit den Zähnen ein Stück Fett aus der Haxe. „Darüber reden wir am Sonntag beim Mittagessen. Aber das Flitscherl kommt mir nicht ins Haus. Wahrscheinlich hast du bis dahin eh eine andere."

Anke sprang auf.

Was nun geschah, ging als das Schweinshaxenattentat in die nur mündlich überlieferte Engelberger Legendensammlung ein: Anke packte ihre Salatschüssel und schüttete den Inhalt über Hermanns Kopf. Anschließend drosch sie mit der Hand auf den Rand von Hermanns Haxenteller. Die Soße spritzte dem Witwer ins Gesicht. Danach riss sie dem Witwer die Schweinshaxe von der Gabel und begann damit auf ihn einzudreschen.

Hermann Hallgruber erlitt von der Prügelattacke mit der Haxe einen Schnitt an der rechten Schläfe, der nicht aufhören wollte, zu bluten, Anke auf dem Weg nach draußen eine Reihe stattlicher Hämatome. Aber alles in allem kam sie recht gut davon. Wer als Frau das Maul zu weit aufriss in Engelberg oder gar handgreiflich wurde, konnte froh sein, nur mit blauen Flecken davongekommen zu sein.

Maria Schäffler könnte ein Lied davon singen, wenn die Engelberger ihr eines Nachts im Frühjahr des Jahres 1919 nicht einen Strick um den Hals geschnürt und sie an der Dorfeiche aufgehängt hätten. Verdient hatte sie es allemal, nicht nur weil sie aus Franken war, sondern als Magd tatsächlich glaubte, das Maul aufmachen zu dürfen. Das muss man sich mal vorstellen, dass eine fränkische Magd es wagte, das Schandmaul aufzureißen und sich damit auch noch mit den Roten solidarisierte und ankündigte, sich den revolutionären Truppen anzuschließen. Dafür baumelte man nun mal, und zwar verdientermaßen, was sonst sollte man mit solchen Existenzen anstellen, noch dazu, wenn sie Jahr und Tag die Einführung des Frauenwahlrechts verteidigte.

Insofern konnte sich Franks Flitscherl glücklich schätzen, dass sie nach dem Schweinshaxenattentat auf ihrer Flucht nach draußen nur fünf, sechs Rempler abbekam und dazu ein paar saubere Watschn. Aber als sie zur Tür hinaus und in den Kies vor dem Mönchswirt stürzte, darin eine ganze Weile liegenblieb, in der Hoffnung, dass Frank ihr nacheilte, ihr aufhalf und sie beschützte, er aber einfach nicht kam, da schätzte Anke sich nicht wirklich glücklich, sondern ihr wurde schlagartig klar, dass ihr erster Ausflug nach Engelberg auch ihr letzter war.

Als Frank Hallgruber zwei Tage später in seinem VW-Käfer auf den Schrottplatz fuhr, war Anke nicht dabei. Frank hatte keine Ahnung, wo sie überhaupt war, irgendwie interessierte es ihn auch nicht. Weil Agnes viel besser war. Agnes saß neben ihm auf dem Beifahrersitz. Sie studierte Soziologie im fünfzehnten Semester und war überhaupt ziemlich heiß, so mit kurzem Rock und ohne BH und Horkheimer und Adorno im Kopf. Gute Frau, konnte man drauf aufbauen. Frank bat sie, erst mal sitzen zu bleiben. Sein Vater habe gerade seine Frau verloren, da müsse man nicht gleich mit der Tür ins Haus fallen, das sei auch in ihrem Sinne, denn wenn der Vater übellaunig wäre, was nicht unwahrscheinlich war, dann würde er es immer an irgendwem auslassen, und das wolle er ihr nicht zumuten.

„Muss eh noch die Flugblätter für die nächste Demo korrekturlesen", meinte Agnes und blieb im Auto sitzen.

Frank ging die Stufen zur Haustür hinauf. Die Tür war angelehnt. Sein Vater hatte einen handgeschriebenen Zettel an die Tür genagelt. Frank riss den Zettel ab und las: ‚Sohn, eigentlich wollte ich heute ernsthaft mit dir über dein Erbe und die Zukunft des Hofs sprechen. Wie wir das gemeinsam angehen könnten. Aber dann hast du das mit dem Erbteil zuerst angesprochen. Und da hab ich mir gedacht: Mach den ganzen Scheiß doch allein. Ich lieg mit dem Kopf im Gasofen, also mach deine Scheißzigarette aus, wenn du nicht in die Luft fliegen willst. Anweisungen zu meiner Beisetzung findest du auf dem Küchentisch.'

Der erste Pfannkuchen seit zwanzig Jahren

20. April 2018, ein Freitag, 24 Grad Celsius (16:53 Uhr), Luftdruck 1016 Hektopascal, Tendenz stark steigend

Ignaz fühlte sich schon den ganzen Tag lang von einer ungewohnten Nervosität befallen. Am Vormittag hatten er und Max im Haus der Graorac die alte Küche ausgebaut. Bei Wohnungsauflösungen war das, abgesehen von der Suche nach Geld, mit Abstand die schönste Beschäftigung.

Kühlschrank und Geschirrspüler waren noch einigermaßen in Ordnung, Produkte eines tüchtigen deutschen Traditionsunternehmens. Die konnte man immer noch gut verkaufen, auch wenn sie recht alt waren, oder sie ausschlachten und als Ersatzteile verscherbeln. Aber der Rest, vor allem die Einbauschränke, die Arbeitsplatten und die Eckbank, war aus den 70er Jahren. Zu jung um Antiquität zu sein, zu alt, um weiterverkauft zu werden, und zu bunt, um schön zu sein.

Ignaz und Max droschen mit Äxten auf die Einrichtung ein, dass es eine wahre Freude war. Max Gold hatte sich die Hängeschränke vorgenommen, Ignaz die Eckbank. Eine Eckbank zu Klump schlagen, war schon etwas richtig Schönes, das machte er gerne, da konnte Ignaz völlig abschalten. Einfach nur ausholen, draufhauen, ausholen, draufhauen, immer wieder, bis das dereinst mit gekonnter und liebevoller Handwerkskunst geschreinerte, gewissenhaft zusammengeschraubte und tüchtig verleimte Sitzgerät in Trümmern lag, die man achtlos aus dem Fenster in den Garten werfen konnte.

Aber heute wollte sich das gute Gefühl des Abschaltens, der Gedankenlosigkeit, des schlichten Vernichtens und Zerschlagens einfach nicht einstellen. Was ziehe ich heute Abend an, fragte sich Ignaz dauernd. Soll ich mich glattrasieren oder einen Dreitagebart stehen lassen? Soll ich ein Hemd unter der Jacke tragen, oder reicht ein schwarzes T-Shirt? Und vor allem: Worüber, zur Hölle, soll ich überhaupt mit Katrin reden?

Max Gold, der es seit ein paar Jahren mit dem Rücken hatte, stoppte sein Zerstörungswerk und setzte sich auf den Teil der Eckbank, den Ignaz noch nicht zu Klump geklopft hatte. Er steckte sich eine Zigarette an und zog eine Flasche Bier aus dem Kasten unter dem Tisch. „Ich brauch ne Pause. Und ich hab Durst." Er hebelte den Kronkorken an der Tischkante auf und trank die Flasche halb aus. Max schaute Ignaz an. „Ist was mit dir? Bist so still, so mechanisch heut."

Ignaz setzte sich auf eine noch intakte Arbeitsplatte. „Bin bisschen nervös. Hab heute Abend eine Verabredung."

Max Gold schlug sich auf die Schenkel. „Leck mich doch am Arsch, der Chef hat ein Ronnevu, ein waschechtes Ronnevu. Wer hat denn die Ehre?"

„Die Frau Bückenbecker-Mahlstrom, also die Katrin von der Bücherei."

Max Gold verschluckte sich an seinem Bier, keuchte, als würde er gleich ersticken, brüllte einen ohrenbetäubenden Rülpser in den Raum und machte sich noch ein Bier auf. „Du kleine, hinterlistige Leseratte. Staubst einfach mal die Bibliotheksmaus ab. Machst jahrelang einen auf unschuldigen Bücherwurm, aber von wegen. Der Bücherwurm ist in Wahrheit ein Panther, der sich langsam anpirscht, gaaanz vorsichtig, damit das Opfer nix merkt, und dann Sprung auf den Rücken und Nackenbiss."

„Wusste gar nicht, dass du so viel über Panther weißt."

„Weiß ich doch von dir. Erzählst ja dauernd von deinen Büchern. Kann ja nicht meine Gehörgänge zubetonieren, bloß weil du so viel über deine Bücher redest. Das mit dem Panther ist schon ein paar Jahre her."

„Hab ich damals auch erwähnt, dass der Panther normalerweise dem Menschen aus dem Weg geht?"

„Hast'e oder nicht. Weiß ich nicht mehr. Hauptsache ist, dass du ein Ronnevu hast. Und ein Panther bist du jetzt gleich doppelt. Gehst den Menschen ja auch aus dem Weg."

„Mach ich gar nicht. Ich geh nur nicht gern aus. Und hab ihnen nicht viel zu sagen", widersprach Ignaz.

„Soso. Wann war dein letztes Ronnevu?", fragte Max.

„Schon eine Weile her."

„Mensch Ignaz, seit du wieder hier bist, hattest du kein Ronnevu mehr. Jedenfalls nicht, dass ich wüsste."

„Ich bin sehr wohl ab und zu ausgegangen. Letzte Woche war ich auf der Bürgerversammlung. Und jedes Jahr machen wir Betriebsausflug."

„Und sonst?"

„Hin und wieder Kino."

„Und wann hattest du zum letzten Mal ein Ronnevu?"

Ignaz tat so, als müsste er einen Moment nachdenken. „Seit ich auf dem Friedhof der Dinge bin nicht mehr. Kurz davor war das mit der Helen. Hat mir die Lust auf Beziehungen ziemlich vermiest."

„Mensch Ignaz, ich sag dir mal was: Die Liebe hat eine Zwillingsschwester, und die heißt Scheitern. Kann sein, dass hundert Ronnevus und Beziehungen scheitern, aber irgendwann rumst es und die Liebe jagt ihre Schwester vom Hof."

„Klingst ja fast wie ein Experte. Aber allein bist du trotzdem."

Max trank sein Bier aus. „Aber ich bin auf der Pirsch. Bin auch ein halber Panther. Wird schon noch. Und wirst sehen, bei dir klappt das auch irgendwann. Aber die Büchereimaus tut mir jetzt schon leid."

„Warum das denn?"

Max öffnete sich noch eine Bierflasche. „Weil die Büchereimaus dein erster Pfannkuchen ist."

„Jetzt nenn sie doch nicht immer Büchereimaus. Sie hat einen

Namen. Katrin. Und was soll das mit dem Pfannkuchen?"

„Das hat mir die Ellen mal erklärt. Mit der war ich doch vor ein paar Jahren recht dick, kurz nachdem das mit der Petra schiefgegangen ist. Und dann wollt ich eben mit der Ellen anbandeln. Aber die hat gesagt, dass sie nicht der erste Pfannkuchen sein will nach der Petra. Weil der erste Pfannkuchen geht immer schief."

„Hab noch nie Pfannkuchen gemacht", meinte Ignaz.

„Ich auch nicht, aber die Ellen ist ja gelernte Köchin, die kennt sich aus mit Pfannkuchen und auch ein bisschen in der Liebe. Und die Ellen ist überzeugt davon, dass die erste Beziehung nach einer anderen Beziehung immer schiefgeht. Und die Katrin ist dein erster Pfannkuchen. Kann also nicht gutgehen."

„Was ist aus Ellen geworden?"

„Nichts. Zumindest nicht mit mir."

„Und insgesamt?"

Max trank sein Bier aus. „Hat irgendwann den Gleißner geheiratet. Aber ging schief. Komm, darauf saufen wir noch eine Halbe."

Ignaz schüttelte den Kopf. Er sprang auf und griff nach seiner Axt. „Danke fürs Mut machen. Auf geht's, weiterdreschen."

Gegen Mittag waren sie fertig mit dem Rückbau der Küche. Sie warfen die größten Trümmer aus dem Vorgarten auf die Ladefläche des Lastwagens, anschließend gönnte sich Max noch eine Abschlusshalbe und verabschiedete sich auf seinem Mofa ins Wochenende.

Ignaz fuhr mit dem Lastwagen auf den Friedhof der Dinge. Das Abladen sparte er sich. Er überlegte, ob er sich ein Mittagessen machen sollte. Im Kühlschrank lagen noch eineinhalb Leberkässemmeln von vorgestern, die sollten noch gut sein, aber er hatte keinen Antrieb, sie zu essen und redete sich ein, keinen Hunger zu haben. Also hatte er keinen. Wann war es zuletzt vorgekommen, dass er nach einer Küchenzerstörung keinen Hunger hatte? Aber dieses fiese Nagen in seinem Hinterhirn, diese bitterböse, weil für ihn unbeantwortbare Frage, worüber er denn bitteschön am Abend mit Katrin reden sollte, schnürte ihm den Magen zu. Er ging ins Bad und ließ warmes Wasser in die Wanne laufen. Drückte allerlei wohlduftende Zusätze aus diversen Tuben ins Wasser. Rasierte sein Gesicht mit dem Langhaarschneider. Bloß weil man zum ersten Mal seit zwanzig Jahren eine Verabredung hatte, musste man sich ja nicht gleich komplett epilieren.

Als er in der Wanne saß, wusch er sich die Haare zweimal und bürstete den Dreck unter den Fingernägeln ins Wasser. Dann widmete er sich seinem Zehennagel. „Zähes Miststück", murmelte er und knubbelte an dem Nagel herum. Immerhin ließ er sich jetzt fast komplett aus dem Nagelbett klappen. Darunter schaute es ganz gut aus, der neue Nagel gewann offenbar an Selbstvertrauen und schob sich gewissenhaft weiter Richtung Zehenspitze. Ignaz überlegte, ob er den maladen Vorgänger einfach ausreißen sollte, aber als er leicht daran zog, leistete der alte Nagel schmerzhaften Widerstand im Nagelbett. Zeh und Nagel solidarisierten sich noch miteinander, hielten einander fest, beide die Gewissheit ignorierend, dass der alte Nagel ausgedient und längst Geschichte war.

Katrin Bückenbecker-Mahlstrom fühlte sich unwohl. Gisbert von Krainachtal stand vor ihr an der Theke und tat, was er immer tat. Er beschwerte sich. Zwischen ihnen ausgebreitet lagen mehrere Bücher auf der Theke. Der Kunde pochte mit dem Zeigefinger immer wieder auf eines der Bücher, als wollte er es durch das Holz der Theke direkt in die Hölle drücken. „Der Inhalt dieses Buchs entspricht in keiner Weise dem Klappentext. Das ist Vortäuschung falscher Tatsachen."

Die Bibliothekarin war es längst gewohnt, dass sich Herr von Krainachtal beschwerte. Er beschwerte sich jedes Mal, wenn er in der Bücherei auftauchte, und das tat er oft. Es kam vor, dass er acht Bücher auslieh und einen Tag später zurückbrachte, weil er sie allesamt für Schund hielt. Aber für seine aufkommende Übelkeit beim Lesen machte er nicht die Autoren verantwortlich, sondern lastete die Schuld Frau Bückenbecker-Mahlstrom persönlich an. Schließlich hätte sie als Expertin ihn warnen müssen. Man könne ja wohl erwarten, dass eine studierte Bibliothekarin eine Expertin sei. Wozu sonst habe die Gesellschaft sie jahrelang studieren lassen? Dafür müsse sie sich nun endlich mal dankbar zeigen. Nun gelte es endlich der Gesellschaft etwas zurückzugeben und ihre Aufgabe ordentlich zu erfüllen. Für nichts anderes werde sie mit Steuergeldern bezahlt, und deshalb solle sie sich auf der Stelle fragen, ob sie leistungsbereit sei, und das heiße ganz konkret, zahlende Kunden endlich vor der Ausleihe nachweislich schlechter Bücher zu warnen.

Gisbert von Krainachtal war Generalmajor außer Dienst, und von dem Tag an, als er vor fünf Jahren mit seiner Dogge und seiner Frau nach Engelberg gezogen war und bei der Anmeldung im Bürgerbüro das freundliche Angebot angenommen hatte, für zwölf Euro Jahresbeitrag Mitglied der Gemeindebücherei zu werden, der Plagegeist der Bücherei.

Jede Bücherei im Audacher Land, in Bayern, in Deutschland und vermutlich in allen Teilen der Welt, in denen das Vorhandensein und die günstige Zurverfügungstellung von Literatur als gesellschaftliche Errungenschaft galt, kannte einen Gisbert von Krainachtal.

Menschen, die sich über Bücher beschweren, sind ein Indiz für eine freie Gesellschaft, hatte Katrin Bückenbecker-Mahlstrom im Proseminar ihres Studiums gelernt und sich geschworen, mit Beschwerdeträgern besonders höflich und konstruktiv umzugehen. Aber Theorie und Praxis, Vorsatz und Realität waren einfach zwei Paar verschiedene Schuhe. Auch wenn es Kunden wie Herrn von Krainachtal in der Theorie zu erdulden und zu würdigen galt, fiel es ihr schwer, dieses Ekel in der Praxis zu ertragen.

Katrin Bückenbecker-Mahlstrom war sich sicher, dass Gisbert von Krainachtal keines der achthundertzweiundsiebzig Bücher, die er seit seinem erstmaligen Erscheinen in der Bücherei ausgeliehen hatte, je gelesen hatte. Sie war überzeugt davon, dass Generalmajor a. D. von Krainachtal, er hatte darauf bestanden, dass der militärische Rang auf den Büchereiausweis gedruckt wurde, nur in der Bücherei erschien, um jemanden zur Schnecke machen zu können.

Die örtliche Metzgerei Treubner hatte ein ähnliches Problem mit dem adligen Infanteristen gehabt. Der Generalmajor kaufte einst fleißig Wurstaufschnitt ein, um ihn tags darauf zurück in die Metzgerei zu tragen und polternd sein Geld zurückzufordern. Die Wurstware sei über Nacht fleckig und schwitzig geworden, und das könne ja wohl nicht sein, dass hier in Deutschland der Aufschnitt von einem Tag auf den anderen schlecht wird. Fleckig und schwitzig sei der Aufschnitt ja auch nicht in Afghanistan geworden, und auch nicht damals in den Neunzigern im Kosovo. Und wo kämen wir da hin, wenn die Tschuschen vor zwanzig Jahren schon mehr von Konservierung und Kühlketten verstünden als eine moderne deutsche Metzgerei?

Der Treubner hatte dem Generalmajor irgendwann Hausverbot erteilt. Naja, er hatte es nicht Hausverbot genannt. Der Metzger hatte zunächst gar nichts gesagt, sondern war hinter der Theke hervorgetreten, hatte den Generalmajor am Schlafittchen gepackt, ihn vor den Augen der interessierten Kundschaft aus dem Verkaufsraum geschleift, ihm draußen vor der Tür links und rechts eine runtergehauen und gerufen: „Wenn ich dich noch einmal hier in meinem Laden sehe, dann schneid ich dir den Schädel ab und mach Knöcherlsulz draus." Fortan scheute der Generalmajor die Metzgerei.

In der Bäckerei Hassfelder war es dem Generalmajor wenig später ähnlich ergangen. Der Bäckermeister Hassfelder schlug dem General ein Baguette auf den Kopf, dessen Beschaffenheit der Zugezogene zuvor als zu weich bemängelt hatte. Weil das Backwerk tatsächlich zu weich geraten war, drosch der Bäckermeister dem Beschwerdeführer gleich noch ein erheblich härteres Krustenbrot auf den Schädel.

Insgesamt hatten die Erfahrungen mit den Engelberger Bäcker- und Metzgermeistern den Generalmajor von Krainachtal ein wenig entmutigt in seinem Vorhaben, seinen Grant über das Fehlen eines richtigen Kriegs, den man gemütlich im Fernsehen anschauen konnte, folgenlos an der tumben Dorfbevölkerung auszulassen. Sie wollten einfach nicht gehorrrrchen. Damit hatte der General nicht gerechnet.

Freilich hatte der Generalmajor den Metzger und den Bäcker wegen deren Untaten angezeigt. Beide Male wurden die Verfahren eingestellt. Keiner der Zeugen wollte eine Gewalttat beobachtet haben. Irgendwann gab es keinen Laden mehr in Engelberg, in dem der Generalmajor nicht Hausverbot hatte. Er durfte auch nicht mehr an der örtlichen Tankstelle tanken. Es war dort zu einer unerfreulich tätlichen Auseinandersetzung mit dem Kassierer gekommen, nachdem Gisbert von Krainachtal seinen SUV vollgetankt hatte und die Zahlung verweigerte, weil ihm beim Herausziehen des Zapfhahns ein paar Tropfen Diesel auf die Lederschuhe getropft waren.

So blieb ihm nur die Gemeindebücherei, um Mitmenschen zu drangsalieren, namentlich Frau Bückenbecker-Mahlstrom.

Nun stand er wieder einmal vor ihr und drückte wieder einmal seinen Zeigefinger auf eines der Bücher auf der Theke: „Dieses

Buch hier. Das können Sie doch nicht an kluge Menschen wie mich verleihen. Es ist von erschreckender Naivität und Schlichtheit und dabei auch noch so erschreckend absurd, dass man als korrekt denkender Mensch nur den Kopf schütteln kann über all diese Sinnlosigkeiten und Quatschmomente, die der Autor mir da als Literatur verkaufen will. Wer ist dieser Douglas Adams uberhaupt, und wer dieser Waschlappen Arthur Dent? Waren die tatsächlich mal in einem Krieg, oder ist das alles erstunken und erlogen? Ich war im Krieg und ich sag Ihnen, Krieg ist die Hölle. *Die durch die Hölle* gehen hoch fünf. Wenn nicht mehr. Der De Niro hat sich da ja nur um seine mangelhafte Kriegsteilnahme herumgespielt, der war überhaupt nicht in Vietnam und streicht Millionen ein, indem er einen spielt, der im Krieg ist, obwohl er es nie war. Könnte kotzen auf sowas."

Katrin Bückenbecker-Mahlstrom versuchte sachlich zu bleiben. „Ich kann mich tatsächlich daran erinnern, dass ich Ihnen von *Per Anhalter durch die Galaxis* abgeraten habe. Und auch vom *Meister Eder und sein Pumuckl*." Sie deutete auf ein anderes Buch, das der Generalmajor wütend aus seinem Camouflage-Rucksack herausgezogen und auf die Theke geklatscht hatte.

Der General schlug mit der Hand auf die Theke. „Das mit diesem Pumuckl hätten Sie mir eindringlicher sagen müssen. Das ist wieder einmal Ihr Versagen als Bibliothekarin, dass Sie mir das nicht verständlich gemacht haben, dass dieses Buch für mich nichts ist. Allein schon wegen des anarchischen Elements, das diese Aufrührerin von Autorin, Kaut schimpft sie sich, ich will sie ja gar nicht Autorin nennen, das wäre ja eine Beleidigung für alle Autoren, die ihr Geschäft ernsthaft und aufrichtig betreiben, aber die Ausleihung dieses Pumuckls, die hätten Sie mir vehement ausreden müssen, wenn Sie Ihren Beruf ernst nehmen. Und ich möchte nicht darauf verzichten zu erwähnen, dass ich mit meinen Steuern Ihr Gehalt bezahle und mit meinem Leben Ihre

Freiheit und Sicherheit am Hindukusch verteidigt habe. Und im Kosovo. Ja, auch im Kosovo."

Ignaz Hallgruber drängte sich neben den Generalmajor an die Theke. Er schob die Bücher des Generalsmajors zur Seite und stellte seinen Stapel ab.

Der Generalmajor protestierte. „Ja hören Sie mal, Sie Hallodri, wir sind hier nicht in Masar-i-Sharif auf dem Basar. Hier stellt man sich an und wartet gefälligst geduldig, bis man an der Reihe ist. Das hat etwas mit Respekt und Disziplin zu tun."

Ignaz deutete auf seine Armbanduhr. „Frau Bückenbecker-Mahlstrom hat jetzt Feierabend. Gehen Sie."

„Was glauben Sie denn, wer Sie sind?", entrüstete sich der Generalmajor.

Ignaz wandte sich an Katrin Bückenbecker-Mahlstrom. „Wenn es Ihnen nichts ausmacht, würde ich gern diese Bücher ausleihen. Und dann gehen wir in den Mönchswirt."

Die Kennenlernung und Verliebung von Katrin und Ignaz

20. April 2018, immer noch ein Freitag (17:13 Uhr), Wetterdaten unverändert

Ignaz Hallgruber saß mit Katrin Bückenbecker-Mahlstrom an einem kleinen Ecktisch im Mönchswirt und fragte sich, warum er sich so viele Gedanken gemacht hatte. Seit er in der Bücherei den penetranten General von Irgendwoher einfach zur Seite geschoben hatte, redete Katrin ohne Punkt und Komma.

Von der Bücherei bis zum Wirt waren es nur zweihundert Meter. Pro Schritt sprudelten schätzungsweise fünf Wörter aus Katrins Mund, wenn nicht sechs oder sieben. Ignaz zählte nicht, weil er voll und ganz damit beschäftigt war, ihr zu folgen, was nicht einfach war, nicht nur was ihre Plapperei betraf, sondern auch ihr Schritttempo. Katrin hatte Hunger.

Selbst als die Bedienung zu ihnen an den Tisch kam, um die Bestellung aufzunehmen, das ist ja immer ein kurzer Moment des stillen Innehaltens, in dem jeder nochmal einen Blick in die Karte wirft, um sich zu vergewissern, dass man gut gewählt hatte, redete Katrin einfach weiter: „Also ich find das wie gesagt sowas von liebenswert, dass du dem Generalmajor von Krainachtal, dieser gehässigen Ratte, die Grenzen aufgezeigt hast, einfach nur mit ein paar Worten, gar nicht bedrohlich, hast dich nicht aufgepumpt wie irgend so ein Testosterontrottel, sondern warst ganz Gentleman, naja, so ganz gentlemanlike warst du eigentlich nicht, weil du hast ja immerhin den alten Mann einfach beiseitegeschoben, aber mit Stil, jedenfalls hast du ihn wie ein Gentleman weggeschoben, wie zum Beispiel der George Clooney jemanden wegschieben würde, wenn er jemanden wegschieben müsste, ich hätte gern den Salat mit Putenstreifen, aber bitte nicht mit grünen Paprika, nur für den Fall, dass da grüne Paprika vorgesehen sind, dann bitte nicht bei mir rein, weil die kommen mir immer hoch, und ich und der Ignaz gehen ja danach noch in ein Konzert, der Ignaz und ich, und wie du dann den General aufgefordert hast, einfach den Mund zu halten, das hat mich doch schwer beeindruckt und auch ein bisschen an den Clive Owen in *Inside Man* erinnert, oder auch an den Denzel Washington, der hat da ja auch mitgespielt, aber wenn ich an den Denzel denk, erinnerst du mich mehr an ihn, als er der Typ war, der in *The Equalizer* die ganzen fiesen Mafiosi erledigt hat, da soll bald ein zweiter Teil ins Kino kommen, und da bin ich wirklich gespannt, wie der Denzel das nun wieder hinkriegt, und wie viele diesmal dran glauben müssen."

„Was willst'n jetzt, Katrin?", fragte die Bedienung und rollte gelangweilt mit den Augen.

Katrin hielt inne, wirkte regelrecht schockiert. Offenbar wurde ihr gerade klar, dass sie seit einer Viertelstunde ununterbrochen quasselte und ihre Umwelt kaum wahrnahm, aber jetzt hielt sie sich die Hand vor den Mund und sagte ein paar Sekunden lang einfach mal nichts.

„Was darf's für Sie sein?", wandte sich die Bedienung an Ignaz.

„Das Schwein und zwei Bier."

Die Bedienung kritzelte die Bestellung auf ihren Block und wandte sich wieder an Katrin. „Ich hab nicht genau verstanden, was du haben willst. Den Denzel oder den George?"

Katrin überwand ihre Schockstarre und strahlte die Bedienung an: „Weißt du was, ich nehme auch das Schwein. Und ein Bier." Sie hielt kurz inne. „Ach was, ich will auch gleich zwei Bier. Gute Idee, Ignaz."

Zwei Stunden später schlenderten Ignaz und Katrin Arm in Arm zum Café Rousseau. Während der Schweinsbratenverschlingung und Biervernichtung war die Unbeholfenheit beider allmählich der unerklärlichen Gewissheit gewichen, dass da zwei Menschen am Tisch saßen, die Schwein mit Knödel, Blaukraut und Krautsalat in sich hineinschaufelten und vom Schicksal dazu bestimmt waren, fortan gemeinsam durchs Leben zu gehen. Katrin oder niemand, dachte Ignaz einen kurzen Moment.

Katrin hatte ihm gestanden, dass sie normalerweise nicht so viel rede, sondern nur wegen ihrer Nervosität, und das tue ihr fürchterlich leid, und Ignaz hatte eingeräumt, dass er den ganzen Tag darüber nachgedacht hatte, was er denn dem Anlass einer Verabredung entsprechend überhaupt sagen solle, er war es ja nicht gewohnt, sich mit Menschen und ganz konkret mit Frauen zu verabreden, das habe er schon lang nicht mehr gemacht, weiß der Teufel warum, naja, eigentlich wusste es nicht nur der Teufel, sondern er selber auch ganz gut, aber dann kam der Schweinsbraten, und er konnte das Katrin nicht mehr weiter ausführen, weil das Schwein verdammt gut war, und beide machten sich über ihre Portion her, und dann begann wieder Katrin zu reden, denn sie hatte zuerst heruntergeschluckt, und sie sagte, dass sie es auch schon lange nicht mehr gewohnt war, sich mit Männern zu treffen, weil da war mal diese grobe Enttäuschung gewesen mit dem Jürgen, aber über den grob enttäuschenden Jürgen wolle sie jetzt nicht sprechen, nicht in so einem schönen Gespräch und bei so gutem Essen, das Essen sei ja nichts weniger als überglücklich machend, geradezu delikat, und dann steckte sie sich das nächste Stück Schwein in den Mund und kaute fröhlich, und das war die Gelegenheit für Ignaz, der gerade heruntergeschluckt hatte, etwas zu sagen, nämlich dass er sich die ganze Woche auf dieses Treffen gefreut habe, und dass er schon mal vor fünf Jahren vorgehabt hatte, sie anzusprechen, weil er damals schon gemerkt habe bei seinen Ausleihungen und Zurückbringungen in der Bücherei, dass sie nicht nur nett sei, sondern noch dazu wunderbar aussehe, sozusagen Bombe, damals vor fünf Jahren hatte sie diesen Blazer getragen und drunter dieses tolle T-Shirt, nix Bluse oder so, einfach nur T-Shirt, und das war nicht nur optisch angenehm körperbetonend, sondern auch ein Statement, jedenfalls wollte er sie damals schon ansprechen und vielleicht auch einladen, aber das wäre vielleicht doch ein wenig übergriffig gewesen, seiner Bibliothekarin die Ausleihbücher auf die Theke zu legen, also eine Dienstleistung von ihr in Anspruch zu nehmen, namentlich eine Leihe, und dann im gleichen Atemzug eine Verabredung zu verabreden, also quasi ihr Berufliches mit seinem Privaten zu vermischen.

Dann hatte Katrin Bückenbecker-Mahlstrom genug gekaut, um herunterzuschlucken, und Ignaz steckte sich ein stattliches Stück Schwein in den Mund. Ach, der Blazer mit dem hautengen T-Shirt drunter, das sei tatsächlich ein Wagnis gewesen, aber das habe sie sich danach nicht noch mal getraut, weil der Bürgermeister einen Riegel vorgeschoben hatte, per Dienstanweisung, dass die Bediensteten in der Gemeindebücherei mindestens Bluse tragen müssen. Die Bücherei sei schließlich kein Schauhaus, sondern ein Ort des Intellekts und der Kontemplation, und da wirkten T-Shirts nicht unerheblich ablenkend.

Katrin trank einen erstaunlich großen Schluck Bier und stopfte sich Krautsalat in den Mund, was Ignaz die Möglichkeit bot zu erzählen, dass er Katrin schon immer als gut angezogen und körperlich intakt wahrgenommen habe, ob nun in Pullover oder Bluse oder T-Shirt. Und außerdem habe sie ihn mit ihrer Aussage damals vor drei oder vier Jahren beeindruckt, als er sich das Sachbuch über die Haie ausgeliehen hatte, und sie sagte, Haie seien ja eigentlich auch nur Tiere, die einfach nur auf dieser Welt überleben wollen, und das müssten sie halt auf eher unästhetische Art und Weise, wer drückt schon dem Hai die Daumen, wenn er im Tierfilm auf Robbenjagd geht, weil es nun mal schöner anzuschauen ist, wie die Robbe unzerteilt davonschwimmt, als wenn der Hai sie in der Mitte auseinanderbeißt.

Ignaz nahm einen Bissen, Katrin war wieder dran, und da führte sie ihm aus, dass das ja fürchterlich schade sei, dass er sie damals nicht gefragt hatte, also verabredungsmäßig, als sie das T-Shirt getragen hatte, oder zumindest später, als sie das mit den Haien gesagt hatte, dann hätten sie so ein tolles Gespräch mit gottgleichem Abendessen schon viel früher fuhren konnen, und dann, sie kam kurz ins Stocken, jedenfalls dann wäre ihr vielleicht auch die Sache mit dem grob enttäuschenden Jürgen erspart geblieben, aber Schwamm drüber, das sei verschüttete Milch von gestern, das sei längst gegessen und apropos Essen, der Krautsalat sei wirklich ein Gedicht wie vom Goethe oder Schiller oder Hölderlin, sie stopfte sich reichlich davon in den Rachen, und Ignaz übernahm wieder das Reden.

Er sei ja so gespannt auf das Konzert, und überhaupt auch generell auf das Café Rousseau, er sei noch nie dort gewesen, er habe nur damals, als das mit dem Vorgängerwirt passiert sei, die Entrümpelung übernommen, aber da hieß es noch nicht Rousseau, sondern Schinken-Friedl, und es sei damals eher eine richtige Boazn und üble Sauerei gewesen, das mit dem Friedl und dem Herzinfarkt direkt am Herd, und dass ihn dann erstmal keiner gefunden hat, bis die Backe vom Schinken-Friedl dermaßen zu schmoren begann, dass der Rauchmelder ansprang, aber das sei jetzt sicherlich nicht das geeignetste Gesprächsthema für so ein wunderbares Abendessen mit ihr, jedenfalls sei er schon ganz gespannt auf die neue Einrichtung, er habe es sich schon ewig anschauen wollen, aber irgendwie habe es sich einfach nicht ergeben, aber jetzt habe er ja jemanden, mit dem er da hin könne, weil allein ganz ohne Begleitung da hinschauen, das wäre irgendwie traurig, da würde er sich nicht wohlfühlen, und dann biss er in ein Stück Knödel.

Aber im Gegenteil, meinte Katrin, da könne man immer alleine hingehen, das sei ja das Entzückende am Rousseau, dass man da einfach mal so vorbeischauen kann, auch allein, da sei immer jemand, mit dem man reden kann, sie würde ja eigentlich auch nie allein ausgehen, sondern nur mit einer Freundin oder lieber noch mit mehreren Freundinnen, denn es sei ja nicht so, dass sie nur eine Freundin habe, manchmal wären sie sogar ein ganzes Rudel und dann kaum im Zaum zu halten, aber er solle jetzt bitte nicht denken, dass sie da im Rudel irgendwelche Männer aufrissen wie die Hyänen, so eine sei sie nämlich nicht und der Rest des Rudels freilich auch nicht, das seien alles brave Mädels, ein paar hätten sogar schon Kinder, aber wenn sie dann mal wieder alle zusammen weggingen, würde schon der eine oder andere Cocktail die Kehlen runterschippern, aber als Rudel gingen sie eigentlich nicht ins Rousseau, sondern lieber in die Tiki-Bar und dann vielleicht noch ins Foxi in Audach und anschließend natürlich männerlos auf Rückfahrt mit dem Taxi heim nach Engelberg, aber ins Foxi gingen sie eigentlich kaum noch, weil sie sich da schön langsam alt vorkämen unter dem ganzen jungen Feiergemüse, und beim Feiergemüse sei ja jetzt wieder bauchfrei in, mit einem normalen T-Shirt würde man da schon als prüde rausstechen, aber eine Bauchfreie sei sie halt einfach nicht oder nicht mehr, damals auf dem Gymnasium natürlich schon, zumindest eine Saison lang, weil da gab es mal ein Jahr, wenn man da keinen Bauchnabel zeigte, dann haben einen die Jungs ja nicht mal mit dem Arsch angeschaut, dann war man für die Jungs Luft oder noch schlimmer eine Nonne, da war sie natürlich auch lieber eine Bauchfreie als eine Nonne gewesen, aber das mit den Tangas, die hinten aus der Jeans ragten, das habe sie freilich komplett boykottiert, das habe sie auch nicht mehr nötig gehabt, sich einen Tanga bis über die Nieren hochzuziehen, weil da hatte sie ja schon den Jan, und dem war das mit den Tangahintern egal, weil wie sich später herausstellte, der Jan schwul war, aber das habe sie auch erst nach einem halben Jahr gemerkt, vielleicht oder wahrscheinlich habe der Jan selbst es auch erst nach einem halben Jahr gemerkt, aber dann sind sie halt einfach Freunde geblieben, und heute ist der Jan Haubenkoch im Fürstenhof im Ötztal und mit einem Steinmetz verheiratet, der habe ein Kreuz so breit wie das eines Auerochsen, der Jan habe ihr Fotos von der Hochzeit geschickt, erst letzte Woche, und tätowiert sei der Auerochse am ganzen Körper, zumindest an den Stellen, die auf den Fotos zu sehen waren, also die Arme und die Waden, weil der Steinmetz habe in kurzer Tracht geheiratet, und am Hals war er auch tätowiert und sogar ein bisschen im Gesicht, fast so wie ein Maori, „und als ich die Hochzeitsfotos vom Jan und dem Steinmetz gesehen hab, da bist du mir wieder eingefallen, jetzt nicht, weil du tätowiert bist, bist du tätowiert, ich schätze mal nicht, und ein Auerochse bist du ja auch nicht, tut mir leid, du hast tolle Schultern und so, aber so ein Kraftwerk wie die Braut vom Jan bist du nicht, da bin ich auch froh, weil so ein Prackl ist ja nicht wirklich natürlich oder ästhetisch, da sind mir so normale Schultermänner wie du tausendmal lieber, jedenfalls bist du mir eingefallen, weil du dir doch letztes Jahr dieses Buch über die Maori ausgeliehen hast, seitdem hat es übrigens keiner mehr ausgeliehen, ethnologische Themen sind bei den Engelbergern ja nicht wirklich en vogue", und dann sagte Katrin erst mal nichts mehr und vertilgte ein Stück Semmelknödel.

Aber Ignaz wusste etwas zu sagen, nämlich dass er das Buch über die Maori sehr interessant fand, „da gab es diese Geschichte über die Musketenkriege im neunzehnten Jahrhundert, da haben sich verschiedene Maori-Stämme von den weißen Einwanderern Musketen besorgt und sind aufeinander losgegangen wie die Wahnsinnigen, da sind wahrscheinlich mehr Menschen gestorben, als Neuseeland in allen anderen Kriegen danach verloren hat, und da waren mit den beiden Weltkriegen immerhin ein paar

Hochkaräter dabei, aber die Musketenkriege haben in den Augen der weißen Siedler trotzdem immer noch zu viele Maori übriggelassen, also haben sie die Angelegenheit später in den Neuseelandkriegen einfach selbst in die Hand genommen und die Maoris nochmal eigenhändig auf ein erträgliches und für sie nützliches Maß zurechtdezimiert, das alles hat da in dem Buch gestanden."

Ignaz gabelte sich Knödel in den Mund, und Katrin sagte, „dass ich davon gehört hab, also eigentlich mehr gelesen als gehört, weil ich hab das Buch, nachdem du es zurückgebracht hast, selber gelesen, und auch mir hat es gut gefallen, also nicht gefallen in dem Sinn, dass ich das gut finde, was in dem Buch steht, da sind ja allerlei menschliche Unerhörtheiten drin, genauso wie in dem Buch über die Sioux, die haben ja auch eine ziemlich bittere Geschichte durchlebt, mit all den brutalen Schlachten und den Reservaten und der ganzen Unterdrückung, das weiß ich, weil ich prophylaktisch das Buch über die Sioux gelesen hab, nachdem du das Buch über die Maori ausgeliehen hast, um vielleicht mit einer klugen Bemerkung zu glänzen, die ich dann machen könnte, wenn du es ausleihst, weil wenn du dich für die Maori interessierst, dann ja vielleicht auch für die Sioux, hab ich mir gedacht, aber dann ist es mir in die Badewanne gefallen, und seitdem liegt es im Sperrkasterl unter der Ausleihtheke, weil so ein aufgequollenes Buch kann ich ja nicht ins Regal zurückstellen, aber einfach verschwinden lassen, das wäre ja Diebstahl, also ist es jetzt im Sperrkasterl, da sind sonst noch ein paar Kinderbücher drin, weil einer der Grobmeier-Zwillinge hat mal in den Tragebeutel mit den Büchern drin gespuckt, also nicht mit Spucke, sondern halt gekotzt, natürlich unabsichtlich, bei kleinen Kindern kommt so was ja mal vor, und ich hab es einfach nicht übers Herz gebracht, der Grobmeier den Restwert in Rechnung zu stellen, die hat es so schon schwer genug, die muss ja außer den

Zwillingen noch drei weitere Kinder durchbringen, und das ganz allein, weil der Vater vor ein paar Jahren diesen Autounfall gehabt hat, schrecklich war das, also hab ich die Bücher nicht in Rechnung gestellt, sondern als zurückgegeben verbucht und ins Kasterl gesperrt, aber das darfst du bitte keinem erzählen, sonst komm ich in Teufels Küche, der Bürgermeister versteht da keinen Spaß, vor allem dann nicht, wenn Untergebene Entscheidungen treffen, ohne ihn zu fragen, selbst wenn es nur um ein paar vollgekotzte Bilderbücher geht."

Ignaz nickte eifrig und sagte „ich werde schweigen wie ein Grab, ich hab das damals mit dem Schicksal der Grobmeiers hautnah mitbekommen, weil mich der neue Eigentümer des Hauses nach der Zwangsversteigerung beauftragt hat, alles abzuholen, was er nicht gebrauchen konnte, aber bitte glaub jetzt nicht, dass ich an der Tragödie verdient habe, jeden Cent aus den Verkäufen hab ich an die Witwe weitergeben, und von der Gläubigerliste hab ich mich auch streichen lassen, weil das muss man sich mal vorstellen, dass das Insolvenzgericht der armen Grobmeierin tatsächlich auch noch die Kosten für die Entsorgung ihrer versteigerten Besitztümer auf den Buckel geschnallt hat, aber das ist jetzt sicher nicht der richtige Moment, um über so etwas Tragisches zu sprechen", und Ignaz musste auch gar nicht mehr weitersprechen, denn Katrin Bückenbecker-Mahlstrom wischte sich mit einer Serviette den Mund ab und drückte Ignaz unversehens einen Kuss auf die Lippen.

Es war tatsächlich ein Kuss, kein Bussi, weil ein Bussi ist ja zeitlich arg begrenzt, eine temporäre Flüchtigkeit, ein Bussi ist eine fließende Vor- und Zurückbewegung, wie eine steile Parabel, plopp und vorbei, ein Augenblick wie ein Lidschlag, zu und auf, aber das war kein Augenblick, der Kuss war mindestens nullkommadrei Sekunden lang, ach was, fast über nullkommafünf, und er war auch keine fließende Bewegung, da war zuerst die

Hinbewegung, dann die Berührung, und dann drückte sie mit ihren Lippen noch ein bisschen nach, es war ganz klar eine aktive Lippenbewegung, Ignaz war sich da hundertprozentig sicher, und wer, wenn nicht er, konnte sich da sicher sein, schließlich waren es seine Lippen und die keines anderen, die da gerade von Katrin Bückenbecker-Mahlstrom geküsst wurden, Ignaz war also der einzige Experte, was diesen Kuss betraf, abgesehen natürlich von der Küsserin selbst, sie war ja auch dabei, und dann plumpste sie zurück auf die Eckbank und strahlte ihn so glücklich an, wie noch nie jemand Ignaz angestrahlt hatte, höchstens vielleicht Max Gold, wenn sie das seltene Glück hatten, bei einer Haushaltsauflösung auf ordentlich Zaster zu stoßen.

Ignaz blickte Katrin mit weit aufgerissenen Augen an.

„Manchmal kann ich ziemlich verrückt sein, aber sowas hab ich noch nie gemacht. Jemandem beim ersten Date ein Bussi geben."

Wissenswertes über die Bekämpfung von Ratten

20. April, ein bisschen später, aber potenziell immer seit der Erfindung des Fasses

Ignaz und Katrin waren recht früh im Café Rousseau. Der Gastraum war abgesehen von einem Mann auf der Bühne und einer Frau am Mischpult leer. „Wir machen noch Soundcheck", sagte die Frau und drehte auf einem irrsinnig kompliziert aussehenden Gerät an ein paar Knöpfen. „Könnt euch schon irgendwo hinsetzen, legt eure Karten einfach neben die Kasse."

Ignaz griff in die Innentasche seiner Lederjacke und legte die beiden Eintrittskarten hin.

Prompt bekam er wieder einen Kuss von Katrin. „Du hast Karten besorgt! Ich auch. Weil ich hab ja eigentlich dich eingeladen. Bist echt ein aufmerksamer Gentleman, und da brauchst du gar nicht wieder so verdutzt schauen, lieber Ignaz. Ich glaub, wenn das so weitergeht, dann kriegst du heut noch mehr Bussis."

Auch wenn Katrin es wieder Bussi nannte, es war ganz klar ein Kuss. Ignaz spürte das ganz genau. Sie setzten sich in eine Ecke an einen Zweier- oder höchstens Vierertisch, je nachdem wie viele Leute zum Konzert kommen würden.

„Wir haben zwei Karten über, denn der aufmerksame Ignaz hat auch zwei gekauft", rief Katrin der Frau am Mischpult zu. „Kannst also noch zwei mehr reinlassen und doppelt kassieren."

„Bedankt", sagte die Frau, die sich wenig später als Henni, die Wirtin, vorstellte, als sie ungefragt zwei Helle brachte.

Der Mann auf der Bühne rief auf Englisch: „Henney Honey, let's finish the Soundcheck."

Dann murmelte der Mann auf der Bühne etwas, fast unhörbar leise, aber Ignaz hatte gute Ohren, er war ein ausgezeichneter Hörer, hatte lang nicht mehr zuhören müssen, sondern nur hören, denn wenn man allein auf dem Friedhof der Dinge lebte, gab es wenig Gelegenheit zum Zuhören, meistens nur dem, was Max Gold jeden Tag vor sich hin schwatzte, darauf musste man nicht wirklich achten, da war es oft besser, man hörte nicht zu, aber Hören an sich war wichtig, wenn man nicht wollte, dass die Ratten das Kommando übernahmen.

Ignaz hörte die leiseste Bewegung, jedes unscheinbare Wuseln unter den Schrotthaufen. Man konnte ein Tier noch so tief vergraben, die Ratten rochen es, witterten ein Festmahl, gruben wie Bergarbeiter enge Gänge in die Tiefe und fraßen sich im Untergrund satt am Aas. Der Friedhof der Dinge war ein Schlaraffenland für Ratten, und wenn man das Gehör für jedes noch so leise Rascheln verlor, wäre bald Schluss mit der Idylle, dann wäre Land unter.

Ignaz konnte sich noch lebhaft an die Rattenplage von 1979 erinnern, als sein Papa Frank mal wieder die Zügel schleifen ließ und sich zwei Monate lang durch die Audacher Kneipen soff, und seine Mutter nicht hinterherkam mit dem Schrottplatzbetrieb, dem Haushalt und der Hausaufgabenbetreuung des eben eingeschulten Ignaz. Da brachen sich die Ratten Bahn, wurden immer mehr und tummelten sich sogar munter in seinem Kinderzimmer. Nachdem Frank Hallgruber seine Saufphase überwunden hatte, kroch er auf den Knien vor seiner Frau, um wieder heim zu dürfen. Er bettelte jämmerlich. Ignaz konnte das alles gut hören, weil er wach im Bett lag. Der Vater winselte und die Ratten wuselten. Der Vater musste der Mama versprechen, dass er sich auf der Stelle um das Rattenproblem kümmern wird, sonst würde die Mama die Gewerbeaufsicht informieren und dazu das Jugendamt, und dann wäre ganz schnell Schluss mit der Sauferei und den ganzen Schwarzgeschäften.

Am nächsten Tag warf der Vater überall auf dem Hof Rattengift aus. Ein paar der Viecher, die jeden Anstand verloren hatten und selbst bei Tageslicht ungeniert über den Hof liefen, als wäre es ihrer, zerschoss Frank Hallgruber mit seiner Schrotflinte. Irgendwann war das Rattenproblem auf ein erträgliches Maß reduziert, und Frank durfte wieder bei Ignaz' Mutter im Bett schlafen.

Ignaz selbst ging seit ein paar Jahren anders gegen die Ratten vor. Ein Mann namens Silva hatte ihn die Methode gelehrt. Naja, nicht ihn direkt, Silva war ja nicht echt, sondern nur ein Bösewicht in einem Film über James Bond, aber ein besonders gerissener und fieser. *Skyfall* hieß der Film, und Ignaz hielt ihn für den wahrscheinlich besten Bond-Film, wenn überhaupt nur getoppt von *Casino Royale*, da konnte man verschiedener Meinung sein. Aber in *Casino Royale* bekam man keine Praxistipps. Man lernte nur, wie man beim Poker Millionen verspielen oder gewinnen kann. Aber wer besaß schon Millionen, Ignaz jedenfalls nicht. Und dann lernte man vielleicht noch, wie man sich im Fall einer hinterlistigen Vergiftung selbst reanimiert, aber mal ehrlich, wer kommt je in die missliche Lage, sich selbst reanimieren zu müssen, da müsste schon viel zusammenkommen. Dagegen gab *Skyfall* im Gegensatz zu *Casino Royale* praktische Tipps fürs echte Leben. Jedenfalls tat das dieser Silva, ein übelgelaunter Widersacher Bonds, gespielt von einem Spanier, an dessen Namen sich Ignaz nicht mehr erinnern konnte, es war wirklich ein furchterregender Spanier, aber immerhin wusste er, wie mit Rattenplagen effektiv umzugehen war. Wahrscheinlich weil dieser Silva selbst eine menschliche Ratte war.

Jedenfalls war Ignaz froh, dass er damals ins Kino gegangen war. Das machte er normalerweise nicht, allein irgendwohin gehen oder überhaupt irgendwo hingehen. Aber für James Bond machte er eine Ausnahme. Ignaz liebte die Filme über James Bond, und seitdem Daniel Craig den Bond mimte umso mehr. Der Craig-Bond war kein geschniegelter Brosnan-Bond und auch kein distinguierter Hutton-Bond und erst recht keine Moore-

Bond Lachnummer, die fröhlich über Krokodilkörper an Land hüpfte, sondern ein Working-Class-Bond, dem es sowas von egal war, ob der Barkeeper den Wodka Martini schüttelte oder rührte, Hauptsache er war stark und es gab genug davon.

Jedenfalls ging Ignaz damals allein in *Skyfall*, machte es sich in seinem Sitz bequem, öffnete eines der vier Biere, die er unter seiner Lederjacke und in den Seitentaschen seiner Engelbert-Strauß-Hose hineingeschmuggelt hatte, freute sich auf gute, handfeste Unterhaltung und wurde unerwarteterweise, meistens konnte man bei Bond-Filmen ja nicht unbedingt mit Erkenntnisgewinn rechnen, mit einem hilfreichen Praxistipp belohnt für sein Wagnis, den Friedhof der Dinge verlassen zu haben.

Es kommt immer wieder vor, dass Bösewichte in Filmen ihren Häschern Einblick in ihre Denkweise gewähren, und so erzählte auch dieser fiese Spanier Silva dem gefangenen James Bond die Geschichte mit den Ratten. In der Geschichte ging es um irgendjemanden auf irgendeiner Insel, und dieser Irgendjemand hatte irgendwann ein Rattenproblem. Der Irgendjemand vergrub Fässer mit Essensresten im Boden. Gierig sprangen die Ratten in die Fässer, und nachdem sie die Essensreste vertilgt hatten, blieb ihnen, wenn sie überleben wollten, nichts anderes übrig, als sich gegenseitig aufzufressen. Die Kunst bestand nun nicht darin abzuwarten, bis alle Ratten tot waren, sondern die tüchtigsten Rattenfresserratten aus ihrer misslichen Lage zu befreien. Sie aus den Fässern zu holen und laufen zu lassen. Von nun an wussten die überlebenden Ratten, dass sie sich von ihresgleichen ernähren konnten. Und so dezimierten sich die Ratten fortan selbst. Man musste kein Rattengift mehr streuen oder auf sie schießen. Die Ratten selbst übernahmen den Job.

Die Geschichte des üblen Spaniers stimmte nicht ganz. Ignaz musste jedes Jahr neue Fässer vergraben. Die Praxis zeigte, dass die Rattenfresserratten offenbar zu dämlich waren, sich lange zu merken, was sie gelernt hatten. Also musste Ignaz die Prozedur jedes Jahr wiederholen. Aber das Vergraben der Fässer dauerte nur einen Tag, und dann war tatsächlich bald wieder Ruhe für ein Jahr.

Insgesamt war der Kinobesuch also ein großer Erfolg. Fortan hatte Ignaz noch mehr Ruhe auf seinem Hof.

Vielleicht besaß Ignaz gerade wegen der Ruhe, die ihn jeden Tag auf dem Friedhof der Dinge umgab, ein besonders gutes Gehör. Es war einfach noch nicht so abgenutzt wie das seiner Mitmenschen. Und deswegen hörte er den Mann auf der Bühne, der gerade auf seiner Gitarre herumschrubbte, als sei sie ein Waschbrett, in Richtung Henni murmeln: „Awesome Butt, fucking awesome Butt."

„Gefällt dir die Einrichtung?"

Ignaz sah Katrin fragend an.

„Du hast doch vorhin beim Essen gesagt, dass du gespannt bist, wie das Rousseau eingerichtet ist, weil du nicht mehr da warst, seit du es vor ein paar Jahren ausgeräumt hast."

Ignaz sah sich um. Die Tische und Stühle wirkten recht schäbig. Aus mehreren Löchern in den Bezügen der Eckbänke quoll das Futter. An den Wänden hing allerlei Zeug, für das irgendjemand irgendwann das Wort Memorabilia erfunden hatte: Mit schwarzem Edding signierte Albumcover, ausgeblichene Konzertplakate, Bierdeckel mit signierten Dankesworten aufgetretener Musiker. Zwischen den Latten eines Holzrahmens hingen ein Hammer und eine Sichel. In einem anderen Rahmen saß die Zeichnung einer Nackerten, die recht grantig in den Raum blickte. Offenbar war es ihr peinlich, in aller Öffentlichkeit herumzuhängen zu müssen und sich wehrlos angaffen zu lassen.

„Schön", sagte Ignaz.

Katrin musste lachen. „Zuerst sagst du, dass du ganz gespannt bist, wie das Lokal jetzt eingerichtet ist, und dann siehst du es und sagst einfach nur schön."

Ignaz blickte etwas unsicher auf die Tischplatte. „Wir Männer kennen nicht so viele Adjektive für Einrichtungen. Hab das ja nur gesagt, weil ich nervös war, wegen dem Date und so. Ich hab ehrlich gesagt nicht richtig drüber nachgedacht, was ich so sage."

Katrin grinste ihn an. „Kriegst schon wieder ein Bussi."

Wieder konnte Ignaz dieses Innehalten und aktive Drücken auf seinen Lippen spüren. Was für ein Kuss.

Tom B. Stone, Gastmusikant

20. April 2018, immer noch ein Freitagabend, Wetterdaten unwichtig, weil Rückblick

Allmählich trudelten die Gäste ein. Die Stimmung im Rousseau war prächtig. Die Leute freuten sich auf das Konzert. Es war das Letzte der Frühjahrssaison, kein seit langem geplantes, sondern mit heißer Nadel gestrickt, und die Umstände, unter denen es zustande kam, hatten in der Lokalpresse mächtig für Wirbel gesorgt. Bürgermeister Robert Otter war wieder mal ein Coup gelungen. Immer wenn sich die Gelegenheit bot, sich den Wählern als besonders gerissenes Schlitzohr zu präsentieren, wusste Otter sie zu nutzen. Diesmal war ihm ein besonderes Schelmenstück geglückt.

Der Musiker Tom B. Stone war eigentlich Artist in Residence, also Gastkünstler, der Stadt Audach. Dort wohnte er auf Kosten der Stadt in einer kleinen Wohnung in einer alten Künstlervilla. Als Artist in Residence musste man nicht viel tun. Musiker gaben ein oder zwei Konzerte. Maler gaben einen Malkurs. Autoren machten eine Lesung. Ansonsten ließ man sich hin und wieder bei öffentlichen Anlässen blicken, diente den Honoratioren als exotisches Schmuckstück, gab den Lokalzeitungen ein paar Interviews, in denen man seine Freude darüber zum Ausdruck brachte, Gast dieser wunderbaren Stadt sein zu dürfen, und nach ein paar Monaten oder einem Jahr kostenlosen Wohnens brach man notgedrungen wieder auf in die große weite Welt, um dem Nächsten Platz zu machen.

Tom B. Stone war anders. Er hatte sich richtig reingehängt. Hatte seit seiner Ankunft im Januar mehrere Konzerte gegeben, auf seinen Social-Media-Kanälen täglich über sein Leben in Audach berichtet, und sogar ein Konzeptalbum geschrieben und aufgenommen, dessen Songs von Audach handelten. Das Album war eine regelrechte Liebeserklärung. Tom B. Stone war so begeistert von Audach, dass er den Kulturausschuss des Stadtrats bat, seinen Aufenthalt bis Jahresende zu verlängern.

Toms Ansinnen hätte der Ausschuss sicherlich entsprochen, wäre ihm nicht sein notorischer Hang zum Hallodrihaften in die Quere gekommen: Tom B. Stone hatte seit seiner Ankunft in Audach nach jedem Rockzipfel gegriffen, der sich ihm geboten hatte. Es waren nicht wenige, und so hatte er sich in Windeseile durch eine stattliche Anzahl Audacher Betten geschlafen, bevorzugt derer örtlicher Künstlerinnen.

Der Audacher Kulturausschuss nahm die Gerüchte über das Treiben seines Gasts zunächst belustigt zur Kenntnis, schließlich konnte jeder und jede machen, was er oder sie wollte, freies Land, aber Anfang April kam es zum Eklat. Jolanda Freifrau von und zu Gickerlberg war eine große Nummer in der deutschen Bildhauerszene und zweifellos das Aushängeschild der modernen Audacher Kunst. Ihre Gipsskulpturen und Bronzeinstallationen wechselten bei Auktionen und Verkaufsausstellungen regelmäßig für fünfzigtausend Euro und mehr den Besitzer.

Die Freifrau war ein Star in Audach, aber so zeitlos die Skulpturen waren, die sie mit ihren Händen schuf, so respektlos raffte inzwischen die Gravitation an ihrem Körper. Jolanda Freifrau von und zu Gickerlberg begann zu welken und korrodieren. Sie trank sich gewissenhaft über die Wahrnehmung dieser Tatsache und biologischen Unaufhaltsamkeit hinweg, was freilich nur die Beschleunigung ihres beklagenswerten Verfalls bewirkte.

Eines Nachts war es ihr gelungen, Tom B. Stone bei einer Audacher Künstlersoiree zu einer Besichtigung ihres Ateliers zu überreden. Sie bereite gerade ihre nächste Ausstellung vor, sie habe da einen DAX-Konzern an der Hand, der seinen neuen Unternehmenssitz unbedingt mit ihren Werken schmücken wolle, mit dem Marketingvorstand sei schon alles verabredet, eine Art Gegengeschäft. Der Konzern zahle hunderttausend pro Kunstwerk, vierzig Prozent müsse sie auf ein Offshore-Konto überweisen, das war per Handschlag ausgemacht, und ein Handschlag sei noch etwas wert unter Ehrenleuten, jedenfalls würden sie und der Marketingvorstand einen sauberen Reibach machen. Sie freue sich schon so auf die Vernissage nächste Woche in der Galerie der Künstlergemeinschaft Audach. Dort werde nämlich der Marketingvorstand verkünden, dass sein DAX-Konzern die ganze Ausstellung aufkaufen wird, und das würde der Ausstellung noch mal einen irrsinnigen Schub geben, das würde landesweit für Furore sorgen. Die Leute würden von weither kommen, um die Stücke zu sehen, bevor sie in der Konzernzentrale verschwanden. Das würde alles so geil werden, ja so, so geil. Und sie würde ihm die Werke gern heute noch zeigen, weil sie es super fände, wenn er, der wunderbare Tom B. Stone auf ihrer Vernissage spielen würde, natürlich gegen Gage, so fünfhundert Euro, da wolle sie sich nicht lumpen lassen.

Tom B. Stone wusste zwar nicht, was ein Dachskonzern war und auch nicht, wann und wie man sich am besten lumpen ließ oder nicht, er war ja aus Nashville und verstand kaum Deutsch, aber er hatte fünfhundert Euro gehört, und wenn einem so viel Geld winkt, dann sagt man als Musiker nicht nein, dann sagt man natürlich, dass man liebend gern mitkommt ins Atelier.

Die Freifrau von und zu Gickerlberg schleppte Tom also in ihr Atelier, und während der Taxifahrt malte die Künstlerin sich schon genüsslich den weiteren Verlauf des Abends aus, und vor lauter Vorfreude wurde sie ganz kurz übergriffig, der Tom war halt einfach ein Schnuckel, da konnte man ihm schon mal ganz weit oben an den Oberschenkel fassen. Das war ihr ja auch passiert, also im Passiv, ach Gott, wie oft war ihr das im Passiv passiert, dass ihr ein schleimiger Galerist an den Po gegriffen hatte, sie hatte fast den Eindruck, dass ihr Hintern ihr mehr Türen geöffnet hatte als ihre Kunst, aber wie konnte man das zuverlässig messen?

Hochgeschlafen hatte sie sich jedenfalls nicht, hatte nie die Beine breit gemacht für eine Ausstellung, das war ihre goldene Regel, weil es ihr wirklich und tatsächlich um die Kunst ging. Und sie würde lieber in der Gosse flacken und unter der Brücke schlafen, als ihren Erfolg in der Kunst mit ihrem Sexleben zu verweben, das hatte sie sich immer geschworen und auch eingehalten. Aber wenn man schon eineinhalb Liter Equinox intus hatte, dann konnte man sich schon mal vergreifen.

Nachdem Jolanda Freifrau von und zu Gickerlberg sich vergriffen hatte, nur ganz kurz, da schämte sie sich sogleich, schämte sich, wie sie sich noch nie geschämt hatte, war sie doch mit dieser einen kurzen Handbewegung auf das Niveau jener schmierigen Typen hinabgestürzt, deren fleischige Hände sie immer noch an Stellen ihres Körpers spürte, wo sie diese nie spüren wollte, auch Jahrzehnte später spürte sie die gierigen Hände noch. Jolanda Freifrau von und zu Gickerlberg zog ihre Hand also schnell wieder zurück, und so besoffen sie auch war, sie wollte es besser machen als die widerlichen Grapscher. Sie entschuldigte sich, lallte, dass sie das nicht hätte machen dürfen, sie sei ja kein Tier. Sie bereue ihr Tun zutiefst, und allein die Fähigkeit zur sofortigen Einsicht und Reue mit einskommaneun Promille im Blut war ja schon etwas wert, jedenfalls viel mehr, als ihr jemals an Reue entgegengebracht worden war. Damals hatte nie jemand bereut, sondern einfach nochmal zugegriffen.

Tom hatte nur die Hälfte verstanden, er hatte ja auch schon einiges intus, und wenn er getrunken hatte, verstand er die deutsche Sprache noch schlechter als ohnehin schon. Ihm tat die Frau neben ihm einfach nur leid, weil sie sich ein paar Tränen aus den

Augen wischte, aber bevor er etwas sagen konnte, sagte der Taxifahrer „elf Euro fünfzig" und die Künstlerin drückte ihm einen Fünfziger in die Hand und sagte „passt schon".

Tom B. Stone machte sich nicht viel aus Kunst. Er konnte nicht verstehen, warum Menschen Kunstwerke erschufen, um sie zu verkaufen, also einfach weggaben. Du malst ein Bild oder formst eine Skulptur, stellst dein Werk kurz aus, jemand kauft es, und fortan kann der Käufer bestimmen, wer es zu sehen bekommt und wer nicht. Das war ihm zu elitär.

Die Musik dagegen war frei. Du schreibst einen Song. Jeder kann ihn kaufen, aber keiner ihn für sich behalten. Man stelle sich vor, Pink Floyd hätten *Comfortably numb* an einen Millionär verkauft, auf dass nur noch er den Song hören durfte. Oder Led Zeppelin hätten ihr erstes Album an einen Konzern verkauft, naja, schlechtes Beispiel, und keiner dürfte mehr *Dazed and confused* und *Babe I'm gonna leave you* hören. Aber Musik war zum Glück kein Gemälde und keine Skulptur. Musik blieb öffentlich, jeder konnte diese Meisterwerke hören und spielen. Sie waren Teil von Toms Zugabe, er liebte es einfach, diese Songs zu spielen. Und er fand, dass auch Gemälde und Skulpturen dazu bestimmt waren, von jedem betrachtet zu werden, der sie sehen wollte. Wenn nicht, waren sie in Toms Augen nicht Kunst, sondern nichts anderes als Waren. Und das kotzte ihn ein bisschen an, aber er sagte das alles natürlich nicht, weil er hatte wodkamäßig den Grint schon ziemlich voll und hätte sicherlich nicht mehr gut argumentieren können. Außerdem war er sich eigentlich gar nicht sicher, ob das wirklich eine fundierte Meinung war oder nur Eitelkeit, und es war auch gar nicht mehr notwendig, darüber nachzudenken, denn als die Freifrau von und zu Gickerlberg Tom in ihr Atelier führte und das Licht einschaltete, eröffnete sich ihm eine Welt, die jedes Nachdenken und Argumentieren sinnlos machte.

Was er dort im Atelier sah, war so beeindruckend und alle Sinne ergreifend, dass es Tom auch die Sprache verschlagen hätte, wenn er nüchtern gewesen wäre. Tom wankte von einer Skulptur zur nächsten.

„Das ist *Die Frau, die weint*. Ich habe zwanzig Jahre gebraucht, um sie zu erschaffen, in meinem Kopf. Frag mich nicht, warum sie weint.", sagte die Freifrau. Sie war damit beschäftigt, zwei Gläser mit Gin zu füllen.

Tom hatte gar nicht fragen wollen. Die Skulptur drückte alles aus, sie beantwortete jede Frage allein durch das, was sie war. Sie war schön, duckte sich ein wenig, würde sie sich zu ihrer vollen Größe aufrichten, wäre sie wahrscheinlich größer als er, aber sie buckelte und wirkte dennoch stolz, unzerbrechlich, ungebrochen. Sie musste einiges durchgemacht haben, manches, wofür es keine Worte gab, stand einfach nur da, musste nichts sagen und sagte doch alles. Tom wankte weiter.

„Das ist der *Trödler*, er trödelt einfach rum, frag nicht, warum."

Warum hätte Tom die Künstlerin fragen sollen, wenn die Kunst doch alles selbst ausdrückte? Ein Mann mit den Händen in den Hosentaschen, mit stolzem Blick. Er rief, obwohl Skulpturen freilich nicht rufen können, aber in Toms Kopf rief die Skulptur ihren Betrachtern mit stolzer Lässigkeit zu: „Ich könnte, wenn ich wollte, und das reicht ja wohl."

Weiter hinten im Atelier stieß Tom auf eine kleine Gipsarbeit. Ein Mädchen, das im Schneidersitz saß und mit ihren zarten Händen eine Bombe streichelte, als wäre sie eine Puppe.

„Das ist *Kind mit Bombe*. Es ist das, was wir unseren Kindern hinterlassen", sagte die Freifrau. Sie stand jetzt ganz nah bei Tom und reichte ihm ein Glas. Ihre Hände zitterten, und das Glas war so voll, dass sie bei der Übergabe die Hälfte des Inhalts auf den Boden kleckerte.

Sie stießen an und tranken. Die Freifrau schmiegte sich an Tom.

Tom schaute gebannt auf das *Kind mit Bombe*. Dann hörte er sich sagen, halb auf Englisch, halb auf Deutsch: „Das, was du da erschaffen hast, ist das Beeindruckendste, was ich je gesehen habe. Willst du das wirklich an einen Konzern verkaufen?"

Die Freifrau trank ihr Glas aus. „Genau das ist mein Job. Davon lebe ich. Aber lass uns nicht über den Job reden." Sie strich ihm über den Rücken. „Es ist nach Mitternacht. Ich will mich entspannen, nicht dauernd übers Geschäft reden."

Tom trank sein Glas aus. „Das muss die ganze Welt sehen. Das darf nicht in irgendeinem Dachskonzern verschwinden."

„Ach Kindchen", lallte die Freifrau. „Du bist so schön naiv."

Der Abend endete in einer sowohl akustisch als auch inhaltlich unschön geführten Diskussion darüber, ob man nun inmitten der Meisterwerke miteinander schlafen sollte oder nicht.

Die Freifrau war entschieden dafür.

Tom dagegen.

Während Tom auf dem Gehsteig entlang der Münchner Straße zu seiner Wohnung wankte, zertrümmerte Freifrau Jolanda von und zu Gickerlberg mit einem Vorschlaghammer ihre Werke. Es war ein gewaltiges Dröhnen und Stauben, und es dauerte lang, die Freifrau war noch gut bei Kräften, Alter hin oder her, und sie hatte eine Wut und einen Pegel, der einfach Lust bereitete, alles kurz und klein zu schlagen, und das Kurze und Kleine noch kürzer und kleiner. In ihrer Wut und Besoffenheit hielt sie ihr Zerstörungswerk für den Gipfel ihrer Schaffenskraft. Eine Bildhauerin in konsequenter Vollendung.

Als die Freifrau von und zu Gickerlberg am nächsten Tag inmitten der Trümmer erwachte, bereute sie ihren Furor zutiefst. Sie bekam große Lust, das ganze Schlamassel Tom anzulasten. Also ging die Freifrau zum Audacher Bürgermeister und behauptete, dieser amerikanische Musikant, sie sagte tatsächlich Musikant, aus dem Mund der berühmten Künstlerin klang es exakt so verächtlich, wie sie es meinte, habe aus Wut darüber, dass er nicht auf ihrer Vernissage spielen dürfe, ihre Skulpturen zertrümmert.

Der Bürgermeister schenkte der Räuberpistole der Freifrau freilich keine Sekunde lang Glauben, er war ja kein Idiot. Er hatte Tom B. Stone in den vergangenen Monaten gut kennengelernt und wusste, dass Tom zwar ein Hallodri war, aber ein liebenswerter und friedlicher. Tom konnte keiner Fliege etwas zu leide tun, außerdem war er ganz gut im Geschäft. Seine Kurse waren gut gebucht und seine Konzerte und CD-Verkäufe liefen nicht schlecht. Er war nicht darauf angewiesen, auf einer Vernissage den Sidekick zu mimen. Erst vor ein paar Tagen hatte Tom ihm vorgeschwärmt, dass er noch nie so gut und zuverlässig Geld verdient hatte wie hier in Audach. Das war ja der Grund, warum er länger bleiben wollte.

Der Audacher Bürgermeister stand hinter seinem Schreibtisch auf, ging zu der polternden Künstlerin, nahm sie sanft am Arm und führte sie freundlich, aber bestimmt aus seinem Büro.

Eine Stunde später landete eine E-Mail in den Postfächern der Stadträte des Kulturausschusses, in der die Freifrau androhte, ihre Leihgaben an die städtische Kunstgalerie zurückzufordern, sollten die Stadträte Tom B. Stones Antrag auf Verlängerung seines Wohnstipendiums zustimmen. Eine Verlängerung sei ungerecht gegenüber anderen Kulturschaffenden und Musikanten. In der Angelegenheit gelte es Objektivität walten zu lassen, die örtliche Kulturszene verfolge mit Interesse, ob die Stadtpolitik weiterhin bereit sei, einem Auswärtigen eine Extrawurst zu braten, von der die örtlichen Künstler allesamt nur träumen könnten.

Die Leihgaben Jolanda Freifrau von und zu Gickerlbergs waren das Herzstück der Ausstellung in der städtischen Galerie. Eigentlich waren sie der einzige Grund, warum Touristen überhaupt in die Galerie kamen. Wohl kaum wegen der alten Schinken leidlich bekannter Maler, deren fader Naturalismus die Betrachter schon zu ihren Lebzeiten gelangweilt hatte, so ehrlich musste man sein. Für die Galerie wäre die Rückgabe der Gickerlberg-Skulpturen eine Katastrophe, der Supergau.

Einige Stadträte wollten sich gar nicht ausmalen, wie die Lokalzeitungen reagieren würden. Und auch mit der örtlichen Kulturszene war nicht zu spaßen. Mit der wollte man es sich nicht verscherzen.

Was die Audacher Kulturszene tatsächlich von der Verlängerung von Toms Stipendium hielt, wusste die Freifrau natürlich nicht, sie hatte ihre Kollegen nicht nach ihrer Meinung gefragt. Im Umgang mit den Audacher Lokalpolitikern reichte es schließlich seit Jahrzehnten, einfach etwas zu behaupten.

Ein paar Tage später stimmte die Mehrheit der Stadträte gegen die Verlängerung des Stipendiums. Tom B. Stones Tage in Audach waren gezählt.

Als Engelbergs Bürgermeister Robert Otter tags darauf in der Lokalzeitung eine herzzerreißende Geschichte über den enttäuschten Gastmusiker las, der so gern bleiben würde, wusste er sofort, was zu tun war. Er legte die Zeitung zur Seite und rief durch die geöffnete Bürotür: „Frau Prömptner, treiben Sie mal die Nummer von diesem traurigen Musikus auf."

„Ja schrecklich, der arme Tropf", dröhnte es aus dem Vorzimmer. „Hab ich mir schon gedacht, dass Sie da tätig werden."

„Wer, wenn nicht ich?", rief der Bürgermeister und rieb sich die Hände. „Aber jetzt mal schnell her mit der Nummer. Und noch einen Kaffee."

„Wie heißt das Zauberwort?", schallte es aus Bürgermeister Otters Vorzimmer.

„Leistungsbewertung heißt das Zauberwort. Und drohende Versetzung."

Frau Prömptner war die einzige Beschäftigte im Engelberger Rathaus, die über so eine Aussage von Bürgermeister Otter lachen konnte. Sie war seit knapp vierzig Jahren die Frontfrau im Vorzimmer. Bürgermeister kamen und gingen. Sie würde bleiben. Und so schlecht war der jetzige nun auch wieder nicht. Außerdem dauerte es nicht mehr lang bis zu ihrer Pensionierung.

Die segensreichen Folgen des real existierenden Otterismus am konkreten Beispiel

20. April 2018, immer noch derselbe Freitagabend, 21 Grad Celsius (19:59 Uhr), Luftdruck 1024 Hektopascal, Tendenz irrsinnig nach oben schnellend)

Um Punkt acht Uhr sprang Bürgermeister Otter im Café Rousseau auf die Bühne. Dynamisches Auftreten war ihm wichtig, auch wenn es ihm in letzter Zeit etwas schwerer fiel als früher, er ging schön langsam auf die Fünfzig zu, aber nicht heute. Heute fühlte er sich wie fünfundzwanzig, heute schwebte er über den Dingen wie Michael J. Fox auf seinem Hoverboard in *Zurück in die Zukunft II*. Breit grinsend winkte er ins Publikum. Die Geste wirkte etwas übertrieben, schließlich passten ins Rousseau nur fünfzig Leute, da musste man nicht unbedingt winkend auf sich aufmerksam machen. Die Leute merkten auch so, dass jemand auf die Bühne trat.

Bürgermeister Otter trug eine knielange Hirschlederne und ein T-Shirt von Black Sabbath und rief ebenso fröhlich wie laut ins Publikum: „Liebe Musikfreunde, Ihr habt wahrscheinlich mitbekommen, es ging ja in der örtlichen Presse rauf und runter, dass der Audacher Stadtrat einen jungen, phantastischen Künstler in die Wüste geschickt hat, bloß weil…" Er hielt inne und schüttelte betroffen den Kopf. „Naja, warum auch immer."

Otter hatte in den zehn Jahren seiner Bürgermeisterschaft die hohe Kunst der Andeutung und Auslassung perfektioniert. Sie funktionierte immer. Zuerst galt es, eine bedeutungsschwangere Andeutung zu machen. Damit erschien er dem ahnungslosen Plebs als Wissender, als großer Maxl, der in alles eingeweiht war und den Durchblick hatte. Aber genauso wichtig, wenn nicht noch wichtiger, war die Auslassung. Mit der Auslassung ließ sich, Simsalabim, völlige Ahnungslosigkeit in generöse Milde verwandeln wie dereinst Wasser in Wein. Andeutung und Auslassung. Mehr brauchte es nicht, um die Leute für sich zu gewinnen. Bürgermeister Otter, der Mann, der nicht über verschüttete Milch klagt, sondern der Macher, der handelt statt zu lamentieren.

Und gehandelt hatte er in der Causa Tom B. Stone wieder mal wie der beste Bürgermeister ever. Mit der Aktion müsste er eigentlich Eingang ins Lehrbuch über lokalpolitische Gerissenheit finden. Wenn nicht jetzt, wann dann? Nach der Bürgerversammlung war klar, dass er in Sachen Artist in Residence endlich etwas tun musste. Das Problem wurde immer akuter. Die bunte Frau hatte fast täglich im Rathaus angerufen und sich erkundigt, wie es in der Angelegenheit voranging. Sie war eine echte Nervensäge, wie sie nur eine Großstadt hervorzubringen in der Lage war. Obwohl die bunte Frau sehr gut aussah, war Otter froh, dass er nicht mit ihr verheiratet war. Die bunte Frau war rein optisch eine ziemliche Granate mit weit höherer Sprengkraft, als seine eigene Frau besaß, aber was nützt die ganze Ästhetik, wenn penetrante Nervtöterei ihre ständige Begleiterin ist?

Erst gestern hatte die bunte Frau wieder angerufen. Er konnte sich ihren Namen nicht merken, irgendein Doppelname, die zugezogene Siebengescheitheit in Person, jedenfalls drohte sie mit Dienstaufsichtsbeschwerde, wenn er nicht endlich in der Sache tätig werde und den Beschluss der Bürgerversammlung umsetze.

Bürgermeister Otter hatte unaufgeregt geantwortet. Er habe sie in den vergangenen Tagen absichtlich ein wenig hingehalten, da bitte er um Entschuldigung, aber er habe einfach nicht widerstehen können. Er habe nämlich eine Überraschung für sie, namentlich Konzertkarten, und die würde der Amtsbote vermutlich gerade in diesen Minuten in ihren Briefkasten werfen. Man sehe sich dann hoffentlich morgen auf dem Konzert.

In der Tat saß die bunte Frau jetzt an einem Tisch direkt vor der

Bühne. Bürgermeister Otter erkannte sie an ihrem bunten Kleid und dem Wollschal. Das musste sie sein, und sie sah gut aus. Aber egal wie gut sie aussah, normal im Kopf war sie sicherlich nicht. Niemand Normales trug bei der Hitze, die im Rousseau herrschte, einen Schal.

Der Kerl neben ihr war wahrscheinlich ihr bemitleidenswerter Gatte. Er trug Latzhose, Hemd und Krawatte, einen stattlichen Backenbart, auf den er vermutlich sehr stolz war, darüber eine klobige Rundbrille und eine Wollmütze. Hipster nannte man solche Leute neuerdings oder schon länger. Otter kannte ein anderes Wort für derlei Menschen: Trottel.

Aber jetzt war nicht der Zeitpunkt, sich über Neubürger aufzuregen. Obwohl sie immer mehr wurden und schön langsam ernsthaft nervten. Sie forderten die Umsetzung von Beschlüssen ein oder noch schlimmer: Sie gründeten Bürgerinitiativen. Sein armer Bürgermeisterkollege in Passbach, keine fünf Kilometer weg von hier, konnte ein Lied davon singen, aber das war jetzt wirklich nicht der Moment, um über Windräder nachzudenken, denn es galt nun nach der Andeutung und der Auslassung und der kurzen rhetorischen Pause weiterzusprechen. „Jedenfalls haben die Audacher Stadträte einem phantastischen Musiker den Stuhl vor die Tür gesetzt, warum auch immer, darüber muss man jetzt nicht reden, denn wir wollen einen schönen Abend haben."

Wieder hielt Otter kurz inne, um sich als wissend und mitfühlend darzustellen. Er fand, es gelang ihm wieder mal hervorragend. „Und da hab ich mir gedacht, ich frag ihn einfach mal, ob er nicht zu uns in die Nachbargemeinde kommen will. Und zwar nicht nur für ein Konzert, auf das ich mich schon seit Tagen riesig freue, sondern um der erste Engelberger Artist in Residence zu werden. Der liebe Tom wird mindestens bis Jahresende in einer unserer Gemeindewohnungen wohnen, und Tom und ich haben schon ausgemacht, dass er an unserer Mittelschule Gitarrenunterricht geben wird. Natürlich wird er auch auf unserem großen Gemeindejubiläum im Mai spielen. Ich bin stolz darauf, diesen wunderbaren Musiker und Menschen jetzt auf die Bühne rufen zu dürfen. Herzlich willkommen in Engelberg, lieber Mister Tom B. Stone."

Tom B. Stone trat auf die Bühne, und ehe er sich zum Publikum umdrehen konnte, umarmte ihn der Bürgermeister und klopfte ihm auf den Rücken, immer und immer wieder.

Otter versuchte sogar ein kleines bisschen zu weinen, als wäre Tom gerade ebenso unverhofft wie unversehrt aus einem Krieg zurückgekehrt, in dem er im Alleingang alle Feinde persönlich totgeschossen und die freie Welt gerettet hatte.

Tom ließ es sich gefallen und erwiderte die Umarmung. Er war gottfroh, nun in Engelberg untergekommen zu sein. Da musste man sich eine zerquetschende Umarmung des Bürgermeisters einfach gefallen lassen.

Die Leute klatschten eifrig, und als Bürgermeister Otter über Toms Schulter hinweg sah, dass die bunte Frau aufgesprungen war, begeistert applaudierte und sich Tränen der Rührung aus den Augen wischte, löste er die Umarmung und grinste sie an.

Nachdem sich der Applaus gelegt hatte, deutete er auf die bunte Frau und rief ihr fröhlich zu: „Da sieht man mal wieder, dass wir hier in Engelberg nicht lange reden, sondern handeln."

Die bunte Frau warf dem Bürgermeister eine Kusshand zu und rief beglückt: „Ich habe Ihnen Unrecht getan. Es tut mir leid. Vielen Dank. Das ist ein großer Tag für die Kultur in Engelberg."

Der Mann neben der bunten Frau schien die Geschehnisse gar nicht wahrzunehmen. Er wischte auf seinem Handy herum. Dass Bürgermeister Otters Coup nichts weniger als ein Quantensprung in der Kulturgeschichte Engelbergs war, beeindruckte den Krawattenbartbackenbrillenträger offenbar nicht besonders.

Wahrscheinlich aus Berlin, ganz sicher aus Berlin, das Arschloch, dachte Otter. Mit großzügiger Geste überließ der Bürgermeister Tom B. Stone die Bühne.

Der Musiker begrüßte das Publikum und bedankte sich artig beim Bürgermeister. In seinen kurzen Ansprachen zwischen den Songs wurde er nicht müde mitzuteilen, wie dankbar er sei, hier in Engelberg sein zu dürfen.

Das Publikum nahm Tom B. Stones Liebesbekundungen natürlich begeistert auf. Auch seine Songs waren gut.

Aber offenbar nicht gut genug für den Mann der bunten Frau. Nach der Pause war er jedenfalls nicht mehr da.

„Der Krawattenbartmann ist gegangen", kicherte Katrin. Sie hatte gerade ihr fünftes Bier halb ausgetrunken. Ignaz war schon bei sieben.

Diese Henni war eine wirklich aufmerksame und flinke Wirtin. Man konnte fast nicht so schnell saufen, wie Henni nachmunitionierte.

Katrin und Ignaz waren nicht nur erheblich alkoholisiert, sondern vor allem euphorisiert. Ignaz, weil Katrin ihn während des ersten Sets exakt fünfmal geküsst hatte, und in der Pause draußen beim Rauchen noch dreimal. Und Katrin, weil sie so erstaunt über sich selbst war, da sie einfach tat, wonach ihr war. Das kannte sie gar nicht von sich, und trotzdem hatte sie Ignaz einfach immer wieder gebusselt. Und jetzt waren auch noch zwei Stühle direkt vor der Bühne frei, weil die bunte Frau sich hinten in den Durchgang gestellt hatte. „Auf geht's, setzen wir uns nach vorn", schlug Katrin vor.

Ignaz saß normalerweise nicht gern vorn. Er saß auch nicht gern in der Mitte. Er saß überhaupt ungern außerhalb des Friedhofs der Dinge. Am liebsten saß er auf seinem Plastikstuhl vor dem Pavillon, und der schönste Moment des Tages war der, wenn Max Gold nicht mehr neben ihm saß, sondern auf seinem Mofa vom Hof fuhr, und Ignaz allein dasitzen und ein Buch aufschlagen konnte. Endlich allein war und lesen konnte. Aber jetzt, mit dieser wunderbaren Katrin im Arm und den zahlreichen Bieren im Körper, hatte er kein Problem, sich in die erste Reihe zu setzen. Sie hätte ihm auch vorschlagen können, gemeinsam vom Zehnmeterturm in ein leeres Schwimmbecken zu springen, er wäre gesprungen. Und zwar in der beruhigenden Gewissheit, ihm würde nichts passieren. Springst du allein, bist du Matsch. Springst du mit Katrin, gibt es keine Schwerkraft, keine Erdanziehung, keine Zermatschung. Denn du springst mit Katrin, und das ist alles, was zählt.

Tom B. Stone spielte drei Zugaben, das Publikum gab sich außergewöhnlich entzückt, der Bürgermeister hochgradig begeistert. Nach der letzten Zugabe wankte Otter auf die Bühne und umarmte den Künstler. Vor Ergriffenheit zerquetschte er den dürren Kerl fast zu Klump. Henni brachte zwei Halbe auf die Bühne, der Künstler und der Bürgermeister streckten die Gläser freudestrahlend in die Höhe, alle im Rousseau stießen beseelt miteinander an und feierten noch fröhlich zwei, drei Stunden weiter.

Henni schmiss eine ganze Reihe von Lokalrunden Pfeffi. Die bunte Frau musste nach der fünften kotzen, aber sie schaffte es rechtzeitig vor die Tür. Der Bürgermeister gab noch drei weitere Runden aus, er schenkte die Gläser höchstpersönlich ein, denn Henni war kurzzeitig außer Dienst, weil Tom B. Stone sie in der Küche gegen den Kühlschrank nagelte.

Irgendwann hatte Katrin den Grint so voll, dass sie Ignaz in den Arm nahm, nicht unbedingt wie eine Liebende, eher wie eine Schwankende, aber das war trotzdem eigentlich mehr als eine Umarmung, weil eine Umarmung löste der oder die Umarmende irgendwann, aber Katrin löste sie eben nicht, und dann flüsterte sie: „Bring mich heim."

Ignaz platzierte Katrin vorsichtig auf einem Stuhl, drängelte sich zum Tresen durch und legte einen Hunderter auf den Tisch. Die Umstehenden versicherten ihm, dass sie den Hunni natürlich an Henni weitergeben würden, sobald sie kommt.

„Und?", fragte Katrin. „Hat's dir gefallen?" Sie lag auf dem Bett in ihrer Wohnung über der Gemeindebücherei, und wie sie es dorthin geschafft hatte, nämlich nur mit Ignaz als Gehhilfe, war ihr ein bisschen peinlich. Deshalb hielt sie es für angemessen, noch einmal zu wiederholen, was sie gerade gesagt hatte: „Normalerweise bin ich nicht so stramm unterwegs, wir lassen es halt manchmal krachen, ich und das Rudel, aber so wie heute schieß ich mich sonst nicht ab. Also musst du kleiner Schlingel der Grund sein. Weil du halt so ein Süßer bist. Ein Süßer, bei dem ich mich halt einfach wohlfühle."

Ignaz hörte ihren Standpunkt so oder so ähnlich bereits zum fünften oder sechsten Mal. Er war ihr offenbar wichtig. Er antwortete zum irgendwievielten Mal: „Mach dir keinen Kopf. War der schönste Abend seit vielen Jahren. Und ich bin selber auch nicht mehr der Nüchternste."

„Ach echt, also wenn du's nicht mehr heimschaffst, kannst du bei mir pennen", sagte Katrin, als wäre sie erst jetzt auf diese Idee gekommen und hätte sie nicht bereits mehrmals erwähnt.

Ignaz zog seine Lederjacke aus und hängte sie über die Lehne von Katrins Schreibtischstuhl. Dann zog er sich die Stiefel von den Füßen, roch daran, ging in den Flur, öffnete die Wohnungstür und stellte sie in den Hausgang. Er schlurfte zurück ins Schlafzimmer, setzte sich aufs Bett und deckte Katrin zu. Als er sich die Socken auszog, er machte das immer, indem er sie auf links zog, purzelte der Zehennagel auf den Parkettboden. Ignaz hob ihn auf, öffnete das Fenster und warf ihn nach draußen. Dann legte er sich neben Katrin aufs Bett.

Der Vater, die Mutter, die grobe Moni und die weithin unterschätzte Tätigkeit des Absaugers

Damals

Die Übergabe des Schrottplatzes von Opa Hermann auf Papa Frank war nach Oma Reserls sappralottem Gefriertruhentod und dem darauffolgenden von Franks damaligem Flitscherl vollführten Schweinshaxenattentat kräftig danebengegangen: Ignaz' Opa lag tatsächlich blass und wortkarg mit dem Kopf voran im Gasofen.

Auch eine Generation später ließ die Übergabe des Hofs von Frank auf Ignaz sowohl sachbezogen als auch emotional zu wünschen übrig. Der Name von Ignaz' Mutter tut in dieser Angelegenheit nichts zur Sache. Sie hatte immer vorbildlich für Ignaz gesorgt, und das war nicht immer leicht. Allzu oft und im Lauf der Jahre immer häufiger und länger, musste sie sich nicht nur um Ignaz kümmern, sondern auch noch ums Geschäft, während Frank sich fröhlich durch die Audacher und Münchner Szenelokale zechte.

Frank Hallgruber war nach dem Selbstmord seines Vaters noch zwei drei Wochen durch die Münchner Studentenkneipen vagabundiert und hatte große Reden geschwungen von der Weltrevolution und wie man sie tatsächlich umsetzen konnte. Man müsste halt mal wirklich was machen, aber nicht so blöde Aktionen wie die trottelige Baader-Meinhof-Gruppe, sondern systemischer, planvoller, quasi durch Übernahme von bestehenden Strukturen, zum Beispiel dem Schrottplatz, den er gerade geerbt habe. Man könnte da recyceln, ein ganz neues System des Wirtschaftens aufbauen, Club of Rome und so. Man müsse nur hart arbeiten, um den Lauf der Dinge in Gang zu setzen, wegkommen von der bisherigen Wertschöpfungskette, weg vom immer mehr,

mehr, mehr.

Das Problem war schlicht und ergreifend, dass keiner von Franks Kommilitonen Bock auf harte Arbeit hatte. Sie begnügten sich damit, munter auf Demonstrationen zu marschieren oder noch lieber sich bei Sit-ins den Hintern breit zu hocken. Warum marschieren, wenn man auch gemütlich sitzen kann? Und nach Feierabend bei Bier und Gras dem Vietcong solidarisch die Daumen drücken. Hast'e bisschen Gras für mich, bisschen Gras wär jetzt echt der Opener für ne neue Daseinsbetrachtung. Und die brauchen wir jetzt dringender denn je, aber ich hab grad kein Gras, hast du vielleicht welches?

Frank, der nach der unerfreulichen elterlichen Familienaufstellung in Kühltruhe und Ofen plötzlich Schrottplatzbesitzer war, gab es irgendwann auf, nach Mitstreitern zu suchen. Na ja, er gab es nicht einfach auf, es wurde ihm recht gewissenhaft eingeprügelt.

„Maaaan, die Weltrevolution entscheidet sich nicht auf einem beschissenen Schrottplatz im Nirgendwo, sie entscheidet sich in Vietnam und Kambodscha, in Palästina und überall da, wo Che für uns und alle anderen Unterdrückten gekämpft hat", spuckte ein Studentenführer im Alten Simpl Frank entgegen, und die Zuhörer jubelten und schimpften Frank einen Systemling, der mal besser Ofenrohre verscherbeln gehen soll, als ihnen etwas über Weltrevolution zu erzählen, und wie man die macht, das wisse man selber ganz genau, aber wenn er schon was geerbt habe, dann solle er doch mal was beitragen und die nächste Runde schmeißen.

Frank hieß den Wortführer einen Salonrevolutionär, der Salonrevolutionär Frank daraufhin einen Konzerngünstling, als wäre ein Schrottplatz im Münchner Niemandsumland ein Konzern, Frank schimpfte den Salonrevolutionär daraufhin eine selbstgefällige Nullnummer, die noch nie etwas zustande gebracht habe und sogar die selbst angemeldeten Demos verschlief, die Nullnummer hieß Frank einen Agent Provocateur des faschistischen Obrigkeitsstaats – man höre richtig, immerhin regierte damals Willy Brandt –, aber die Nullnummer sagte das tatsächlich, eine Bedienung erinnert sich immer noch daran und kann es bezeugen beim Leben ihrer Mutter, aber die lebte damals gar nicht mehr, aber das tut ja eigentlich nichts zur Sache.

Jedenfalls hatte man sich irgendwann derart in Rage gebrüllt, dass der angebliche Agent Provocateur Frank seine linke Faust, er war Linkshänder, der revolutionären Nullnummer so fest aufs Maul schlug, dass diese ohnmächtig vom Stuhl nach hinten kippte und sich den Hinterkopf recht ordentlich am Heizkörper an- und aufschlug.

Es folgte eine mit gründlicher Entschlossenheit ausgeführte Verprügelung alle gegen einen, und irgendwann saß Frank schwer nasenblutend auf dem Trottoir vor dem Alten Simpl und stopfte sich eine Socke in die Nasenlöcher.

Hinter ihm öffnete sich die Tür. Es war die Bedienung. Sie setzte sich neben Frank, zog ihm den Socken aus den Nasenlöchern und reichte ihm ein Geschirrtuch. „Brauchst also wen, der bei dem Schrottrecyceln mitmacht. Bin zwar nur ne simple Kellnerin, aber ich bin dabei."

Die Kellnerin wurde im Verlauf des recht zügellosen Sexlebens, das sich in den folgenden Jahren im Schlafzimmer des Hallgruber-Hauses abspielte, Ignaz' Mutter. Der Bub war wohlgeraten und sicherlich das Beste, das Vater Frank in seinem bisherigen und späteren Leben zustande brachte.

Die Idee, den Schrottplatz zu einem Recyclinghof zu machen, entpuppte sich schnell als blödsinnig. Sorry, blödsinnig ist vielleicht das falsche Wort. Die Idee war gut, doch die Welt noch nicht bereit. Niemand hatte Interesse an Franks Vorhaben,

Schrott in seine chemischen Bestandteile zu trennen und wieder in den Wirtschaftskreislauf einzuspeisen. Die Zeiten, in denen man die Federn einer alten Couch wiederverwendete, waren damals ja Gott sei gedankt vorbei.

Vom damaligen Landrat bekam er es schwarz auf weiß geschrieben: „Der Landkreis Audach setzt in den kommenden Jahren nicht auf die Wiederverwertung von Rohstoffen. Das von Ihnen dargelegte Konzept des Recyclings entbehrt allen wissenschaftlichen Grundlagen und ist wirtschaftlich schädlich. Im Landkreis Audach wird auch in Zukunft deponiert. Wertlose Stoffe zu vergraben, gegebenenfalls nach ihrer Verbrennung, hat sich als effiziente und ökonomische Methode der Entsorgung bewährt. Daran werden wir festhalten."

Franks Illusionen zerbrachen wie das Porzellan, das seine Kunden fröhlich auf den Hof schmissen, einfach nur, weil sie sich neues leisten konnten.

Zudem machte Frank, als er sich zum ersten Mal in seinem Leben mit Arbeit konfrontiert sah, an sich selbst eine Entdeckung: Er war nicht wirklich zum Arbeiten geboren. Lang schlafen und Bier trinken und ab und zu ein bisschen Gras rauchen, lagen ihm mehr. Sich in den billigen Münchner Studentenkneipen herumtreiben, wo seine einstigen Freunde immer noch von der Weltrevolution schwärmten und einander beglückwünschten zum Entschluss, im dreiundzwanzigsten Semester nochmal das Nebenfach zu wechseln, weil Philosophie unter dem aktuellen reaktionären Prof ja wohl endgültig keine Option mehr war, kam aber nicht mehr in Frage, wegen akuter Gefahr aufs Maul zu kriegen. Nun zechte Frank in den Bars der Münchner Schickeria, wo man nicht Hendrix oder Janis oder die Grateful Dead hörte, sondern zu D I S C O abzappelte.

Franks Lebensstil war ebenso familienfeindlich wie teuer. Es gab Wochen, sogar Monate, in denen er sich zusammenreißen konnte. Episoden, in denen er selbst davon überzeugt war, nicht nur einen Geschäftsmann spielen zu können, sondern tatsächlich einer zu sein. Aber diese Episoden wurden ihm immer wieder und immer häufiger zu anstrengend. Saufen, feiern und Geld rausschmeißen war um ein Vielfaches einfacher.

Iganz' Mutter hatte derweil alle Hände voll zu tun, das Tagesgeschäft auf dem Schrottplatz zu erledigen und gleichzeitig Ignaz aufzuziehen. Manchmal kam ihr Mann drei Wochen lang nicht heim.

Alle vier Wochen rief die Frau von der Kindergartenverwaltung an und drohte, Ignaz rauszuschmeißen, wenn sie den Monatsbeitrag nicht endlich überweise.

Viele Jahre ging das so. Irgendwann tauchte Frank nach seinen Sauftouren wieder auf und verbot seiner Frau und Ignaz auf den Hof zu gehen, bis er es ihnen wieder erlaube. Dann sahen die Mutter und der kleine Ignaz dabei zu, wie Frank mit dem Bagger eine Grube auf dem Hof aushob, aber was darin versenkt wurde, das sahen sie nicht, weil nachdem die Grub ausgehoben war, kam Frank ins Haus, sperrte die Haustür zu, ließ die Rollos runter, verlangte ein Abendessen und Ignaz' Hausaufgaben der vergangenen drei Wochen zu sehen, machte auf treusorgenden Familienvater und rühmte sich nach dem Abendessen stolz, es wieder einmal geschafft zu haben. Was in den Gruben verschwand, und wer es verschwinden ließ, traute sich Franks Frau nicht zu fragen. Jedenfalls war danach wieder Geld da.

Ignaz und seine Mutter hatten den Zeitpunkt ihres Gehens genau verabredet. Es war der 15. Juni 1992. An diesem Tag um elfuhrvierzehn überreichte der Direktor des Audacher Gymnasiums in der Schulaula Ignaz Hallgruber das Abiturzeugnis und sagte: „Meine Damen und Herren, ich verrate ja normalerweise keine

Notenschnitte, außer beim Notenbesten. Und Ignaz Hallgruber ist heuer der Einzige, der eine Einskommanull geschafft hat. Herzlichen Glückwunsch, Ignaz."

Ignaz trat auf die Bühne. Wenn er sich heute die Fotos anschauen würde, was er nicht tat, wäre er erstaunt bis entsetzt sowohl über seinen Anzug als auch seine Frisur, aber er nahm damals strahlend sein Zeugnis entgegen, und die Leute im Saal erhoben sich und klatschten. Der Schulleiter verbeugte sich ehrwürdig vor dem Publikum, als wäre Ignaz' Leistung vor allem sein Verdienst. Dabei war er eigentlich ein fauler Hund, der sich einen Dreck um seine Schüler scherte. Hauptsache die Fresse glänzt. Wie faul die Zähne dahinter sind, da scheißt der Hund drauf. Neuerdings war man vom Kultusministerium mit dem Sigel ‚Schule gegen Rassismus' ausgezeichnet worden. Eine großartige Leistung, die einzig und allein darin bestand, Rassismus geflissentlich zu ignorieren und einfach zu behaupten, es gäbe ihn an dieser Schule nicht. Die Aylin habe ja endlich auch ihr Abitur geschafft, das müsse man sich mal vorstellen, hatte der Direktor in seiner Festrede gesagt, dass die Aylin ihren Abschluss hier auf der Schule geschafft habe, sei ja geradezu ein lebendiges Beispiel für den Antirassismus an dieser Schule, „gell, Aylin, du bist auch froh, dass du es endlich geschafft hast", hatte der Schulleiter fröhlich geplappert, „und das haben wir gemeinsam geschafft."

Die Aylin hieß eigentlich Elif, hatte recht fromm ihr Zeugnis entgegengenommen und war angenehm zügig von der Bühne marschiert, und jetzt war endlich Ignaz Hallgruber an der Reihe sein Einskommanuller entgegenzunehmen.

Frank Hallgruber war der Erste, der aufsprang und applaudierte.
Ignaz' Mutter stand ebenfalls auf. Sie nickte ihrem Sohn zu.
Ignaz nickte zurück.
Die Mutter schob sich freundlich nickend durch die Sitzreihe.

Jessas, jetzt will die auch noch was sagen, dachten sich der Direktor und das Publikum. Sie waren völlig zurecht der Auffassung, unter den Darbietungen des Schülerorchesters und des Lyrik-Seminars schon genug gelitten zu haben.

Aber Ignaz' Mutter schritt, als sie glücklich lächelnd den Mittelgang erreicht hatte, zur Erleichterung aller nicht zur Bühne, sondern zum Ausgang.

Ignaz stand auf der Bühne und wusste, dass in diesem Moment für seine Mutter ein Leben begann, von dem er ihr so sehr wünschte, dass es endlich eines würde, das sie glücklich machte. Ignaz nahm sein Zeugnis entgegen, ging von der Bühne und seiner Mutter hinterher.

Draußen brannte die Sonne ihre Strahlen gnadenlos auf die Erde. Ignaz ließ sein Zeugnis achtlos auf den Boden fallen und umarmte seine Mama. Irgendwann löste er die Umarmung, es fiel ihm nicht leicht, am liebsten hätte er sie für immer gehalten, aber dann sagte er: „Geh. Geh, wie wir es ausgemacht haben."

Die Mutter zog Ignaz noch einmal an sich. Drückte ihn, als wollte sie ihn zerquetschen. „Ich bin so stolz auf dich", wimmerte sie.

Die Mutter betrat den Schrottplatz nie wieder. Sie zog in eine kleine Wohnung in Haidhausen und arbeitete wieder als Bedienung.

Frank war vom Weggang seiner Frau wie vor den Kopf gestoßen. Nie hätte er gedacht, dass diese Drutschn ihn verlassen würde. Die doch nicht. Ohne ihn war sie doch total aufgeschmissen. Dass er vor dreizehn Jahren vor ihr auf den Knien gekrochen war und bettelte, bleiben zu dürfen – damals, als die Rattenplage so dermaßen überhandgenommen hatte –, das hatte Frank Hallgruber tatsächlich so gewissenhaft verdrängt, dass er sich nicht mal mehr daran erinnern konnte, als Ignaz es ihm nach der Zeugnisverleihung auf der Heimfahrt erzählte.

Während alle anderen Abiturienten mit ihren Familien feierten, wuselte Ignaz durch sein Zimmer und stopfte seine Habseligkeiten in Reisetaschen und große Plastiktüten.

Ein Stockwerk tiefer schepperte und klirrte es. Frank warf in der Küche Teller und Tassen und Schüsseln an die Wand, im irren Glauben, damit seiner Frau eins auszuwischen.

Ignaz schleppte die Taschen und Tüten nach unten auf den Hof. Er hatte sich von einem Kumpel einen VW-Kombi ausgeliehen und belud ihn mit seinen Sachen. Als er fertig war, stellte er sich in den Türrahmen zur Küche.

Sein Vater war gerade damit beschäftigt, das Kaffeeservice gegen die Fiesen des Kachelofens zu werfen, woraufhin die filigranen Tassen und Unterteller gehorsam in tausend Stücke zersprangen.

„Ich zieh auch aus", sagte Ignaz.

Frank hielt inne und sah seinen Sohn entsetzt an. „Verratet ihr mich jetzt alle oder was!"

„Glaubst du wirklich, dass Mama und ich uns hier bei dir wohlgefühlt haben? Glaubst du das tatsächlich?"

„Ich hab immer für euch gesorgt", brüllte Frank.

Ignaz schüttelte den Kopf, drehte sich um und ging.

„Lass gefälligst deinen Hausschlüssel da, du Verräter", rief Frank ihm hinterher.

„Hängt schon am Schlüsselbrett."

Ignaz kam zwei Wochen lang bei dem Kumpel mit dem VW unter, danach begann ohnehin sein Zivildienst in der Behinderteneinrichtung Franziskuswerk. Dort konnte er in einer Zivi-WG wohnen.

Den Kontakt zu seiner Mutter hielt Ignaz natürlich aufrecht. Er besuchte sie oft in der Kneipe in Haidhausen oder sonntags in ihrer kleinen Wohnung. Oder sie trafen sich irgendwo in München und gingen spazieren.

Es war eine wahre Freude zu sehen, wie seine Mama aufblühte. Ihre Arbeit war hart, aber ackern war sie gewohnt. Und die Zecher im Kerbholz-Stüberl, alles eher schlichte aber gutmütige Gesellen, hatte sie gut im Griff.

Wenn Ignaz und seine Mama sonntags durch den Englischen Garten spazierten oder an der Isar entlang, dann erzählte sie fröhlich, dass sie sich bald einen Zapfarm holen würde, bei dem Sauftempo, das die Stammgäste im Stüberl an den Tag legten. Oder sie erzählte von der groben Moni, einer Kollegin, nicht zu verwechseln mit der schönen Moni, einer anderen Kollegin. Die grobe Moni sei eigentlich gar nicht so grob, nur halt etwas gröber als die schöne und nicht so grobe andere Moni, jedenfalls habe die grobe Moni ihren Mann rausgeschmissen, weil der noch gröber war als sie und jetzt zweihundert Meter Abstand von ihr halten musste, und weil in der Wohnung der groben Moni jetzt viel unnützer Platz sei, würde sie da nun einziehen, das sei billiger als die eigene Wohnung. Und sie erzählte, dass sie sich einen Dackel zulegen wolle, weil der Dackel in München akut vom Aussterben bedroht sei, und das dürfe man nicht zulassen, die grobe Moni sei da derselben Meinung, vielleicht nähmen sie auch zwei oder drei Dackel, und zwar möglichst lange Exemplare, ein richtiger Dackel könne gar nicht lang genug sein, und sie freue sich schon drauf zu sehen, wie die Dackel unter den Tischen im Stüberl liegen und die Gäste angranteln, und „ach ja, das Wichtigste hab ich ja ganz vergessen, die grobe Moni und ich, wir haben das Stüberl übernommen, der Kerbholz-Kurti ist ja mittlerweile gut sechzig und hat es mit dem Rücken und der Steuer, und das Beste ist, wir mussten nicht mal Ablöse zahlen, weil der Kurti gemeint hat, dass sich das fiese Finanzamt eh jeden Pfennig holen würde, da könnte er die Ablöse genauso gut in den Gully schmeißen, also haben wir ausgemacht, dass der Kurti im Stüberl einfach lebenslang frei Saufen hat, aber nur Bier und Kurze, keinen Wein und keine Rüscherl, weil sonst säuft der Kurti uns mir nichts, dir nichts in den Ruin, der Kurti besitzt ein begnadetes Schluckspechttalent, aber die grobe Moni meint, wir sitzen trotzdem am längeren Hebel, weil sich der Kurti über kurz oder lang eh unter die Erde säuft, und das dauert eher kürzer als länger, weil das Pensum vom Kurti macht keine Leber der Welt lange mit, also sind wir jetzt Kneipenbesitzerinnen und ach ja, das hab ich ganz vergessen zu erwähnen, wo hab ich nur meinen Kopf, jedenfalls sind die grobe Moni und ich jetzt ein Paar. Ich hoffe, du hast nichts dagegen oder schämst dich, weil deine Mama jetzt mit einer anderen Frau, naja du weißt schon."

Ignaz blieb stehen und schaute seine Mama an.

Die blieb ebenfalls stehen. Eine Weile sagte keiner was.

Die Isar gurgelte etwas weiter unten an ihnen vorüber, tat so, als wäre sie ein richtiger Fluss, aber dafür führte sie im Sommer einfach viel zu wenig Wasser. Ein richtiger Fluss war die Isar allerhöchstens bei Hochwasser, und wenn alle Isargriller gleichzeitig hineinbieseln. Aber es war in diesem Moment gut, dass die Isar eben nur ein leise gurgelndes Bächlein war und kein reißender Fluss, denn allzu lautes Flussrauschen hätte die Szene zunichte gemacht. Dann hätte Ignaz' Mama vielleicht gar nicht gehört, was der Sohn ihr ins Ohr flüsterte, als er sie in den Arm nahm: „Ich freu mich so für dich, Mama. Bin stolz auf dich."

Der Mama liefen nun die Tränen in Strömen aus den Augen, die Isar gurgelte neidisch, eine so tüchtige Quelle wie die Tränenkanäle der Mutter wünschte sie sich auch, aber der Moment der Rührseligkeit hielt nicht lange an, denn Ignaz sagte auch noch: „Wenn ich dir einen Tipp geben darf, sag nicht grobe Moni, wenn du über deine Freundin sprichst."

Die Mama musste lachen und wischte sich mit einem Taschentuch die Tränen aus dem Gesicht. Zu mir, zu mir, schmeiß es in mich rein, rief die Isar, die in diesen trockenen Tagen nach Flüssigkeit gierte, aber die Mama verstaute das Taschentuch in ihrer Handtasche, die Isar gurgelte enttäuscht, und Ignaz' Mama strahlte ihren Sohn an. „Weißt du, Ignaz, ich nenn sie eigentlich schon lange Schatz. Aber ich wollte nicht mit der Tür ins Haus fallen."

„Stell sie mir vor", sagte Ignaz.

Knapp vier Jahre hatte Ignaz nichts mehr von seinem Vater gehört. Ignaz schickte ihm jedes Jahr zum Geburtstag eine Glückwunschkarte, auf die er auch die Adresse und Telefonnummer seiner Studenten-WG schrieb, aber es kam nie eine Antwort.

Er studierte Neuere deutsche Literatur und in den Nebenfächern Philosophie und Soziologie. Also allesamt Fächer, von denen man nicht abbeißen konnte, wie seine Mama immer wieder erwähnte, aber das meinte sie nicht böse. Sie zog ihn nur auf damit, dass man als Einskommanuller rein theoretisch ja auch etwas Sinnvolles machen könnte, aber das war nur Flachs. In Wahrheit bestärkte sie ihren Sohn immer, das zu tun, was er für sich persönlich richtig hielt, und weil das Stüberl recht gut lief, unterstützte sie ihn jeden Monat mit dreihundert Mark.

Ignaz jobbte als Kartenabreißer bei einem Konzertveranstalter. Der beste Job überhaupt, da konnte man, nachdem man alle Tickets abgerissen hatte, Guns 'n' Roses im Olympiastadion erleben und bekam auch noch Geld dafür. Aber es konnte auch ein ziemlich mieser Job sein, wenn mal nicht Guns 'n' Roses spielten oder R.E.M, sondern Take That, die Backstreet Boys oder dieser Winsler Simply Red.

Außerdem arbeitete Ignaz als Absauger in den städtischen Bädern.

Wenn man sich Freibäder oder Hallenbäder vorstellt, denkt man an Gaudi und Halligalli, ungetrübten Frohsinn, Freizeit und Glückseligkeit. Würde Werner Schulze-Erdel hundert Leute fragen, wer in Bädern arbeitet, dann würden die meisten antworten: Bademeister, die sich den ganzen Tag lässig irgendwo anlehnen, einen auf dicke Badehose machen, Kinder drangsalieren, die vom Beckenrand ins Wasser springen, und nebenbei mit den Müttern flirten. Vielleicht nennen sie noch die Kassiererin, die fröhlich Jahreskarten kontrolliert und mit Stammgästen ein Schwätzchen hält. Oder die nette Verkäuferin im Kiosk, die den ganzen Tag lang in strahlende Gesichter blickt, wenn die Kinder mit einem Fuchzgerl oder einem Markl Brausestäbchen oder Puffreis kaufen oder ein Ed von Schleck, wobei für das adlige Eis ein Markl nicht mehr reichte, für den Ed von Schleck mussten es schon einszwanzig sein.

Wenn man an Menschen in Bädern denkt, dann denkt man an fröhliche Leute. Niemand denkt an den Absauger. Dabei ist der Absauger der Held der Arbeit in den Bädern. Der Absauger geht ans Werk, wenn alle Ed von Schlecks aufgeschleckt oder auf den Boden getropft sind, wenn die Bademeister längst mit den Kassiererinnen im Biergarten sitzen, und die Kioskbesitzerinnen fröhlich ihre Einnahmen zählen.

In der Dämmerung schlurft der Absauger mit einem langen dicken Schlauch über der Schulter am Beckenrand entlang. Er trägt keine Badeschlappen und keine Badehose, seine Füße stecken in gelben Gummistiefeln, und sein Körper in einem Plastikoverall. Denn das Tagwerk, nein, das Abenddämmerungswerk des Absaugers ist eine schmutzige Angelegenheit.

Der Schlauch, den er geschultert hat, ist ein Absaugschlauch. Mit behandschuhten Fingern öffnet der Absauger die runden Plastikabdeckhauben der Beckenfilter. Dann beginnt er zu saugen.

An guten Tagen ist die Prozedur des Absaugens keine große Sache. Dann saugt der Absauger den Schmutzfang in ein paar Sekunden frei und schlurft weiter zum nächsten. Die guten Tage für den Absauger sind die Regentage. Die schönen Tage sind die schlechten.

Dann haaren dreitausend Menschen in den Becken vor sich hin, und manche haaren stark. So stark, dass der Absaugschlauch die Angelegenheit nicht mehr hinbekommt. Deswegen hat der Absauger an Sonnentagen immer einen Rieseneimer dabei und eine Schöpfkelle. An heißen Sommertagen schöpft der Absauger kiloweise Haarsuppe in den Eimer.

Hin und wieder, wenn ein Kind ins Becken kotet, was öfter passiert, als man es als nicht auf kotende Kinder achtender Badbesucher wahrnimmt, versammeln sich auch reichlich Kotbatzerl im Schmutzfang.

Die Bademeister sind zwar angewiesen, Kacke mit Keschern sofort aus dem Wasser zu fischen, aber Bademeister beherrschen die hohe Kunst des Kacke-Übersehens in seltener Perfektion. Sie überlassen die Entsorgung der Absauganlage und damit dem Absauger.

Besitzt der Absauger kein geschultes Auge für die Verschiedenheit von Brauntönen und Texturen, kann es zu enorm unangenehmen Situationen kommen. Richtet der Absauger den Absaugschlauch achtlos auf ein braunes Konglomerat, im naiven Glauben, es handle sich um herkömmlichen braunen Haarmatsch, es stattdessen aber Kacke ist, dann entsteht schnell eine Verstopfung im Schlauch und daraufhin ein Überdruck, und dann klatscht die eben eingesaugte Widerlichkeit prompt wieder heraus aus dem Schlauch und spritzt in alle Himmelsrichtungen.

Ignaz machte den Job des Absaugers schon zwei Jahre und war damit einer der erfahrensten Absauger der Münchner Bäder. Als Absauger bekam man 25 Mark die Stunde. Es war ein Job, über den er nicht gerne sprach, aber er verdiente damit doppelt so viel wie seine Kommilitonen, die Plakate klebten, in Kneipen bedienten oder Kopierarbeiten für Professoren und Doktoren übernahmen.

Das Werk des Absaugens taugte nicht unbedingt zum heiteren Kneipengespräch, aber es ermöglichte Ignaz ein recht angenehmes Studentenleben. Und hallo, so eklig war das Absaugen nun auch wieder nicht. Zumindest für jemanden, der auf einem Schrottplatz aufgewachsen war und sein Kinderzimmer zeitweise mit Ratten geteilt hatte.

Der 15. August 1995 bedeutete für den Absauger Ignaz eine unheilversprechende Kombination aus Feiertag, namentlich Mariä Himmelfahrt, strahlend blauem Himmel und Hitze. Die Sonne brüllte ihre Strahlen auf die Erde, keine Gewitterwolke wagte es, sich ihnen in den Weg zu stellen, und bereits gegen Mittag hatte es dreiunddreißig Grad.

Ignaz saß auf dem Balkon der Studentenbude und ließ alle Fünfe gerade sein. Seine Mitbewohner bereiteten in der Küche eine Party vor. Man hatte allerhand Leute eingeladen, schließlich waren Semesterferien und man hatte doch recht wenig gefeiert in den letzten Wochen, nur höchstens jeden zweiten Tag. Aber zur Erdbeerlimesproduktion konnte Ignaz nichts beitragen, weil er arg allergisch auf Erdbeeren war, und überhaupt war das heute Abend nicht wirklich seine Party, denn er hatte gar keinen Bock drauf, zum zwölften Mal binnen drei Wochen Party zu machen. Irgendwann musste auch mal Schluss sein, irgendwann war's mal gut mit dem Feiern, irgendwann musste selbst der oder die Hässlichste einen Sexualpartner gefunden haben für den Spätsommer und Herbst, bevor es im Dezember auf den Weihnachtspartys unvermeidbar zu neuen Kombinationen kommen würde.

Er selbst hatte schon vor drei Wochen zugeschlagen und Helen klargemacht, oder eher sie ihn. Jedenfalls hatte er keinen Bock auf Party heute Abend, lieber würde er einfach mit Helen im Bett liegen und über Gerhard Hauptmann diskutieren oder von ihm aus auch über Hesse. Über Hesse sprachen die Frauen ja immer recht gern, und selbst über Hesse hätte er mit Helen lieber geredet als wieder mal fünfzig oder sechzig lärmende, trottlige und sich für ach so toll haltende Kommilitonen in der Bude zu haben. Außerdem musste er heute bis mindestens zehn arbeiten. Es war Feiertag, es war heiß, und dann war das Werk des Absaugers ein zeitraubendes.

Kurz bevor er die WG verließ, rief Helen an. „Ich komm heut Abend auf eure Party. Kann ich bei dir übernachten?"

„Ja logo. Mein Bett ist dein Bett."

„Supi, freu mich."

„Bei mir wird's aber später. Job im Freibad."

„Ich komm bis dahin schon zurecht. Soll ich den Rock anziehen, den du mir geschenkt hast?"

Ignaz bejahte mehrmals enthusiastisch.

Der Absauger Ignaz werkelte mit großer Vorfreude an einem Schmutzfang herum. Diesen noch und dann noch einen, raus mit dem Zeug und rein in den Schlauch, schnell, schnell. Helen war ein Glücksfall, er liebte sie fast schon, und der Rock, den er ihr letztes Mal geschenkt hatte, betonte ihre langen schlanken Beine sowas von top. Also schnell noch den Haarmatsch absaugen, und dann mit dem Radl zurück in die WG zu Helens Rock.

Ignaz war einfach unaufmerksam, er dachte zu intensiv an Helen und den Rock, in dem ihre Hüften gerade steckten, als er den Absaugschlauch in den zweitletzten Schmutzfang des Tages steckte.

Schnellschnell ist aber keine Option für gewissenhafte Absauger. Ignaz übersah ein eigentlich nicht zu übersehendes Knäuel aus Haaren, Kinderkacke, Haarspangen und Haargummis. Der Schlauch verstopfte, Ignaz riss ungeduldig an ihm, drückte und schüttelte, dann saugte der Schlauch endlich wieder, nur um erneut und noch massiver zu verstopfen und daraufhin exakt an jener Stelle zu platzen, an der Ignaz ihn über seine rechte Schulter gelegt hatte.

Ignaz taumelte stundenlang durch die Stadt. Linksseitig sah er tadellos aus. Aber auf seiner rechten Seite bot er einen recht widerlichen Anblick. Dort klebte eine unästhetische Mixtur aus Blut, Kot und Fremdhaaren an ihm, und das entstellte den eigentlich recht hübschen Ignaz doch gehörig.

„Ich muss zu Helen, ich muss zu Helen", wimmerte er vor sich hin. „Sie hat doch den Rock an. Sie hat meinen Rock an." Dabei trottete er in die komplett falsche Richtung, bis er irgendwann in Ramersdorf auf einen Penner traf, der genügend Mitleid mit dem armen Ignaz besaß und ihn ins Krankenhaus brachte.

„Ich muss zur Helen, der Rock", wimmerte Ignaz immer wieder, als er auf der Pritsche in der Notaufnahme lag.

„Sie müssen nirgendwo hin", sagte eine Frau und stach ihm eine Nadel in die Backe.

Ignaz schrie auf vor Schmerz.

„Sorry, hab die Reihenfolge verwechselt. Kann mal vorkommen, wenn man den ganzen Tag lang besoffene Freaks betäubt. Also hol ich's nach: Kann gleich wehtun." Die Ärztin rief einen Pfleger zu sich. „Machen Sie mal bitte den Matsch ab von dem Kerl. Riecht wie Scheiße."

Der Pfleger wischte mit einem sterilen Tuch über Ignaz' Gesicht. „Wenn'se mich fragen, Frau Doktor, ist es genau das, wonach es riecht, da hab ich ein Näschen für. Aber da sind auch Haare dabei."

„Wo waren Sie denn unterwegs?", fragte die Ärztin. Wo holt

man sich denn sowas?"

„Bin Absauger", sagte Ignaz und wusste schon, als er es aussprach, dass das nicht genügen würde. Also erklärte er der Ärztin und dem Pfleger, was geschehen war.

„Das ist ja wohl endlich mal ein guter Grund, einem Fremden Scheiße aus dem Gesicht zu wischen", sagte der Pfleger und rubbelte mit Enthusiasmus auf Ignaz' Gesicht herum. „Für Helden wie Sie nehm ich glatt noch ein frisches Tuch."

Nachdem der Pfleger ihn für ausreichend abgewischt hielt, richtete sich Ignaz auf.

Die Ärztin drückte ihn resolut zurück auf die Pritsche. „Die Kacke auf der Backe ist Ihr geringstes Problem. In Ihrer Backe steckt eine Haarklammer. Ich glaub eine Pumuckl-Haarklammer, aber sie steckt so tief drin, dass ich es nicht genau erkennen kann. Man sieht nur die nackten Füße, eine grüne Hose und ein gelbes T-Shirt."

„Aber ich muss doch zur Helen", wimmerte Ignaz.

„Helen can wait", sagte die Ärztin und drückte ihm eine Tetanus-Spritze in die Armvene.

Ignaz ächzte.

„Sorry, ich hab das mit der Reihenfolge nicht so drauf", sagte die Ärztin.

Frau Doktor hatte sich geirrt. Helen konnte nicht warten. Während die Ärztin die Pumuckl-Haarklammer aus Ignaz' Backe herausoperierte, vögelte Helen mit Ignaz' Mitbewohner Jörgen Sörensen, einer muskulösen Arschgeige von einem Schweden. Jörgen war Jurastudent und Skirennfahrer mit Oberschenkeln wie die Säulen der Akropolis. Ignaz hatte ihn vom ersten Tag an nicht leiden können, diesen Angeber und Schönling.

Dass die Sache mit Helen so unschön geendet hatte, war bald Ignaz' geringstes Problem. Die Backe, aus der die resolute Ärztin die Haarklammer herausoperiert hatte, entzündete sich übel. Rechtsseitig war Ignaz' Gesicht ein gigantischer Eiterkongress, der nur durch eine weitere OP und tägliches schmerzhaftes Eiterherausdrücken beendet werden konnte.

Irgendwann, es war Anfang September 1995, Ignaz hatte gesichtsmäßig das Übelste überstanden, klingelte in der WG das Telefon. Es war schon dreiviertel eins. Niemand ging ran. Ignaz stemmte sich aus dem Bett und schlurfte aus seinem Zimmer in den Flur. Aus Jörgens Zimmer gegenüber drang lautes Stöhnen. Helen stöhnte neuerdings gern und laut. Bei ihm hatte sie das nie getan. Ignaz nahm den Hörer ab. „Helens Hurenhaus", meldete er sich.

„Ignaz, bist du das?" Es war die Mama.

„Was gibt's Mama? Warum rufst du so spät an?"

„Die Moni liegt auf dem Boden und rührt sich nicht. Sie liegt einfach nur da und schnauft ganz wild, aber sonst rührt sie sich nicht."

„Hast du den Notarzt gerufen?"

„Was ist denn die Nummer vom Notarzt? Mir fällt sie nicht ein. Mir fällt sie verdammt nochmal nicht ein. Ignaz, jetzt schnauft sie gar nicht mehr. Auf einmal schnauft sie nicht mehr."

„Wähl die 112. Ich komm rüber."

Das Rüberkommen war ein sechs Kilometer langer Fahrradspurt von Studentenstadt nach Haidhausen. Als Ignaz ankam, verfrachteten die Sanitäter die grobe Moni auf einer Trage in einen Krankenwagen. Ignaz rang nach Luft, er war so schnell geradelt wie noch nie in seinem Leben. Als er vom Rad stieg, hörte er fast nichts außer sein eigenes Schnaufen, aber als er sich dem Rettungswagen näherte, hörte er ganz leise einen der Sanitäter zu seinem Kollegen sagen: „Wenn du mich fragst, die ist hinüber."

Am Ende war die grobe Moni nicht hinüber, jedenfalls nicht komplett. Sie war nur schwerstens lädiert. Die grobe Moni konnte drei Monate lang nicht selbstständig atmen und vier Monate lang nicht sprechen, weil im Koma, und als sie daraus erwachte, war es mit ihrem Intellekt, man muss es so hart sagen, nicht mehr weit her.

Ignaz' Mutter kummerte sich rührend um ihre Lebensgefährtin. Wenn sie nicht im Stüberl hinterm Tresen stand, saß sie am Krankenbett und hielt der groben Moni die Hand. Mit einem Kassettenrecorder spielte sie ihr ein Mix-Tape mit den lustigsten Stücken von Fredl Fesl vor. Den Fredl liebte die Moni heiß und innig, über den Fredl konnte sie immer wieder lachen, auch wenn sie die Stücke schon hundertmal gehört hatte. Aber nun sang der Fredl seinen *Königsjodler* und das *Taxilied* und das *Stachelschwein*, doch die Moni zuckte nicht mal mit den Mundwinkeln. Es musste ihr also wirklich schlecht gehen.

Aber als die grobe Moni kurz vor Weihnachten endlich wieder aufwachte, erkannte sie Ignaz' Mutter sofort. Sonst erkannte sie niemanden. Auch die folgenden Behandlungen halfen nicht viel, die Moni erinnerte sich an nichts außer an Ignaz' Mutter.

Die grobe Moni brauchte eine Rundumdieuhrbetreuung, und die kostete Geld. So zuverlässig die Zecher im Kerbholz-Stüberl ihre Biere und Kurzen in sich hineinstürzten, die Pflegerinnen zu bezahlen und die Physiotherapeutin und all die alternativen Therapien, mit denen Ignaz' Mutter hoffte, Moni wieder ins Leben zurückholen zu können, oder zumindest einen kleinen Schritt weit, dafür reichte der Gewinn des Kerbholz-Stüberls hinten und vorne nicht. Sie brauchten mehr Geld. Viel mehr Geld.

Die Rückkehr, Skirennen und der Tod

Damals
Ignaz Hallgruber fuhr am 20. Januar 1996 mit der U-Bahn zum Marienplatz, vom Marienplatz weiter mit der S2 nach Audach, stieg in die Linie A um, im Volksmund Bummelzug nach Altomünster genannt, stieg in Schwabhausen aus, wartete dort eine halbe Stunde auf den Bus nach Engelberg, und nach einem zehnminütigen Fußmarsch von der Bushaltestelle raus aus dem Dorf betrat Ignaz zum ersten Mal seit eintausenddreihundertundvierzehn Tagen zum ersten Mal wieder den Hallgruber Hof.

Es lagen gut zehn Zentimeter Schnee. Die Sonne schien und tauchte den Schrottplatz in ein strahlendes, unschuldiges Weiß. Überall im Schnee zeichneten sich winzige Spuren viergliedriger Pfoten ab. Sie führten auch die Treppe hinauf zur Veranda. Vor der Lagerhalle lag ein totes Schwein im Schnee, jedenfalls das, was von dem Tier noch übrig war. Dutzende Ratten taten sich gütlich an der achtlos hingeworfenen Leckerei. Menschliche Fußspuren, die zu dem Schwein führten oder von ihm weg, waren nicht zu sehen. Es hatte seit vier Tagen nicht mehr geschneit.

Ignaz schlug den schmiedeeisernen Türklopfer dreimal gegen die Tür, stopfte seine Hände schnell wieder in die Taschen seines Anoraks und wartete. Es war seit Tagen bitterkalt. Als sich eine halbe Minute lang nichts tat, schlug er noch einmal.

„Ist offen, Max", hörte er von drinnen die Stimme des Vaters.

Ignaz öffnete die Tür und trat in den Flur.

„Blöder Hammel, weißt doch, dass die Tür immer offen ist."
Die Stimme kam aus dem Wohnzimmer, und sie klang, als dringe sie aus einer Kehle, die schon einiges geschluckt hatte. „Hab dir schon hundertmal gesagt, dass es nicht mehr Lohn gibt. Nicht für einen so dummen Depp, wie du einer bist und immer bleiben

wirst."

Ignaz trat ins Wohnzimmer. Darin war es fast unerträglich heiß. Im Kachelofen knackten Holzscheite. Sein Vater saß mit dem Rücken zu ihm im Fernsehsessel. Er hielt eine Flasche Bier in der Hand und glotzte auf den Fernseher. Darin lief ein Skirennen.

„Bin nicht der Max, aber es geht tatsächlich ums Geld."

Frank Hallgruber zuckte zusammen vor Schreck. Dann sprang er auf und drehte sich zu Ignaz um. Mit einer Hand hielt er sich an der Sessellehne fest, mit der anderen klammerte er sich an sein Bier. „Ignaz, was willst du denn hier?"

Ignaz nahm seinen Rucksack ab und setzte sich auf die Couch.

Der Vater sah schrecklich aus. Er trug eine verdreckte Latzhose und ein vergilbtes Unterhemd. Seine Haare klebten fettig am Kopf, aus dem Gesicht quoll ein graugelber Bart, den nur zustande bekam, wer sich monatelang nicht rasierte und ebenso lang nicht wusch. Frank Hallgruber rückte den Sessel in eine Position, von der aus er sowohl das Skirennen als auch seinen Sohn sehen konnte. Dann setzte er sich und nahm einen Schluck. „Erzähl. Wie geht's dir?"

„Ich komm zurecht. Studiere noch."

„Warst schon immer ein cleveres Kerlchen. Wirst deinen Weg gehen. Hab ich immer gewusst."

„Warum hast du nie auf meine Geburtstagskarten geantwortet?"

Frank wandte schnell den Blick von seinem Sohn ab und sah auf den Bildschirm. „Mei, schau. Jetzt hat's einen zerlegt."

Im Fernseher war ein Skifahrer ohne Arbeitsgerät an den Beinen zu sehen, der wie eine große Puppe den Hang hinabrutschte, bis er in ein Fangnetz krachte.

„Warum hast du mir nie geantwortet?", fragte Ignaz nochmal.

Frank blickte immer noch auf den Fernseher. „Kannst ruhig hier drin rauchen. Rauchst du noch? Hast damals immer heimlich hinterm Blechstapel beim Schweinegrab geraucht. Kann mich noch gut dran erinnern. Hast geglaubt, wir merken das nicht, ich und die Mama. Wie geht's der Mama? Hast du noch Kontakt zu ihr?"

„Natürlich hab ich Kontakt zur Mama."

„Was heißt natürlich? Zu mir hast du den Kontakt ja abgebrochen."

„Ich hab dir jedes Mal zum Geburtstag geschrieben. Aber du hast nicht geantwortet. Auch zu meinen Geburtstagen hast du dich nicht gemeldet." Ignaz versuchte ruhig zu bleiben. Er zündete sich tatsächlich eine Zigarette an. „Die Mama und ich sind gegangen, weil man es mit dir nicht ausgehalten hat. Ich bin ausgezogen, aber du hast den Kontakt abgebrochen, nicht ich."

Frank nahm einen Schluck Bier, stellte die leere Flasche zu ihren Artgenossen auf den grintigen Teppich und hob eine volle Flasche auf. Er öffnete sie mit den Zähnen.

„Siehst nicht so aus, als würdest du immer noch steil gehen in den Münchner Schickimicki-Bars", sagte Ignaz und ja, er wollte, dass es gehässig klang.

Der Vater sah Ignaz wütend an. „Sag mir nicht, wie ich aussehe. Hast kein Recht dazu. Ich hab hier alles am Laufen gehalten, nachdem ihr euch aus dem Staub gemacht habt. Hab das alles hier allein in Schuss gehalten."

„Hat die Mama auch, als du immer wieder wochenlang beim Feiern warst. Und die Mama hat sich dabei auch noch um mich gekümmert. Du nicht."

„Hätte mich schon noch um dich gekümmert. Wollte dich nach deinem Abi mit ins Geschäft nehmen. Wollte es dir am Tag deiner Zeugnisverleihung sagen. Aber dann seid ihr ja einfach abgehauen, du und die Mama", zischte der Vater.

„Jetzt musst du der Mama helfen. Sie braucht Geld", sagte Ignaz und versuchte möglichst sachlich zu klingen. Als stelle er einen Antrag beim Sozialamt.

Der Vater wandte sich wieder dem Fernseher zu. „Soso, Geld braucht die feine Dame. Schau, Bub, jetzt kommt die Zeitlupe. Ja leck mich am Arsch, hat's dem armen Kerl die Haxen verdrallert. Der steht so schnell nicht mehr auf."

„Hast du Geld? Die Mama braucht Geld. Sie muss jemandem helfen."

„Ich glaub, der Kerl hat sich die Haxen gebrochen. Das seh ich sofort. Ich schau alle Rennen. Da kriegt man mit der Zeit nen Blick dafür, wenn sich einer die Haxen bricht. Schau, da kommt schon der Akia. Die Streif ist halt kein Idiotenhügel."

„Hast du Geld?", fragte Ignaz nochmal.

Sein Vater griff nach der Fernbedienung und stellte den Ton lauter. „Wir müssen hier tatsächlich mit dem Schlimmsten rechnen", stammelte der Kommentator im Fernsehen, während die Ersthelfer den schlaffen Körper vorsichtig in den Akia hoben. „Hör zu, jetzt rechnen sie auch im Fernsehen mit dem Schlimmsten, aber ich hab's zuerst gesagt."

Ignaz suchte nach einem Aschenbecher, in dem er seine Zigarette ausdrücken konnte.

„Schmeiß die Kippe einfach in ne leere Bierflasche", sagte der Vater ohne hinzusehen.

Ignaz nahm seine ganze Geduld zusammen. Noch einmal fragen, dann wäre der Höflichkeit Genüge getan. „Mama braucht Geld. Kannst du ihr helfen? Hast du Geld?"

Frank sah seinen Sohn belustigt an. „Natürlich hab ich Geld. Aber so lange ich noch einen Atemzug mache, kriegt sie keine müde Mark von mir. Sie kann gern zu mir zurückkommen und betteln, dass sie wieder bei mir sein darf, vielleicht nehme ich sie dann sogar wieder zurück, aber so lang sie ihr eigenes Ding macht und mich hier im Stich lässt, soll sie bleiben, wo der Pfeffer wächst."

Ignaz stand auf. „Weißt du was? Wenn das so ist, dann hoffe ich, dass du nicht mehr viele Atemzüge machst."

Frank Hallgruber grinste seinen Sohn an. Dann wandte er sich dem Fernseher zu. „Schau hin, jetzt machen sie noch schnell die Blutspur weg, und dann geht's gleich weiter. Bleib halt noch ein bisschen und schau mit mir das Rennen."

Ignaz nahm seinen Rucksack und ging.

Ignaz ging nicht zurück zur Bushaltestelle in Engelberg. Auf halbem Weg bei der Bank am Marterl zwischen dem Schrottplatz und dem Dorf blieb er stehen und sah auf den Boden. Vor dem Marterl steckten Grablichter im Schnee. Die winzigen Flammen dösten blau vor sich hin. Einige waren schon ausgegangen.

An dieser Stelle hatte vor zehn Jahren ein betrunkener Bauunternehmer mit seinem Jaguar drei Kinder über den Haufen gefahren. Sie waren sofort tot, weil es dem Bauunternehmer pressierte, und wenn Kinder von einem Jaguar mit hundertzwanzig Sachen dant genommen werden, dann bleibt den Eltern nichts mehr, als ein Marterl aufzustellen und Kerzen anzuzünden, während dem Bauunternehmer ein Spezl bei der Audacher Polizei bleibt, der die Blutprobe austauscht und ihm damit eine Anklage erspart. Der Polizist lebte seit neun Jahren in einem sehr schönen Haus. Der Bauunternehmer lag seit einem Jahr zwei Meter unter der Erde, weil er sich bei Bauprojekten in Ostdeutschland mit Leuten angelegt hatte, die noch besser wussten als er, wie man Verbrechen vertuschte.

Ignaz interessierte sich nicht für das Marterl und auch nicht für die Ewigen Lichter, er konzentrierte sich auf die Fußspuren. Die Spuren im Schnee bildeten ein großes Durcheinander und führten in beide Richtungen. Vor der Bank war der Schnee komplett plattgetreten und glänzte eisig in der Sonne. Ignaz setzte sich auf die Bank und zog seine Schuhe aus. Aus seinem Rucksack zog er ein Paar neue Gummistiefel. Er zog sie an und stopfte seine Turnschuhe in den Rucksack. Dann griff er tiefer hinein und vergewisserte sich, dass der Hammer noch da war, mit dem er sich gezwungen sah, seinem Vater den Schädel einzuschlagen. Der Hammer fühlte sich kalt an. Ignaz zog den Reißverschluss zu und machte sich auf den Weg zurück zum Schrottplatz. Auf halbem Weg hörte er einen Knall.

Frank Hallgruber ersparte es seinem Sohn, den eigenen Vater zu töten. Als das Skirennen entschieden war, ein Österreicher hatte gewonnen, das war zu verschmerzen, denn es hatte noch zwei Läufer recht spektakulär geschmissen, ging Frank ins Büro, holte ein Blatt Papier aus dem Drucker und nahm einen Kugelschreiber. Dann ging er in den Keller zum Waffenschrank. Er wählte die Schrotflinte. Wenn schon, denn schon. Er ging zurück ins Wohnzimmer, setzte sich an den Couchtisch und schrieb auf das Blatt: ‚Ignaz, du bist mein Erbe. Mach damit, was du willst. Leb wohl. Hättest noch bleiben sollen. Der letzte Sturz war richtig gut. Grüß die Mama und sag ihr, dass ich es für euch getan hab.'

Nachdem er den Zettel geschrieben hatte, holte sich Frank eine letzte Halbe aus dem Kühlschrank, biss den Korken vom Flaschenhals, ging zurück ins Wohnzimmer, setzte sich in seinen Sessel, machte den Fernseher aus, lud die Flinte, trank noch einen großen Schluck Bier und steckte sich den Lauf in den Mund.

Die Kindheit, die Audacher Ansichten und der wunderbare Max Gold

Damals

Wie bereits erwähnt, ließen die Betriebsübergaben auf dem Hallgruber Hof zu wünschen übrig. Ignaz war Erbe eines riesengroßen Tohuwabohus. Eine Buchführung existierte praktisch nicht, stattdessen stapelten sich im Büro dutzende ungeöffnete Briefe. Absender: Finanzamt.

Ignaz brauchte mehrere Tage, um sich einen Überblick über die wirtschaftliche Lage des Schrottplatzes zu verschaffen. Die Steuerschulden summierten sich auf zweihundertsechsundvierzigtausend Mark, wenn nicht irgendwo noch weitere Briefe auftauchten. Ignaz überlegte, das Erbe auszuschlagen. Er rief seine Mutter im Stüberl an. „Wie geht's der Moni?"

„Unverändert. Was macht der Schrottplatz?"

„Heute war die Beerdigung. Ich war der Einzige, der da war." Die Mutter sagte nichts.

„Mama, der Papa hat zweihundertfünfzigtausend Mark Schulden. Der Jörgen aus der WG sagt, ich soll das Erbe ausschlagen. Wer weiß, was da noch auf mich zukommt."

Die Mama atmete ein paarmal recht schwer. Ignaz wusste, dass sie sich Tränen aus den Augen wischte. „Ist schon gut, mein Lieber, wir kriegen das schon irgendwie hin. Ich muss weiterarbeiten. Heute ist die Hölle los. Hab dich lieb." Sie legte auf.

Ignaz lehnte sich im Schreibtischsessel im Büro seines Vaters zurück, das nun seines war oder doch nicht. Genervt wurstelte er sich eine Zigarette aus der Schachtel auf dem Schreibtisch und zündete sie an.

„Hab ich da richtig gehört? Du willst das Erbe nicht annehmen? Wie blöd bist du denn?"

Ignaz wirbelte im Drehstuhl herum.

Max Gold stand vor ihm. Ignaz hatte den ewigen Praktikanten seit Jahren nicht gesehen. Er sah immer noch so aus wie früher, nur etwas dicker. Auch der Blaumann an seinem Körper war vermutlich derselbe, nur noch zerschlissener und dreckiger. Die kurze Strubbelfrisur hatte sich nicht verändert, auch die Körperhaltung nicht. Mit einem versteiften Bein stand man halt immer ein wenig scheps in der Gegend herum.

Ignaz sprang auf und umarmte Max. „Grüß dich, Max, wo warst du denn die letzten Tage?"

„Mit der Altherrenmannschaft im Wintertrainingslager auf Teneriffa. Eine Woche lang bisschen kicken und viel trinken. Aber jetzt lass das doch mal mit der Umarmung sein. Sind ja kein Liebespaar."

Ignaz setzte sich wieder auf den Schreibtischstuhl. „Papa ist gestorben."

Max Gold winkte ab. „Hat mir die Wirtin im Mönchsbräu schon erzählt, dass sich der alte Herr den Schädel weggeschossen hat."

Ignaz sah Max streng an. „Auch wenn er ein schlechter Vater war, er war mein Vater. Und ich habe ihn gefunden. Mit dem weggeschossenen Schädel."

Max knetete seine Hände und sah zur Decke. Das hatte er früher schon immer gemacht, wenn er sich unwohl fühlte. „Tut mir leid, dass dein alter Herr tot ist", murmelte er.

„Passt schon", sagte Ignaz. „Aber sag mal, warum wäre ich blöd, wenn ich das Erbe ausschlage?"

Max stand vor ihm und hörte auf, seine Hände zu kneten. Jetzt fühlte er sich wieder auf sicherem Terrain. „Setzen wir uns in die Küche. Das lange Stehen tut dem Bein nicht gut. Und in der Küche gibt's hoffentlich auch Bier."

Max Gold war das Faktotum auf dem Hallgruber Schrottplatz. Mitte der Siebzigerjahre war ein Lehrer von der Audacher Sonderschule auf dem Schrottplatz aufgetaucht. Hinter dem kleinen Lehrer stand ein riesiger Teenager, der nervös seine Hände knetete.

So klein der Lehrer war, so überzeugend argumentierte er. „Das ist der Max. Er braucht ein Praktikum. Er kann nicht wirklich gut schreiben, und mit dem Rechnen hat er es auch nicht so, aber er ist ein Mordsprackl. Er kann anpacken, und deshalb hab ich mich gefragt, ob er nicht bei Ihnen ein Praktikum machen kann, weil er kommt ja aus Engelberg und braucht nun mal ein Praktikum. Der Schuster hat schon nein gesagt, weil er sich keinen Praktikanten leisten kann. Aber Sie als einer der erfolgreichsten Unternehmer in Engelberg haben doch sicherlich die finanziellen Mittel und wahrscheinlich auch genug Arbeit für einen Praktikanten, der zupacken kann."

Frank Hallgruber fühlte sich gebauchpinselt von den Worten des Lehrerleins. „Kann gleich anfangen, der Trottel. Hab grad einen Haushalt aufgelöst. Die Möbel sind noch gut. Müssen nur neu eingelassen werden. Hat der Kerl genug Hirnschmalz, um zu pinseln?"

Der kleine Lehrer nickte eifrig. Der Max besäße tatsächlich großartige handwerkliche Fähigkeiten, und überhaupt sei er ein cleveres Kerlchen, nur halt nicht in Rechtschreibung und Rechnen, aber ansonsten hervorragend talentiert. Das Lehrerlein deutete auf Max. „Schauen Sie ihn sich an. Da sieht man doch gleich, dass der Bub was kann, man muss ihm nur eine Chance geben."

Max erweckte mit seinen knetenden Händen, seinem scheuen Blick und den hin und her tretenden Beinen, als fänden sie keinen Halt auf der Erde, nicht unbedingt den Eindruck hervorragender Begabung. Aber tatsächlich trog der Schein. Max entpuppte sich tatsächlich als durchaus clever. Und der konnte anpacken wie ein

Gorilla.

Wann immer Frank ihm etwas anschaffte, erledigte Max den Auftrag gewissenhaft und schnell. Manchmal zu gewissenhaft und schnell. Denn Frank verspürte jeden Tag große Lust, jemanden zur Schnecke zu machen, aber Max gab ihm dazu leider keinen Anlass.

Es dauerte keine drei Tage, bis der kleine Ignaz in Max den ersten Helden seines Lebens fand. Ignaz, kaum vier Jahre alt, dackelte Max auf Schritt und Tritt hinterher und half ihm, wo er konnte.

Wenn Max ein Loch ausheben musste, war Ignaz mit seiner kleinen Plastikschaufel dabei und schaufelte eifrig ein paar Gramm Erde zur Seite. Stundenlang saßen die beiden auf Klappstühlen mitten in den Trümmern auf dem Schrottplatz und kratzten Mörtel von alten Fliesen. Max schaffte fünfzig die Stunde, Ignaz drei.

Und während Ignaz' Papa sich immer wieder wochenlang davonstahl, wohin auch immer, die Mama sagte immer nur, der Papa habe etwas Wichtiges zu erledigen, er komme sicher ganz bald wieder, war Max Gold einfach jeden Tag da.

Wenn Max und Ignaz gemeinsam Löcher aushoben oder zuschaufelten oder Kupferkabel aus Kabelrohren zogen oder Eisenstangen aus Schutttrümmern herausklopften, sprach Max über alles, was ihm in den Sinn kam.

Der kleine Ignaz liebte vor allem die Montage. Montags erzählte ihm Max von den großartigen Samstagabendsendungen, die Ignaz nicht schauen durfte, weil Bett. Einmal erzählte Max von einem Fußballspiel, das sehr spät am Abend stattgefunden hatte. Die Deutschen gegen die Österreicher in Argentinien. Ignaz hatte keine Ahnung, wer die Deutschen waren und wer die Österreicher, und warum sie in einem Argentinien gegeneinander spielten statt miteinander. Weil miteinander spielen war doch immer besser als gegeneinander. Das wusste Ignaz seit seiner ersten und letzten Spielplatzschlägerei. Er hatte sie gewonnen, aber fühlte sich trotzdem nicht wie ein Sieger, da im Zuge der Kampfhandlungen beide Sandburgen zu Bruch gegangen waren. Die von Robert Otter ein kleinwenig mehr. Der Robert war nach dem Fausthieb direkt auf seine Burg gestürzt, aber insgesamt merkte der kleine Ignaz nach der Otterniederschlagung, dass dieses Gegeneinander nicht wirklich glücklich machte, weil eben auch seine eigene Burg erheblich Schaden genommen hatte. Seine Playmobilritter lagen wehrlos verstreut in den Trümmern und sahen gar nicht mehr edel aus. Der schwarze Ritter auf seinem Rappen, der beste Ritter von allen, lag komplett verschüttet im Wassergraben unter dem, was vor einer Minute noch der Wachturm gewesen war.

Ignaz verstand also nicht, warum irgendjemand gegen jemand anderen spielte statt mit ihm, aber Max Gold erzählte das so spannend, dass Ignaz während der Erzählung mit dem Sortieren der Glühbirnen, ausgebrannte nach links, noch intakte nach rechts, aufhörte und den Deutschen beide Daumen drückte. Aber dann erwähnte Max einen gewissen Krankl, einen Spielverderber vor dem Herrn, der ein Dreizuzwei schoss, und was immer ein Dreizuzwei war, es war verdammter Mist für die Deutschen, weil die jetzt nicht mehr mitspielen durften, und ohne die Deutschen wäre eine Weltmeisterschaft nur halb so interessant, wenn nicht gleich siebzig Prozent uninteressanter, meinte Max Gold. Und wenn Max das meinte, meinte Ignaz das freilich auch.

Max Gold war nun schon seit über zwanzig Jahren Praktikant auf dem Schrottplatz. Nachdem das vierwöchige Praktikum vorbei war, kam er einfach trotzdem weiter auf den Hof. Genügend Arbeit war ja da, und Max erledigte sie anstandslos und zuverlässig.

Irgendwann nahm Frank Hallgruber einen schwarzen Edding,

strich die Wörter ‚auf vier Wochen' aus dem Praktikumsvertrag und schrieb mit einem Kuli das Präfix ‚un' vor das Wort ‚begrenzt', so dass die Formulierung nun lautete: „Das Praktikum ist zeitlich unbegrenzt". In der Passage über die Vergütung strich Frank die Zwei vor den beiden Nullen durch und schrieb eine Acht hin. Frank und Max unterschrieben den Vertrag nochmal, und alles war gut.

Bis Max an einem eigentlich sehr schönen Tag im Juni des Jahres 1985 das Kunststück gelang, eine Gitterbox voller *Audacher Ansichten* mit der Ameise von der Ladefläche des Lasters zu heben und dank einer Unebenheit im Boden, die er auszubessern vergessen hatte, direkt auf sein linkes Bein zu kippen.

Die *Audacher Ansichten* waren ein Kunstband, den der Audacher Bürgermeister höchstpersönlich zusammengestellt hatte. Sie zeigten hunderte Drucke von Gemälden einstiger Audacher Maler.

Audach war einst ein berühmter Künstlerort. Diese großartige Epoche einstigen Audacher Gewesenseins wollte der Bürgermeister mit den *Audacher Ansichten* wieder in Erinnerung rufen. Man konnte seiner Sekretärin glauben, auch wenn sie ansonsten den ganzen Tag lang nur Blödsinn von sich gab, aber das eine konnte man ihr ausnahmsweise tatsächlich glauben, dass nämlich der Bürgermeister damals nullkommanull Verständnis dafür gezeigt hatte, dass die Erben einiger Audacher Maler ganz und gar nicht erfreut darüber waren, dass der Bürgermeister die Werke ihrer Vorfahren abdrucken ließ, ganz ohne zu fragen und vor allem ohne Honorar zu zahlen.

Fuchsteufelswild habe der Bürgermeister mit den Armen in der Luft herumgefuchtelt und die Erben, diese gierigen Kunstbanausen, eine Bande vermaledeiter Mistkrüppel geheißen und dann die gerichtliche Verfügung zerrissen, die den Verkauf der *Audach-*

er *Ansichten* untersagte und ebenso eine unentgeltliche Weitergabe.

Von diesem Tag an war es dem Personal im Audacher Rathaus bei Androhung von Versetzung ins Kellerarchiv strengstens verboten, die *Audacher Ansichten* jemals wieder zu erwähnen.

Das Personal hielt sich mit geflissentlicher Obacht an die bürgermeisterliche Anweisung. Ins Kellerarchiv wollte keiner. Dort saß der Edi Hingerl, vor kurzem noch aufstrebender Amtmann im Rechtsamt, aber nun nur noch ein bemitleidenswerter Tropf, der den Bürgermeister nicht rechtzeitig vor dem unrechtmäßigen Druck der *Audacher Ansichten* gewarnt hatte, und das einzig aus dem Grund, weil er überhaupt nichts von dem Projekt gewusst hatte. Aber das hätte er pflichtgemäß ahnen müssen, ganz prophylaktisch, hatte der Bürgermeister gemeint und den armen Amtmann Hingerl ins Kellerarchiv versetzt. Zum Hingerl ins Archiv wollte niemand versetzt werden, denn der Hingerl roch seit seiner Versetzung tüchtig nach Alkohol. Und im Archiv gab es kein Fenster.

Die Sekretärin tat ihr Möglichstes, der Misere mit den *Audacher-Ansichten* ein Ende zu setzen. Sie ließ den Hausmeister kommen und beauftragte ihn, die *Audacher Ansichten* für immer verschwinden zu lassen.

Und wenn im Audacher Land etwas für immer verschwinden musste, gab es dafür keinen besseren Ort als den Hallgruber-Schrottplatz in Engelberg.

Als hätten sie im Laufe ihres kurzen Daseins noch nicht genug Schaden angerichtet, vornehmlich beim armen Amtmann Hingerl, stürzten fünfhundert Exemplare der *Audacher Ansichten* samt der Gitterbox, in der sie ihrer Verbrennung harrten, auf Max Golds linkes Bein.

Die Box erwischte Max' Knie und verursachte darin allerhand

Verletzungen, die sich in ihrer Summe als irreparabel herausstellten.

Es dauerte eine Weile, bis Ignaz und seine Mutter den arg verunfallten Max bergen konnten. Sie mussten die schweren Bücher aus der Box herausheben, ehe sie diese vom Bein stemmen konnten. Während der Bergung brüllte Max fortwährend und schrecklich laut. Mit dem Bein unter der Gitterbox und ihrer Ladung erging es ihm offenbar ziemlich schlecht.

Kaum der Erwähnung nötig, dass Frank Hallgruber mal wieder absent war.

Bei der Wiederinstandsetzung von Max Golds Knie kam es zu allerlei Komplikationen, sowohl in medizinischer als auch in versicherungstechnischer Hinsicht.

Die zerquetschte und halb zerschnittene Patellasehne wollte nicht zusammenwachsen. Sie konzentrierte sich lieber aufs Eitern. Der zerschlagene Schienbeinkopf tat es der Sehne nach und eiterte ebenfalls fröhlich vor sich hin, so dass den Ärzten nichts anderes übrigblieb, als die schadhaften Körperteile zu entnehmen und mit Stahlbolzen zu ersetzen.

Max Golds Knie wurde versteift, aber die Ärzte waren zuversichtlich, dass es sich damit gut leben ließ. Sie hatten leicht reden, es war ja nicht ihr Bein, das sie versteiften, sondern das von Max.

Max Gold indes ließ sich vom Optimismus seiner Operateure anstecken und war fortan überzeugt, dass ein steifes Bein kein Beinbruch war, wie er bei jeder sich bietenden Gelegenheit erwähnte.

Drei Monate nach dem Unfall humpelte Max wieder über den Schrottplatz und erledigte seine Arbeit, als wäre nichts gewesen. „Geht schon" meinte er fröhlich lachend, „besser ein steifes Bein als zwei steife Beine", und damit hatte er zweifellos recht.

Aber die Versicherung machte Probleme. Und die Berufsgenossenschaft. Beide verweigerten Zahlungen und strebten ein Verfahren gegen Frank Hallgruber an, da dieser seinen Praktikanten offenbar unbeaufsichtigt herumwerkeln ließ. Jedoch stellte sich nach einer kleinen Korrektur des Kalenders glücklicherweise heraus, dass Frank am Tag des Unfalls doch auf dem Schrottplatz war, er habe sogar noch gerufen: „Obacht, lieber Max, die Box kippt gleich von der Ameise. Weg da." Der junge Ignaz konnte das bezeugen, seine Mutter auch und ebenso Max selbst, sogar eidesstattlich.

Die vermeintliche Abwesenheit des Vorgesetzten war einfach nur ein unerfreuliches Missverständnis, eine Lässlichkeit bei der Kalenderführung, wie sie bei Versicherungsfällen immer wieder vorkam.

Fortan kassierte Max eine monatliche Rente von vierhundert Mark. Außerdem strich Frank den Achter im Praktikumsvertrag durch und schrieb einen Neuner hin.

Max arbeitete weiter auf dem Hof, und nachdem Frank Hallgruber nun den Kopf verloren hatte, war Max Gold der Einzige unter den Lebendigen, der sich auskannte auf dem Schrottplatz.

Ignaz Hallgruber und Max Gold gingen in die Küche. Ignaz holte zwei Flaschen Augustiner aus dem Kühlschrank. Sie setzten sich an den Küchentisch.

Max öffnete die Flaschen mit einem Feuerzeug und reichte eine davon Ignaz. „Auf den neuen Eigentümer der Goldgrube."

„Erzähl, Ignaz."

Nach vier Halben für Ignaz und achten für Max war der neue Eigentümer im Bilde.

Ignaz nahm das Erbe an. Eine Woche später fuhr er zum Audacher Finanzamt und übergab im Beisein seines Mitbewohners, des Helenbesteigers und Jurastudenten Jörgen einen Koffer mit 250.000 Mark. Vom Finanzbeamten bekam er eine Quittung und von Jörgen die Information, dass Helen es noch mal mit Ignaz versuchen wolle, weil er, Jörgen, habe auf einer Weihnachtsfeier die Jutta kennen- und lieben gelernt, jedenfalls solle er von Helen einen schönen Gruß ausrichten.

Jörgen bekam von Ignaz tausend Mark in bar für seine Rechtsberatung und als Antwort auf Helens Grüße, er solle ihr ausrichten, sie könne sich von ihm aus zum Teufel scheren oder besser noch zu den vier apokalyptischen Reitern, denn der Teufel allein käme wahrscheinlich nicht mit ihr zurecht, der Teufel habe ja auch einen Rücken, und in dem würde alsbald ein Messer stecken mit Helens Fingerabdrücken drauf, bei Helen brauche es schon vier, die sich nach allen Seiten gegenseitig schütztten.

Ignaz nahm sich vor, erst einmal die Finger von den Frauen zu lassen und sich ganz auf den Hof zu konzentrieren.

Der Vollständigkeit halber sei noch erwähnt, wie es mit Jörgen weiterging, der uns bald verlässt, da er zum weiteren Fortgang der Geschichte nicht mehr viel beizutragen hat. Jörgen wurde schließlich Anwalt, denn das mit der Karriere als Skirennfahrer zerschlug sich zwei Jahre später bei seiner ersten Teilnahme am Abfahrtsrennen in Wengen, kurz nach seinem spektakulär weiten Sprung über den Hundschopf. Ignaz' Vater hätte seine helle Freude an dem Sturz gehabt. Er war hervorragend brutal und wurde im Fernsehen in aller Ausführlichkeit in mehreren Superzeitlupen wiederholt. Man konnte die Abfolge der Knochenbrüche und Luxationen ziemlich gut nachvollziehen, erst der Aufschlag aufs Rückgrat, dann die unnatürlich in der Gegend umherschlackernden Arme und schließlich der verdrehte Unterschenkel, ehe der bemitleidenswerte Jörgen schließlich im Fangnetz einschlug und reglos liegenblieb.

Insgesamt blieb Jörgen acht Monate lang liegen. Erst im Unfallkrankenhaus Zürich, dann in der Unfallklinik Murnau, wo die Doktoren in mehreren Operationen um jeden noch halbwegs intakten Nervenstrang in Jörgens Wirbelsäule rangen, und schließlich in einer Rehaklinik am Tegernsee. In den Monaten des Liegens hatte Jörgen viel Zeit, sich auf sein juristisches Staatsexamen vorzubereiten, und als endgültig feststand, dass Sitzen das höchste der Gefühle sein würde, von Stehen oder gar Gehen konnte er sich für immer verabschieden, konzentrierte sich Jörgen darauf, der gerissenste Anwalt Deutschlands zu werden, wenn nicht der ganzen Welt. Ignaz besuchte Jörgen regelmäßig. Sie wurden Freunde. Einen guten Anwalt konnte man als Unternehmer vielleicht öfter gebrauchen.

Was aus Helen wurde, ist nicht überliefert. Wahrscheinlich hat sie auf einer der vielen Faschingsfeiern an der Uni jemanden kennengelernt. Denn in dem Rock, den Ignaz ihr geschenkt hatte, sah sie wirklich hervorragend aus. Sie war einfach eine begnadete Rockträgerin, das musste man ihr lassen.

Der Landgang des Ignaz Hallgruber und der unerkannte Bazillus der Immertätigkeit

23. April 2018, ein Montag, 21 Grad Celsius (11 Uhr), sonnig, Luftdruck 1024 Hektopascal, Tendenz steigend, später schwankend
Ignaz hatte beschlossen, heute nicht zu arbeiten. Das Wetter war zu schön und das Buch, das er am Tag vor dem Date mit Katrin ausnahmsweise nicht von der Bücherei ausgeliehen, sondern in einer Buchhandlung in Audach gekauft hatte, einfach zu gut. Es hieß *Früher war alles besser – Warum wir die Vergangenheit verklären*.

Eine Philosophin hatte es geschrieben, keine Allerweltsphilosophin, sondern eine richtig diplomierte oder magistrierte, sogar promovierte und habilitierte Professorin der LMU München. Wenn jemand wie sie philosophierte, dann tat sie das höchstprofessionell und mit Recht.

Max kannte sie. Er hatte in seinem Leben vor seinem Leben auf dem Friedhof der Dinge eine interessante Vorlesung von ihr besucht. Trotzdem hatte Ignaz im Lauf der Jahre so ziemlich alles vergessen, hatte sich gar nicht mehr an sie erinnert. Aber dann war die Professorin letzte Woche beim Spieß in der Sendung gesessen, um ihr neues Buch vorzustellen.

Der Spieß nannte das Buch ein sensationelles Werk. Der Spieß hielt eigentlich immer alles für sensationell, aber Ignaz schaute ihn trotzdem gern, weil sich die Gäste beim Spieß nicht ins Wort fielen, zumindest nicht so oft wie bei der Öller oder der Mag. Außer wenn beim Spieß mal wieder die Sarah Wagenknecht zu Gast war, da mutierte der Spieß regelmäßig zur Öller oder Mag. Aber die Wagenknecht, harte Schale, harter Kern, konnte sich gegen die Spießschen Inswortfallungen recht gut zur Wehr setzen, und meistens tat sie das in einem schönen Rock. Ignaz erachtete sich als politisch neutral, um nicht zu sagen, ihm ging Politik mit großem Abstand am Arsch vorbei, aber wenn er sich politische Wortgefechte beim Spieß ansah, dann drückte er meistens die Daumen für Menschen in Röcken.

Ignaz fühlte sich ein wenig stolz, als er sah, dass da im Fernsehen eine Professorin saß, die er höchstpersönlich vom Studium kannte. Deswegen gab er dem Buch seiner Professorin nicht nur eine Chance, er wollte es vorsätzlich gut finden. Dabei musste er sich nicht anstrengen, es war auch ohne Vorsatz ein hervorragendes Buch.

Max Gold schepperte mit dem Bagger über den Hof. Er verbrachte den Vormittag damit, in Sektor G4 eine Grube auszuheben.

Ignaz hatte den Hof in Planquadrate aufgeteilt, wie ein Kartograph bei einer richtigen Landkarte. Der Unterschied war, dass die hohe Kunst der Kartographie die Oberfläche des Planeten Erde längst in ihrer Gesamtheit darzustellen in der Lage war. Selbst der einsamste und unbedeutendste Flecken war längst genauestens kartiert. Auf Ignaz' Karte vom Friedhof der Dinge gab es dagegen allerhand Terra incognita. Denn auf Ignaz' Karte ging es nicht darum abzubilden, was an der Oberfläche zu sehen war, sondern darum, was sich womöglich unter der Erde befand.

Da die Firmenübergaben von Großvater auf Vater und von Vater auf Sohn wie geschildert ungeplant und überstürzt vonstattengegangen waren, gab es auf Ignaz' Karte vom Friedhof der Dinge jede Menge schwarze Flecken.

Max Gold werkelte in Sektor G4 herum. Die Baggerschaufel tauchte tief in die Grube ein. Das Licht der hochstehenden Sonne spiegelte sich im Seitenfenster des Führerhauses, so dass Max darin nicht zu erkennen war. Auch ohne ihn zu sehen, wusste Ignaz, dass Max seine helle Freude an seinem Werk hatte. Sicherlich vibrierten drei Halbe Bier in seinem selbstgebauten

Getränkehalter auf dem Armaturenbrett, wahrscheinlich zitterte eine Zigarette zwischen Max' Lippen, die sich als glückseliges Lächeln weit hinein ins Terrain seiner Pausbacken stemmten. Denn es gab für Max nichts Schöneres auf Erden, als mit einem Bagger Löcher in die Welt zu graben. Je größer und tiefer desto besser.

Ignaz hatte am Morgen das Volumen berechnet, das die Grube haben musste. Hundert Kubikmeter kontaminierten Erdaushub hatte der Schaller am Wochenende in mehreren Fuhren geliefert.

Der Schaller war bis vor drei Wochen ein hervorragender Automechaniker gewesen. Die meisten sagten, der allerbeste Automechaniker in ganz Engelberg, und sie sagten es nicht nur, weil er der einzige war. Der Schaller brachte alles, was Räder besaß, wieder zum Fahren. Außerdem war er ein begnadeter Tüftler. Vor ein paar Jahren hatte er für den Friedhof der Dinge einen Schubkarren mit Motor gebaut, damit es „der Max mit seinem Hax nicht mehr so schwer hat bei der Arbeit".

Freilich war der motorisierte Schubkarren bald kaputtgegangen. Aber das lag weniger an Schallers Ingenieurskunst als an Max' kühner Idee, das Gefährt mit reinem Alkohol zu betanken, woraufhin der Schubkarren nach dem Anlassen eine meterlange Stichflamme ausspuckte und quer über den Friedhof der Dinge schoss, in einen Haufen Sperrholz einschlug und explodierte.

Auf das feurige Vorkommnis folgte ein monatelanger Schriftverkehr zwischen Jörgen und der Unfallversicherung, die vollkommen unbegründet einen mutwilligen Missbrauch von Antriebsmitteln als Unfallursache unterstellte. Aber Jörgen konnte die Versicherung schließlich davon überzeugen, dass ein medienwirksamer Prozess gegen eine Versicherung, die einem Gehbehinderten die Zahlung verweigerte, nicht wirklich erstrebenswert war.

Max bekam siebentausend Euro Schmerzensgeld für seine verbrannten Hände, die eigentlich gar nicht so verbrannt waren, wie

Jörgen behauptete, und dazu die Bestätigung dessen, was er von Anfang an gewusst hatte: Dass Schallers motorisierter Schubkarren eine Schnapsidee war, „weil einfach ein Glump".

Trotzdem war und blieb der Schaller der beste Autoschrauber und Tüftler von ganz Engelberg, aber eben nur bis vor drei Wochen. Seitdem war er etwas Besseres: Er war jetzt Privatier.

Sein Nachbar, ein reicher Fatzke von BMW oder Microsoft, das war immer noch nicht ganz klar, weil niemand im Dorf mit dem Neuen redete, hatte dem Schaller das Grundstück abgekauft, um darauf ein Reihenhaus zu bauen.

Der Schaller hatte das Angebot durchgerechnet und war zu dem Ergebnis gekommen, dass sich ein Verkauf durchaus lohnte, und er rentierte sich noch mehr, wenn er vor dem Verkauf den kontaminierten Boden möglichst billig entsorgte.

Zwar war der Schaller ein hervorragender Mechaniker, aber mit der Umwelt nahm er es nicht so genau. Natur war für ihn, wo man nicht Autofahren kann, also feindliches, geschäftsschädigendes Terrain. Es war ihm egal, was mit dem mit Öl vollgesogenen Boden unter seiner Werkstatt passierte, Hauptsache es kostete möglichst wenig.

Wenn es um dergleichen ging, war Ignaz Hallgruber unschlagbar günstig. Also mussten jetzt hundert Kubikmeter giftiger Erde auf dem Friedhof der Dinge verschwinden. Und das würden sie sehr tief im Boden, denn das Loch, das Max Gold gerade baggerte, war inzwischen so tief, dass man die ganze Werkstatt darin hätte versenken können und nicht nur die ölige Erde darunter.

Ignaz hob einen Stein auf und warf ihn auf den Bagger. Der Stein traf mit einem Scheppern das Heck der Kabine.

Max Gold stellte den Motor ab und öffnete die Tür. „Was los, Ignaz?"

„Langt schon, ist tief genug. Mach Pause."

Max kletterte aus dem Führerhaus, freilich nicht ohne Bierflasche in der Hand. Er stellte sich an den Rand der Grube und schaute hinein. „Geiles Loch, Ignaz. Eins meiner besten. Schade, dass wir es gleich wieder zuschütten." Max humpelte zum Pavillon, setzte sich auf die Treppenstufen und schüttete sich zufrieden Bier in den Rachen.

„Wusstest du, dass sechsundvierzig Prozent aller Deutschen über achtzig Jahren der Meinung sind, dass ihre Kindheit schöner war als die der Kinder heute?"

„Wusste ich nicht. Jetzt weiß ich's. Ändert nix." Max wirkte unbeeindruckt.

„Wundert dich das nicht? Die Leute sind damals im Dritten Reich aufgewachsen, mitten im Krieg. Aber sie finden, dass sie eine schönere Kindheit hatten."

„Ist ihr gutes Recht. Wenn sie das meinen, dann meinen sie es halt. Gönn es ihnen." Max blickte auf das Buch. „Steht das da drin?"

Ignaz nickte. „Da steht auch drin, dass knapp sechzig Prozent der Alten meinen, dass unter Hitler einiges besser war als heute. Ist das auch ihr gutes Recht?"

„Hmm. Schon."

„Was hmm schon?"

Max nahm noch einen Schluck. „Ja mei, meinen darf man viel. Aber dann muss man sich halt auch einen Trottel nennen lassen, wenn man sowas meint. Ich bin nicht gut in Geschichte, aber der Pointner Krischan sicher auch nicht. Du kennst ja den Krischan, oder? Der ist schon gut über neunzig. Aber sitzt immer noch zuverlässig im Sportheim. Weiß auch nicht, was er da zu suchen hat, ein Neunzigjähriger im Sportheim. Wir Fußballer gehen ja auch nicht nach dem Training ins Altenheim. Jedenfalls sitzt er da immer rum, immer im Eck am Stammtisch, trinkt sein Weizen und plappert vor sich hin. Ab und zu gibt ihm einer von uns eine

Antwort, aber meistens nicht, weil so jemand wie der Krischan ist einfach ein Störfaktor beim Watten, aber hin und wieder hört man doch hin. Der erzählt immer wieder, wie schön es damals in der Ukraine war. Dreißig Grad minus, Verluste enorm, aber Kameradschaft einwandfrei und Siegeswille ungebrochen. Rückzug nur, um stärker zurückzukommen. Aber dann der Verrat der Generäle. Ist halt seine Meinung. Der Krischan ist eben so einer, der glaubt, dass früher alles besser war. Sitzt im warmen Vereinsstüberl, säuft sein Weizen und schwärmt vom Krieg am Nordpol oder wo auch immer dieses Ukraine ist. Und das macht ihn einfach zu einem Deppen. Ich hab ihm mal gesagt, dass ich ums Verrecken nicht mit ihm tauschen will. Weil wenn ich mal was vom Ausland sehen will, dann muss ich mir nicht den Weg freischießen, sondern dann buchen wir gemütlich ein Trainingslager auf Malle oder Fuerte. Das stimmen wir immer ganz demokratisch ab, Malle oder Fuerte ist ja eigentlich egal, Hauptsache warm und Bier, und leck mich doch am Arsch, ich bin mir sicher, dass ich mit dieser Meinung kein Trottel bin im Gegensatz zum Krischan."

Ignaz nickte stumm.

„Hat dir das Buch wieder das liebe Fräulein von der Gemeindebücherei geliehen?"

Ignaz schüttelte den Kopf. „Vom Buchladen in Audach."

„Warum? Gehst doch sonst immer zum Fräulein Karin."

„Sie heißt Katrin. Und hör mal auf mit dem Fräulein. Sie ist eine Frau."

„Ist doch egal, wie sie heißt. Sie hat Bücher umsonst, und jetzt kaufst du auf einmal dein Lesezeug in Audach. Hast du's dir verscherzt mit der Büchereimaus bei deinem Ronnevu?"

Ignaz musste grinsen. Eigentlich wollte er nicht, aber seine Gesichtsmuskeln versagten ihm jegliches Mitbestimmungsrecht.

Max glotzte seinen Chef neugierig an. „Was ist da im Busch,

mein Lieber?"

Ignaz grinste immer noch.

„Haste Gesichtslähmung, oder was?"

Ignaz konnte nicht aufhören zu grinsen.

Max zählte allmählich eins und eins zusammen, dazu reichten seine Rechenkenntnisse allemal, und klopfte sich auf den Oberschenkel. „Hast sie klargemacht! Hast den Bücherwurm endlich klargemacht!"

„Nix da", sagte Ignaz. „War andersrum."

„Erzähl", forderte Max.

Ignaz schüttelte den Kopf. „Ein anderes Mal. Das Zeug vom Schaller muss jetzt endlich unter die Erde. Gibt dreitausend für jeden von uns."

Max stemmte sich hoch. „Dann geh ich mal wieder ans Werk. Aber du schuldest mir eine Geschichte."

Ignaz verbrachte den Nachmittag gemütlich auf seinem Plastikstuhl vor dem Pavillon. Seine nackten Beine streckte er auf einen zweiten Stuhl aus. Der nachwachsende Zehennagel hatte sich übers Wochenende prächtig entwickelt. Heute gönnte Ignaz ihm eine Verschnaufpause an der Sonne.

Er legte das Buch seiner ehemaligen Professorin auf den Campingtisch und trank einen Schluck Cola. Die Eiswürfel, die er vor zwei Stunden ins Glas geworfen hatte, waren längst geschmolzen. Jetzt schmeckte die Cola warm und wässrig. Ignaz zündete sich eine Zigarette an. Kippe zu Cola war immer gut, auch bei warmer Cola.

Ignaz sinnierte über das Buch nach. Früher war alles besser. Das war freilich nicht der Fall, und seine Professorin zerlegte diesen Irrglauben mit raffinierten Argumenten und erstaunlichen Beispielen genüsslich in seine Einzelteile. Ignaz musste sie nicht überzeugen. Er war schon seit Jahren der Meinung, dass früher gewiss nicht alles besser war. Für ihn war früher weder besser noch schlechter, eigentlich war immer alles gleich, nur verteilten sich Besser und Schlechter in Wellen über den Erdball, so dass heute hier mal etwas besser war, und morgen dort mal etwas schlechter wurde. Aber insgesamt hielten sich Besser und Schlechter die Waage, auch wenn sich die Wellen hie und da und ab und an zu gewaltigen Tsunamis auftürmten. Das galt für die Welt im Allgemeinen. Aber es galt nicht für den Friedhof der Dinge.

Seit Ignaz den Schrottplatz vor über zwanzig Jahren übernommen hatte, plätscherte sein Leben vor sich hin. Sein Leben war ein langer ruhiger Fluss ohne Stromschnellen und Strudel und Hochwasser. Vielleicht zu schmutzig, um zum Baden hineinzuspringen, aber bestens geeignet, sich gemütlich darauf treiben zu lassen. Auf einer Luftmatratze, oder besser in einem Paddelboot. Ein Boot war bequemer, und mit einem Paddel konnte man hin und wieder gegensteuern, wenn sich das Boot dem Ufer näherte. Ignaz hätte vermutlich ewig dahintreiben können in seinem Paddelboot, oder vielleicht noch besser auf einem kleinen Hausboot mit Bett und Dach und Kühlschrank. Ja, ein Hausboot war gewiss geeigneter, denn mit der Zeit wurde ein Paddelboot doch recht klein, vor allem, wenn man vorhatte, sehr lange unterwegs zu sein, und das war er ja, oder besser, das wäre er gewesen, wenn Katrin Bückenbecker-Mahlstrom am Freitag Ignaz' Hausboot nicht gekapert und ans Ufer gesteuert hätte. Dort hatte sie über das Wochenende hinweg das Hausboot fest vertäut und ein dickes Brett über das Wasser zwischen Deck und Ufer gelegt. Dann war sie fast schwebend leicht über das Brett ans Ufer balanciert. Ignaz war ihr schwankend hinterhergetapst, das Brett wackelte und knackte unter seinen Füßen und drohte zu brechen, aber es brach nicht, und als Katrin ihm vom Ufer aus die Hand entgegenstreckte, packte er sie und sprang unentschlossen in eine neue Welt.

Ignaz und Katrin hatten das ganze Wochenende miteinander verbracht. Den Samstagvormittag widmeten sie dem Nüchternwerden und der Rekonstruktion der Geschehnisse des vergangenen Abends. Ein reichhaltiges Eierfrühstück, ein großes Glas Essiggurken und ein Liter Filterkaffee leisteten ihnen Unterstützung.

„Kann mich leider nicht an den Schluss des Abends erinnern. Tut mir total leid, lieber Ignaz, aber ich hab einen Blackout", sagte Katrin und zerkaute eine Essiggurke.

„Ich kann's dir gern erzählen", meinte Ignaz.

„Na dann schieß mal los, aber du musst wissen, dass es mir total peinlich ist, dass ich mich nicht erinnern kann, weil ich bin doch kein Feierluder, das es gewohnt ist, mit einem Mann in der Wohnung aufzuwachen, mit dem man zum ersten Mal ausgegangen ist, ich bin das ja nicht gewohnt, dass du da bist, also dass irgendjemand da ist, und ich bin es natürlich gewohnt, dass ich mich an den letzten Abend erinnern kann, bitte meine jetzt nicht, dass ich mich an gar nichts erinnern kann, weil an das meiste kann ich mich ja sehr wohl erinnern, und ich weiß, dass es ein wunderschöner Abend mit dir war, aber wie gesagt weiß ich jetzt nicht wirklich, warum du noch immer da bist, versteh mich bitte nicht falsch, weil ich finde es ja schön, dass du da bist, wobei schön nicht das richtige Wort ist, eine Frisur ist schön, wenn man sich Mühe gegeben hat, sich die Locken zu drehen, oder ein Zimmer ist schön, wenn man es nett eingerichtet und aufgeräumt hat, also es ist mehr als schön, dass du da bist, ich würde fast sagen, es ist wunderbar, weil ich ja gar nicht davon träumen konnte, dass du eines Tages einfach mal da bist an einem Samstagmorgen, wobei ich ja schon davon geträumt habe, aber ich weiß leider echt nicht, wie das alles passiert ist, jedenfalls an den letzten Teil kann ich mich nicht erinnern, ich weiß nicht mal, ob wir miteinander geschlafen haben, wobei ich glaube ziemlich sicher nicht, weil daran könnte ich mich wahrscheinlich schon erinnern, aber für den Fall, dass wir doch miteinander geschlafen haben, denk bitte nicht, dass der Sex nicht gut war oder nicht erinnernswert, bloß weil ich mich nicht daran erinnere. Ach Ignaz, ich weiß nicht, aber wie gesagt, es ist schön, dass du da bist, aber schön ist ja wie gesagt gar nicht das richtige Wort."

Ignaz legte den Zeigefinger seiner rechten Hand auf Katrins Lippen. Mit der Linken fischte er eine Essiggurke aus dem Glas und drückte sie ihr in die Hand. „Iss mal kurz eine Gurke. Wie gesagt, kann ich dir erzählen, wie das gestern ausging. Wir hatten einen wunderbaren Abend, haben uns prächtig verstanden, das Konzert war gut, wir haben weitergetrunken, irgendwann waren wir beide besoffen, du etwas besoffener als ich, ich hab dich heimgebracht, du hast gemeint, ich kann hierbleiben, also bin ich hiergeblieben. Du bist eingeschlafen, ich irgendwann auch, aber davor hab ich noch meinen großen Zehennagel aus dem Fenster geschmissen."

Katrin biss ein großes Stück von der fulminanten Essiggurke ab und kaute mit ausladenden Bewegungen ihres ausladenden Kinns. „Wir haben nicht miteinander geschlafen?"

„Haben wir nicht", sagte Ignaz.

„Stattdessen hast du einen Zehennagel aus dem Fenster geschmissen?"

Ignaz nickte.

„Ach Ignaz, was du dir allerhand Lustiges ausdenken kannst. Aber Herrgott, bin ich froh, dass wir nicht miteinander geschlafen haben", sagte Katrin und kaute.

Ignaz wusste nicht, was er antworten sollte. Also nahm er sich auch eine Gurke.

„Oh, Gottogottogott, das hab ich nicht so gemeint", sagte Katrin und drückte sich die Hand mit der halben Essiggurke an die Stirn. „Natürlich hätte ich wahnsinnig gern mit dir geschlafen, jedenfalls kann ich mir vorstellen, dass ich das total gern getan hätte, wir hatten ja echt einen tollen Abend, aber wenn wir miteinander geschlafen hätten, dann würde ich mich natürlich gern daran erinnern können, weil es wäre ja unser gemeinsames erstes Mal gewesen, und das will man schon aktiv mitbekommen respektive in Erinnerung behalten. Nur deswegen bin ich froh, dass wir nicht miteinander geschlafen haben, und ich finde, dass es dann aber allerhöchste Zeit dafür ist." Sie blickte auf die Rühreier. „Naja, erst sollten wir vielleicht noch die Eier aufessen, denn die schauen echt gut aus und werden schön langsam kalt, und dann sollten wir vielleicht noch duschen, jeder für sich, und natürlich Zähneputzen, du kannst eine neue Zahnbürste von mir haben, ich hab immer ein paar in Reserve. Denk jetzt bitte nicht, dass ich dauernd Männerbesuch habe, das Gegenteil ist der Fall, ich kauf nur hin und wieder eine neue Zahnbürste, weil könnte ja sein, dass man die mal braucht, und du kannst eine davon haben, also ich würde sagen, wir essen jetzt noch die Rühreier, und dann geh ich Duschen und Zähneputzen und danach du, und ich mach inzwischen den Abwasch und dann schlafen wir miteinander, abgemacht?"

Ignaz hatte seit Helen und dem Absaugunfall und allem, was danach kam, gut zwanzig Jahre lang nicht mehr mit einer Frau geschlafen. Er hatte, wie ihm jetzt gewahr wurde, in diesem Jahrtausend noch nie mit einer Frau geschlafen. Und als er Katrin ansah, die sich eifrig Rührei in den Mund löffelte, fand er, dass es höchste Zeit war, das zu ändern. Er konnte sich nicht mehr an die Details seines letzten Mals erinnern, aber so kompliziert wie nun kam es ihm nicht vor. Als er in das Gesicht der fröhlich kauenden Katrin blickte, ein hervorragend hübsches Gesicht auch beim Kauen, spürte er, dass es eine gute Idee wäre, seinen Teller nun ebenfalls möglichst schnell aufzuessen.

Nachdem Katrin ihre Eier vertilgt hatte, ging sie ins Bad zum Zähneputzen und Duschen. Anschließend duschte Ignaz und putzte sich ausführlich die Zähne. Danach trafen sie sich im Schlafzimmer und schliefen von zehnuhreinundfünfzig bis elfuhrvier miteinander.

Katrin lag mit dem Kopf auf Ignaz' Schulter, schmiegte sich an ihn und begann das Potenzial des noch jungen Wochenendes zu erörtern. „Wir könnten jetzt vielleicht nochmal duschen, weil ich bin schon ein bisschen ins Schwitzen gekommen, und du ja auch, versteh mich nicht falsch, ich finde es schön, dass du auch geschwitzt hast, aber ich bin jetzt ziemlich klebrig vom Schwitzen und ja auch ein bisschen vollgekleckert, also jedenfalls fände ich es schön, wenn du mit mir duschen gehst, und danach könnten wir zwei Dinge machen oder vielleicht auch drei, ganz wie du willst, wir könnten erst zum Sparmarkt fahren, weil da ist jeden Samstag ein Hendlbrater mit seinem Wagen auf dem Parkplatz, und der macht echt die besten Hendl der Welt, mit schön salziger Kruste, aber dann müssten wir uns beeilen, weil der ist in der Regel um kurz vor Mittag leergekauft, so gut sind seine Hendl, aber das Beeilen würde sich schon lohnen, weil die Brezen von ihm sind auch gut. Und dann könnten wir die Hendl hier bei mir essen und natürlich auch die Brezen, und wenn wir dann vielleicht so um halb zwei damit fertig sind, könnten wir uns wieder hier ins Bett reinkuscheln und zwei oder drei Folgen *Breaking Bad* anschauen, kennst du *Breaking Bad*, das ist eine furchtbar tolle Serie, gibt schon ix Staffeln, aber ich kann dir die Vorgeschichte erzählen, wenn du willst, und dann kommst du ganz schnell rein in die Handlung und den Plot, und danach kannst du mir vielleicht dein Zuhause zeigen, weil ich weiß ja gar nicht, wie du so wohnst, und das interessiert mich natürlich schon sehr, weil wenn man sieht, wie jemand wohnt, dann blickt man ihm ja irgendwie direkt in die Seele, und das würde mich schon brennend interessieren, wie du wohnst und wie es in deiner Seele so aussieht.

Ignaz und Katrin gingen duschen. Danach fuhren sie Hendl und Brezen kaufen und vertilgten sie gewissenhaft. Sie schmeckten tatsächlich sehr gut, da hatte Katrin nicht übertrieben. Anschließend schauten sie unzählige Folgen *Breaking Bad*.
Ignaz fand sie ganz in Ordnung, mehr nicht. Trotzdem wollte er noch eine und noch eine und noch eine sehen, so begeistert gab er sich von der Sendung. Hauptsache, er musste Katrin nicht sein Zuhause und seine Seele zeigen.
Es war schon halbzwölf in der Nacht, als sie an Katrins Küchentisch saßen und Speck mit Brot und Sauerkraut aßen, das Katrin noch überhatte vom Donnerstag, als Ignaz vorschlug, nochmal Zähneputzen zu gehen, sich danach wieder im Schlafzimmer zu treffen, womöglich ein zweites Mal miteinander zu schlafen, und am Sonntag den ganzen Tag lang im Bett zu liegen, Serien zu schauen, hin und wieder etwas zu essen, das Essen könne man ja vom Pizza-Russen liefern lassen, der mache echt gute Pizzen, jedenfalls für einen, der aus Jekaterinburg kam, nie in Italien war und nie kochen gelernt hatte, und dazu vielleicht noch eine Ladung Thai Food, das könne der Iwan auch nicht schlecht, auf jeden Fall fände er es ungeheuerlich romantisch, den ganzen Tag hier bei ihr zu verbringen. Nur nicht Katrin den Friedhof der Dinge und den Pavillon und die Seele zeigen.
Aber das Letzte sagte er freilich nicht, und das musste er auch nicht, denn Katrin wischte ihm einen Striemen Sauerkraut aus dem Mundwinkel und küsste ihn kauend. „Du bist so ein wunderbarer Romantiker. Guter Plan. Genauso machen wir es."

Eine Weile lang sah Ignaz Max dabei zu, wie dieser die ölige Erdlieferung mit dem Bagger im Loch versenkte. Dann griff er nach dem Buch auf dem Tisch und las weiter. Aber er konnte sich nicht auf den Text konzentrieren. Die Professorin widmete sich jetzt einem eher langweiligen Thema. Dem Fernsehen. Weil sechsundfünfzig Prozent der über Sechzigjährigen der Meinung waren, dass das Fernsehen vor dreißig Jahren besser war als heute. Ignaz war das egal. Das Fernsehen von gestern interessierte ihn genauso wenig wie das Fernsehen von heute.

Außer der Denis Scheck war im Fernsehen. Der Scheck interessierte ihn, aber auch nur dann, wenn er Sachbücher empfahl und nicht diese überbewertete Belletristik. Dieses sich Irgendetwasausdenken und Inwortefassen der Großliteraten, die sich einbildeten, etwas Besseres erschaffen und zu Papier bringen zu können, als die Welt in ihrem schlichten Sein und Werden nicht mit einem lässigen Fingerschnippen zu realisieren in der Lage war, ging Ignaz gegen den Strich. Als ob die Welt, wie sie war und ist, nicht interessant genug wäre. Was für eine Hybris.

Jedenfalls schaute er den Denis Scheck recht gern, zumindest teilweise. Aber ob das Fernsehen heute oder früher besser war, ging Ignaz komplett am Arsch vorbei. Wobei er zu diesem Thema eigentlich schon eine Meinung hatte, keine wirklich dezidierte, aber ihm reichte sie. Vor ein paar Wochen hatte er vor lauter Langweile den Fernseher eingeschaltet, da die Bücher, die er ausgeliehen hatte, leider noch langweiliger waren. Es war schon kurz vor Mitternacht, und das Dritte zeigte einen Tatort aus dem Jahr 1980. Beim Tatort wurde ja immer jemand umgebracht, davon konnte man als Zuschauer zuverlässig ausgehen, und dann galt es, den Täter zu finden, möglichst binnen neunzig Minuten, mehr Zeit blieb der Polizei nicht. Ein Tatort verspricht also allein von seiner Konzeption her Spannung und Ereignisreichtum und Rasanz, aber in dem Tatort von 1980 sah man dem guten Gustl Bayrhammer einfach nur eine Stunde lang dabei zu, wie er Protokolle tippte und telefonierte. Ab und zu ging er in die Kantine und aß etwas. Hin und wieder besprach er sich mit seinen Kollegen und referierte den Stand der Ermittlungen. Der Film war so fad, dass Ignaz den Fernseher ausschaltete und dem Täter die Daumen drückte, nicht erwischt zu werden, egal warum er es getan hatte. Von einer Transuse Bayrhammerschen Ausmaßes geschnappt zu werden, hatte kein Verbrecher verdient.

Ignaz legte das Buch zur Seite und überlegte, ob er Katrin anrufen sollte. Sie hatten freilich ihre Nummern ausgetauscht und sich zum Test gegenseitig ein paar Whatsapps mit Herz-Emojis geschickt. Und sie hatten sich für Mittwochabend verabredet, denn am Montagabend hatte Katrin Yoga, und am Dienstag hatte Ignaz eigentlich nichts vor, aber er sagte einfach mal, dass er da einen geschäftlichen Termin habe, weil das recht gut klang, aber man könne sich dazwischen gern auch mal anrufen oder whatsappen, wenn einem danach war.

Ignaz hatte große Lust, Katrin wieder zu sehen, von ihm aus so schnell wie möglich. Er nahm sein Handy und tippte eine Nachricht: „Konnte den Termin von Dienstagabend auf heute verlegen. Wollen wir uns morgen sehen? Bei dir? Kann Schnitzel von der Metzgerei Treubner mitbringen. Sind die besten."

Ignaz drückte fast auf Absenden. Aber dann hielt er inne. Die Sache mit Katrin begeisterte ihn, sie war echt eine Süße, aber etwas richtig Echtes mit ihr anfangen, also eine richtige Beziehung, erforderte unweigerlich die nahezu komplette Umstellung seines Lebens.

Dabei war sein Leben, wie es war, gar nicht übel. Es war sein einziges Leben. Da musste man sich schon genau überlegen, ob man jemanden hineinließ und riskierte, sich das gar nicht üble Leben auf den Kopf stellen zu lassen. Für niemanden verantwortlich sein und sich um niemanden als sich selbst kümmern, war freilich eine gemütliche Angelegenheit. Waren doch ganz gut, die letzten Jahre. Der Friedhof der Dinge lief, der Rubel rollte, und er konnte tun und lassen, was er wollte.

Wobei Ignaz mehr ließ als tat. In den vergangenen zwanzig Jahren war Ignaz zu einem begnadeten Nichtstuer avanciert.

Was sich einfach anhört, ist eine nicht zu unterschätzende Leistung. Viele würden kläglich scheitern, wenn sie es versuchten. Die meisten versuchten es erst gar nicht.

Nichtstun war in letzter Zeit mehr denn je zu einer gesellschaftlichen Unverfrorenheit verkommen. Einst den Langzeitstudenten und anderen dem Gammlertum zuzuordnenden Taugenichtsen vorbehalten, die der hart werkelnden Gesellschaft auf der Tasche lagen, war das Recht auf Nichtstun in den vergangenen Jahren geschliffen worden wie eine von Katapulten zerschossene Raubritterburg. Nach der Erstürmung der Burg der Ritter des Nichtstuns war sie von den Immertätigen geplündert und dem Erdboden geleichgemacht worden. Um sicher zu gehen, dass die Unart des Nichtstuns für immer ausgetilgt war, stapelten die Immertätigen ihre wenigen Gefallenen über den Trümmern der Burg zu einem Leichenberg auf, in der Gewissheit, dass die wenigen überlebenden Ritter des Nichtstuns irgendwann schlurfend zurückkehren würden und zu faul waren, die infektiösen Leichen zu entsorgen. Dann zogen die siegreichen Immertätigen schnell weiter. Hier gab es nichts mehr zu tun.

Die Immertätigen behielten recht. Die wenigen Ritter des Nichtstuns, die das Massaker überlebt hatten, wankten langsam zurück zur Burgruine und versicherten sich gegenseitig, die Sache mit dem Leichenberg könne man morgen erledigen. Erstmal schlafen gehen. War ein harter Tag gewesen. Beschuss, Burgstürmung, in den Wald gehen, ein Versteck suchen, das alles strengte an und erschöpfte. Man hatte ja eh verloren. Der Leichenberg musste nicht sofort weg, der lag morgen auch noch da, und übermorgen auch und überübermorgen wahrscheinlich immer noch, mal sehen. Er roch ja noch nicht so schlimm. Und so steckten sich die meisten der übriggebliebenen Ritter des Nichtstuns mit dem Bazillus der Immertätigkeit an und liefen einer nach dem anderen in hektischer Erregung und Vorfreude davon, um irgendwo irgendwas zu erledigen. Die letzten Verbliebenen, die immun waren und sich nicht angesteckt hatten, es waren vier, kartelten aus, wer sich mit dem letzten Proviant auf die Flucht machen durfte oder musste, das war Ansichtssache. Aber sie konnten sich nicht einigen, wer die Karten mischen musste.

Das alles geschah im Jahre 1176 in Faulburg am Schleichbach in der Oberpfalz. Die Geschichte ist nur mündlich überliefert. Niemand hat sie je aufgeschrieben. Die einen verschoben die Niederschrift immer wieder auf morgen, die anderen kamen einfach nicht dazu, weil sie zu beschäftigt waren.

Wer sich mit der Immertätigkeit ansteckte, für den gab es kein Entrinnen. Gegen die Immertätigkeit gab es kein Heilmittel und keinen Impfstoff, vermutlich nicht mal jemanden, der nach einer Medizin oder einem Impfstoff suchte. Denn die Immertätigen erachteten ihre Immertätigkeit nicht als Krankheit, sondern als hochangesehene Errungenschaft. Und den wenigen, die gegen die Immertätigkeit immun waren, fehlte es schlichtweg an Motivation, sich der Lösung des Problems anzunehmen.

Ignaz war einer der wenigen, die immun waren gegen die Immertätigkeit. Er erkannte sie durchaus als Problem, aber eines der anderen. Warum sollte ausgerechnet er sich der Bekämpfung dieser Krankheit widmen, wenn er selbst nicht an ihr litt, und die Erkrankten sie aufgrund ihrer Immertätigkeit nicht einmal bemerkten?

Ignaz' Immunität gegen die Immertätigkeit war nicht die einzige, aber doch die Hauptursache für seine weitgehende, manche würden sie schrecklich nennen, gesellschaftliche Isolation. Ignaz war kein Faulenzer. Er tat das Notwendige, und wenn die Notwendigkeit forderte, hart anzupacken, dann war er der Erste, der hinlangte. Naja, eher der Zweite, denn meistens war Max Gold vorher schon zur Stelle, aber weltweit Zweitbester zu sein im Anpacken des Notwendigen, war auch nicht schlecht. Was Ignaz jedoch fehlte und von den Immertätigen unterschied, war der Antrieb, nach dem Notwendigen auch noch das Unnütze zu tun. Das Unnütze waren die Tätigkeiten, die alle anderen nach dem Notwendigen erledigten, ja nicht nur erledigten, sondern mit Leidenschaft und Frohsinn in Angriff nahmen. Teilweise schienen sie das Notwendige nur missmutig zu erledigen, um sich anschließend im Unnützen zu verausgaben.

Ignaz war kein Misanthrop. Er mochte die Menschen, vor allem, wenn sie ihn in Ruhe ließen. Aber es war ihm zuwider, nach einem harten Arbeitstag hektisch unter die Dusche zu springen, nach Audach oder sogar bis nach München zu fahren, um dort mit Freunden essen zu gehen oder ins Kino oder ins Theater.

Er saß viel lieber vor dem Pavillon, trank mit Max noch ein, zwei, drei Bier, aß eine von Mittag übriggebliebene Leberkässemmel, und nachdem Max irgendwann mit seinem Moped vom Hof gefahren und in der Dämmerung verschwunden war, las Ignaz Bücher.

Die Wochenenden verbrachte er meistens nur mit Lesen. Andere verabredeten sich zu unnützen Tätigkeiten wie sich samstags frühmorgens mit dem Auto in einen langen Stau einzureihen und den Alpen entgegenzurollen, um dort je nach Jahreszeit zu Fuß auf einen Berg zu steigen, um ihn anschließend wieder zu beabsteigen, oder winters auf denselben Berg oder irgendeinen anderen in einer Gondel hinaufzufahren und anschließend auf

Brettern zu beabfahren, und das möglichst oft, sonst lohnte sich die ganze Fahrerei in die Berge ja nicht, und zwischendrin galt es, auf einer Hütte natürlich noch einen Germknödel zu vertilgen. Dieses Immer-am-Abend-noch-was-machen und vor allem das Am-Wochenende-ganz-viel-machen ging Ignaz seit jeher gegen den Strich.

Ignaz Hallgrubers Trägheit hatten damals natürlich auch seine Kommilitonen und vor allem seine Kommilitoninnen bemerkt. Immer wenn es galt, nach den Vorlesungen noch steil zu gehen, fehlte Ignaz. Und für sommerliche Bergaufsteigungen und winterliche Bergabfahrungen war er gleich zweimal nicht zu begeistern. Irgendwann fragten ihn seine Kommilitonen einfach nicht mehr, weil Ignaz eh nie mitfuhr. Wenn er ehrlich und geflissentlich darüber nachdächte, warum Helen am Abend, als der Absaugschlauch neben seinem Gesicht explodiert war, mit Jörgen ins Bett gestiegen war, dann müsste er auch ein Kleinwenig die Schuld bei sich selbst suchen. Immerzu mit Ignaz in seinem Zimmer sitzen und lesen, war nicht unbedingt der Zeitvertreib, nach dem sich junge Menschen sehnten, besonders wenn im Zimmer auf der anderen Seite des Flurs ein allzeit aktives skandinavisches Körperprackl wohnte, aus dem die Lust und Energie nur so triefte, doch heute noch was zu machen und zu erleben, statt einfach mal wieder nichts zu tun oder zu lesen, was ja letztendlich für viele das Gleiche war.

Aber seitdem sein Vater sich mit der Schrotflinte entschädelt hatte, gab es für Ignaz keinen Anlass, die Schuld bei sich zu suchen. Es war auch ohne Suche jeden Tag genug zu tun. So gesehen waren zwanzig und mehr Jahre eigentlich keine lange Zeit. Er hatte ja jeden Werktag zu tun, und am Wochenende war halt Wochenende. Badewanne, Buch, fertige Fleischpflanzerl von der Treubnerin mit Kartoffelpüree, dazu angeröstete Zwiebeln.

Konnte man, wenn man freitagabends reichlich davon machte, das ganze Wochenende über aufwärmen und essen.

Was soziale Kontakte betraf, war diese Lebensweise freilich nicht fördernd. Die Kommilitonen hatten ihn damals schneller vergessen, als er weg war. Nein, falsch: Tatsächlich veranstalteten sie nach seinem Auszug aus der Studenten-WG eine fröhliche und ereignisreiche Ignaz-ist-ausgezogen-Party. Erst am Tag danach vergaßen sie ihn. Es war die letzte von vielen Studentenpartys, auf denen Ignaz nicht gewesen war.

Seit er den Schottplatz übernommen hatte, beschränkten sich Ignaz' soziale Kontakte auf seinen Praktikanten und väterlichen Freund Max Gold, wöchentliche Gespräche mit einer der Kassiererinnen im Supermarkt, „bar oder Karte", „bar", „sammeln Sie Treuepunkte", „nein", „schönen Tag Ihnen", „Ihnen auch, auf Wiedersehen", und Einkäufe in der Metzgerei. Hin und wieder führte Ignaz ein kurzes Gespräch mit dem Lieferanten vom Pizza-Russen, es drehte sich meistens um Wechselgeld. Er ging zweimal im Jahr zum Friseur und ließ sich dort klaglos von Ersin vollquatschen. Dann gab es natürlich noch die Schrottplatzkunden, aber das war beruflich und zählte nicht. Und natürlich seine wöchentlichen Besuche in der Gemeindebücherei bei Frau Bückenbecker-Mahlstrom, nun Katrin. Aber das war's dann auch mit Ignaz' sozialen Kontakten. Um den Friedhof der Dinge machte die Immertätigkeit seit vielen Jahren einen großen Bogen.

Und nun war Ignaz tatsächlich dabei, Katrin eine Nachricht zu schicken, in der er ihr vorschlug, sich morgen zu treffen. Morgen war ein Werktag, er hatte morgen also schon etwas vor, und zwei Dinge an einem Tag machen, das hatte er schon ewig nicht mehr getan. Ignaz fragte sich, was mit ihm los war. Er löschte die Nachricht und legte sein Handy beiseite. Fünf Minuten später nahm er es wieder in die Hand, tippte die Nachricht nochmal und drückte auf Senden. Danach dachte er stundenlang darüber nach, ob es ein Fehler war. Aber das mit dem Nachdenken war okay, schließlich hatte er an diesem Tag nicht viel anderes gemacht.

Katrin Bückenbecker-Mahlstrom hatte an Montagen nie viel zu tun in der Gemeindebücherei. Montags war die Bücherei zu. In anderen Büchereien nutzten die Angestellten die Montage, um neu gelieferte Bücher im Ausleihsystem zu erfassen und in die Regale einzusortieren. Katrin war diese Tätigkeit jahrelang nicht vergönnt gewesen, nun aber hatte sie alle Hände voll zu tun. Dank Ignaz' Initiative auf der Bürgerversammlung. Seitdem kamen jeden Montag gut hundert neue Bücher.

Katrin stand vor zwei Rollwagen mit Neuware, die Hans Springer gerade in die Bücherei geschoben hatte, freilich nicht ohne zu erwähnen, dass es das mit den neuen Büchern nicht gebraucht hätte, sein Arbeitspensum sei ohnehin schon gewaltig, aber das interessiere ja keinen. Dann ging er erstmal eine rauchen. Hans Springer hieß nicht nur so, er war tatsächlich Springer, weil ihn keine Abteilung in der Engelberger Verwaltung dauerhaft ertragen konnte. Deswegen sprang der Springer seit zehn Jahren hin und her, von Abteilung zu Abteilung, und jetzt war er für ein paar Wochen in der Bücherei tätig, aber das verging auch wieder.

Katrin betrachtete die Bücher. Da war der neue Ian Rankin. Sie war schon ganz gespannt auf den Krimi. Normalerweise waren Krimis nicht ihr Lieblingssujet, aber Rankin konnte so verdammt gut schreiben, und seine Hauptfiguren Rebus und Clarke waren ihr über die Jahre so sehr ans Herz gewachsen, dass Katrin ihnen fest die Daumen drückte, doch bitteschön auch den neuen Roman zu überleben.

Direkt neben Rankin lagen Juli Zeh und Thea Dorn. Katrin nahm *Unterleuten* in die Hand. Darunter tauchte ein Buch von

Monika Gruber auf. Sie hatte es auf Anweisung von Bürgermeister Otter bestellen müssen, denn die Gruberin schaue nicht nur geschmeidig aus, sie sei auch sehr intelligent und Punkt. Katrin legte *Unterleuten* schnell wieder zurück auf die Gruberin.

Als sie auf dem zweiten Rollwagen T. C. Boyle einträchtig neben Harper Lee liegen sah, und dann auch noch Philip Caputos *Führe uns nicht in Versuchung*, das hatte sie im Großhandel gar nicht mehr bestellen können, das musste sie bei einem Antiquar in Berlin ordern, aber den Aufwand war ihr der Caputo wert, als sie also Rankin und Zeh und Dorn und Boyle und Lee und Caputo auf den Rollwagen vor sich liegen sah und den ersten Strichcodeaufkleber vom Strichcodeklebeblatt abzog, um ihn quer über Monika Grubers Gesicht zu kleben, das besserwissend und humortümelnd von der Umschlagrückseite ihres Buchs grinste, da fühlte sich Katrin Bückenbecker-Mahlstrom zum ersten Mal in ihrem Leben fast wie eine richtige Bibliothekarin.

Es dauerte den ganzen Nachmittag, bis Katrin die Bücher im Computersystem erfasst und in die Regale einsortiert hatte. Als sie damit fertig war, ging sie durch die Bücherei und schaute auf die Titel in den Regalen. Was für ein Anblick.

Sie machte mit dem Handy ein Foto, lud es auf Whatsapp hoch und tippte drei Lach-Emojis ein, dazu die Worte: „Alles nur dank dir, lieber Ignaz." Sie wollte gerade drei Kuss-Emojis eintippen, als ihr Handy brummte und Ignaz' Nachricht auf dem Display erschien.

Katrin Bückenbecker-Mahlstrom stand inmitten der Bücherregale, blickte auf ihr Handy und fühlte sich wie die glücklichste Frau der Welt. Nein, sie war tatsächlich die glücklichste Frau der Welt.

Wach sein

12. Mai 2018, ein Samstag, 20 Grad Celsius (8:56 Uhr), sonnig, Luftdruck 1003 Hektopascal, Tendenz gleichbleibend

Katrin wollte nicht aufwachen. Natürlich war sie schon wach. Sonst könnte sie ja nicht darüber nachdenken, dass sie noch nicht aufwachen wollte. Aber sie fand, dass das schon in Ordnung war, weil so lange man die Augen nicht aufmachte und ganz ruhig dalag, war man noch nicht wirklich wach.

Sie genoss es, neben Ignaz im Bett zu liegen und ihn schlafen zu spüren. Sie hatte in ihrem Leben schon neben einer ganzen Menge Männer gelegen. Naja, insgesamt waren es sechs, aber sechs waren ja nicht schlecht, wenn man bedachte, dass die Sache mit dem grob enttäuschenden Jürgen doch recht lange gedauert hatte. Rückblickend verschwendete Zeit und auch eine schmerzhafte, denn der Jürgen geruhte gegen Ende der Beziehung recht tüchtig zuzuhauen, wenn ihm etwas nicht passte, und ihm passte öfter etwas nicht, am Schluss eigentlich täglich, bis sie es nicht mehr ausgehalten hatte und zur Polizei ging und danach ins Frauenhaus.

Aber weil der grob enttäuschende Jürgen ein einflussreicher Bauunternehmer war und noch dazu Gemeinderat in Plötzwies, und deswegen hochangesehen und gut vernetzt, er war ja einer der Leistungsträger im Landkreis, einer der den Leuten Arbeit gab und tüchtig Gewerbesteuer zahlte, und das auch und vor allem in Engelberg, wo er seinen Firmensitz hatte, zumindest auf dem Papier, da dort der niedrigste Hebesatz galt, erachtete es Bürgermeister Otter als seine Pflicht, in dem Konflikt mediativ in Erscheinung zu treten.

Katrin zog die Anzeige wegen schwerer Körperverletzung zurück und versuchte zu vergessen, dass Jürgen sie zuletzt mit einem Stuhlbein vermöbelt hatte. Dafür bekam Katrin die günstige

Gemeindewohnung über der Bücherei.

Aber die Sache mit Jürgen konnte sie lang nicht abschließen. Zu oft lief er ihr über den Weg, zu oft stand er mit einem neuen Bauprojekt in der Zeitung, und einmal hätte sie fast gar nicht so viel fressen können, wie sie kotzen konnte, nämlich als Jürgen auf den Titelseiten der Audacher Lokalzeitungen erschien, weil er dem Frauenhaus zehntausend Euro gespendet hatte.

Erst als der grob enttäuschende Jürgen sich ein Jahr nach der Stuhlbeinattacke beim Apres-Ski in Kitzbühel das Kreuz brach, indem er mit seinen glatt besohlten Lederschuhen fürchterlich auf dem Bürgersteig ausrutschte und fortan sein Dasein im Rollstuhl fristete, empfand Katrin Genugtuung, und als er an einem eigentlich harmlosen Infekt zugrunde ging, weil er den Schleim in seinen Lungen nicht kräftig genug abhusten konnte, und elendiglich einsam in seinem Rollstuhl verreckte, weil niemand mehr da war, der sich um ihn kümmern wollte, da erlebte Katrin endlich Erlösung.

Seit der grob enttäuschende Jürgen tot war, das war nun gut ein Jahr her, hatten vier andere Männer neben ihr gelegen. Aber keiner so ruhig wie Ignaz. Wenn Ignaz schlief, dann tat er nichts anderes als schlafen. Das war gut. Das kannte sie nicht. Die Übergangsmänner zwischen Jürgen und Ignaz waren selbst im Schlaf schwer zu ertragen. Einer kotzte mal aufs Kissen, nachdem er kurz nach dem Beischlaf eingeschlafen war, drehte sich um und schlief einfach weiter. Ein anderer verschwand alle dreißig Minuten auf dem Klo, weil inkontinent und verzweifelt angestrengt, nicht ins Bett zu pinkeln. Dann gab es noch einen, der über Nacht offenbar eine Amnesie erlitten hatte, am nächsten Morgen aufwachte und Katrin ungeniert nach ihrem Namen fragte. An den Namen des Folgenden konnte sich Katrin selbst nicht erinnern, quasi aus Rache an den seinem Vorgänger. Tief in ihrem

Innern wusste sie natürlich schon, dass er Thilo hieß, aber sie fand es besser, sich nicht zu erinnern. Als langfristiger Partner kam er ohnehin nicht infrage. Er schlug im Schlaf wie wild um sich und strampelte mit den Beinen. Und er redete: „Ich war's nicht, ich schwör." Am nächsten Tag endete sein Hafturlaub, wobei Thilo behauptete, er müsse auf monatelange Dienstreise, aber Bürgermeister Otter wusste es besser.

So gesehen war die Art und Weise, in der Ignaz neben ihr lag, eine Wohltat. Er schnarchte nicht mal. Lag einfach nur da. Hob und senkte seinen Brustkorb, schwieg und schlug nicht. Schlief friedlich, noch friedlicher ginge nur noch tot. Seine Lippen formten sich zu einem sanften Lächeln, als freuten sich seine Gesichtsmuskeln schon auf den kommenden Tag.

Vorsichtig öffnete Katrin die Augen und schaute Ignaz einfach nur an.

Sie ist wach. Ignaz rührte sich nicht. Hielt die Augen geschlossen. Gönnte sich noch ein paar Minuten Ruhe, bevor der Tag mit Katrin begann. Er genoss es, mit Katrin zusammen zu sein, jedenfalls meistens, aber nicht vor neun Uhr am Wochenende. Würde er seine Augen öffnen, wäre Schluss mit der Ruhe. Er mochte Katrin sehr, auch ihre Redseligkeit, die es ihm erlaubte ohne groß nachzudenken ebenfalls alles auszusprechen, was ihm in den Sinn kam, aber wenn ein Tag wie heute bevorstand, also einer, an dem sie jede Minute miteinander verbringen würden, dann waren ein paar stille Momente am Morgen eine Wohltat.

Zehn Sekunden später spürte er Katrins Hand über seine Wange streichen. „Aufwachen, mein Lieber."

Das Gemeindejubiläum, Teil eins: Ansaufen

12. Mai 2018, ein Samstag, 21 Grad Celsius (9:11 Uhr), sonnig, Luftdruck 1003 Hektopascal, Tendenz leicht steigend

Ignaz stand in der Küche am Herd und schlug Eier in zwei große Pfannen. „Für dich auch vier?"

Katrin saß im Bademantel am Tisch und blätterte in der Lokalzeitung. „Ja, bitte. Aah, da ist es ja: Engelberger Gemeindejubiläum – Heute großer Festtag."

„Und da müssen wir wirklich hin?"

Katrin blickte von der Zeitung auf. „Natürlich müssen wir da hin. Also ich auf jeden Fall. Wenn ich da als Gemeindeangestellte nicht dabei bin, dann macht mir der Bürgermeister das Leben zur Hölle. Für den Otter wäre das eine persönliche Beleidigung, wenn da nicht alle Mitarbeiter kommen. Außerdem spielt am Abend Tom B. Stone und danach noch die Hornochsen. Die sind zwar nicht unbedingt Hochkultur, aber trotzdem irgendwie lustig."

„Wann fängt das Spektakel an?"

„Ich les dir das Programm vor: Neun Uhr Frühschoppen, dreizehn Uhr Feldgottesdienst, anschließend Festzug zum Marktplatz, fünfzehn Uhr Gefallenengedenken mit den Engelberger Böllerschützen, danach Feuerwehrleistungsschau, Kinderprogramm mit Hüpfburg und Kinderschminken, achtzehn Uhr Trachtenmodenschau im Festzelt, dann Festrede des Bürgermeisters, zwanzig Uhr Tom B. Stone und einundzwanzig Uhr die Hornochsen, danach Ausklang an der Bar."

„Steht da auch drin, wann die Schlägereien sind?"

„Also Ignaz, du immer mit deinem Pessimismus. Was hast du gegen die Engelberger?"

„Ich kenn sie halt seit knapp fünfzig Jahren."

„Bist doch selber einer."

„Bin auch nicht besser", sagte Ignaz und schabte in der Pfanne herum.

„Bist du wohl." Katrin stand auf und ging zu Ignaz an den Herd. Sie umarmte ihn von hinten. „Bist der beste Engelberger, der mir je über den Weg gelaufen ist."

„Nur der beste Engelberger?", sagte Ignaz. „Ist nicht schwer."

Gemeindejubiläen in Oberbayern sind meistens Veranstaltungen kollektiver Gegenwartsverdrängung. Als hätten sich sämtliche Bürgermeister im Lande heimlich verabredet, bei Jubiläumsfeiern alles Moderne und Fortschrittliche aus dem Gesellschaftsleben zu tilgen, präsentieren sich die Dörfer als Bastionen tümelnder Tradition und traditioneller Tümelei. Und alle machten mit. Selbst Zugezogene kostümierten sich mit der örtlichen Tracht oder zumindest mit dem, was der lokale Trachtendantler ihnen als solche teuer andrehte. Die Mitglieder des örtlichen Schützenvereins nutzten die Gelegenheit, endlich mal wieder in aller Öffentlichkeit ihre Schießprügel zu präsentieren, die des Trachtenvereins stolzierten hochmütig durch die Straßen und bedachten jeden mit abschätzigem Blick, der es sich nicht leisten wollte oder konnte, eine Originaltracht zu tragen. Der noch nicht verstorbene Rest des Krieger- und Soldatenvereins zwängte sich in unerklärlicherweise immer enger werdende Ausgehuniformen mit prächtig glänzenden Orden am Revers. Orden, die ihnen freilich nicht für tatsächliche Tapferkeit im Felde verliehen worden waren, sondern einfach nur für nicht allzu dusseliges Verhalten bei Reservistenübungen oder für herausragende Trinkfestigkeit nach der Übung. Das Laienensemble des Theatervereins trug seine ältesten und lumpigsten Bauernklamotten zur Schau, manche malten sich sogar die Zähne schwarz an. In der guten alten Zeit trugen die Leute ihre Zähne ja nur vereinzelt in den Kiefern. Passenderweise fand es der örtliche Zahnarzt für eine großartige

Idee, mit einer verrosteten Kneifzange in der Hand mitzumarschieren, er freute sich sichtlich über seinen humorvollen Einfall, dabei hatte er sich die öffentliche Zurschaustellung seiner Rückwärtsbezogenheit nur vom Schmied abgeschaut, der mit langen dicken Nägeln und ein paar Hufeisen aufmarschierte, als beschlüge er immer noch Tag für Tag die Hufe von Ackergäulen. Auch die Bauern fuhren nicht mit ihren modernen Traktoren, Mähdreschern und Gurkenfliegern vor, sondern mit hölzernen Heuwagen und gemieteten Pferden, wofür ein geübter Kutscher hinzu zu mieten war, weil die heutigen Bauern zwar wussten, wie man einen zwanzig Tonnen schweren Mähdrescher per GPS zentimetergenau übers Maisfeld steuerte, aber eben nicht, wie man einen Zweispänner mit Pferden durchs Dorf trieb. Warum auch? Schließlich änderten sich die Zeiten, aber eben nicht bei Gemeindejubiläen.

Andere Zivilisationen stellten bei Jubiläen stolz ihre Errungenschaften zur Schau, allzu oft in dreist martialischer Weise, was freilich auch nicht gut ist, weil Ausdruck von Überlegenheitsgefühl gegenüber wem auch immer, aber in Oberbayern suchte und fand man die Überhöhung seiner selbst nicht in der Präsentation der neusten Errungenschaften, sondern in der peinlichen Darstellung des Gestrigen.

Bei Gemeindejubiläen gab es kein Heute, es gab nur Früher. Insofern war es für viele Engelberger nichts weniger als eine unverzeihliche Unerhörtheit allererster Güte, dass Ignaz Hallgruber und Katrin in Alltagsklamotten zum Frühschoppen erschienen, als sei es ein ganz normaler Tag.

Katrin trug ein hübsches gelbes Sommerkleid und rote Chucks. Ignaz fand, dass sie darin einfach wunderbar aussah. Ignaz trug wie immer Jeans, T-Shirt, Lederjacke und Boots.

Der Saal im Mönchsbräu war schon knallvoll, als sie ankamen.

Am Tisch der Trachtler waren noch zwei Plätze frei. Schorsch Gutwein ließ sie platznehmen. Der Vereinsvorsitzende war Ignaz immer noch dankbar für dessen Unterstützung in der Trachtensache auf der Bürgerversammlung.

„Schorsch, du kannst doch den Grattler vom Schrottplatz nicht bei uns am Tisch sitzen lassen, so wie der angezogen ist. Wir haben unsere Regeln", protestierte ein Typ drei Sitzplätze weiter.

Ignaz kannte ihn nicht persönlich. Der Grantler war noch nie auf dem Friedhof der Dinge gewesen. Aber Ignaz wusste, dass der Kerl Erwin Schnatterer hieß. Wenn man glaubte, was in der Zeitung über ihn geschrieben stand, war Schnatterer der Grasober unter den Trotteln im Dorf. Laut und dumm und selbstbewusst bei völliger Ahnungslosigkeit, trotzdem eine große Nummer, weil Gemeinderat. Einige der Leute am Tisch klopften mit den Fingerknöcheln zustimmend auf die Biertischplatte.

„Gut gesprochen, Erwin", meinte einer.

Schorsch Gutwein erhob sich von der Sitzbank und blickte Schnatterer ernst an. „Ignaz Hallgruber und seine entzückende Begleitung sind unsere Ehrengäste. Dass wir unsere Trachten erneuern können, dafür hat der Ignaz gesorgt. Und der Ignaz hat nur eine Minute dafür gebraucht auf der Bürgerversammlung. Erwin, wie lang sitzt du schon im Gemeinderat, und wie lang hast du das nicht fertiggebracht?"

Die Trachtler am Tisch lachten und klopften wieder zustimmend auf den Tisch, auch jene, die gerade noch für Schnatterer geklopft hatten. Gutwein blickte Schnatterer weiter ernst an.

Der senkte den Blick, griff nach seinem Weizen und hob das Glas. „Na dann herzlich willkommen."

Eigentlich hatte Ignaz noch keinen großen Hunger. Die vier Eier, reichlich Speck und drei Brezen zum Frühstück lagen ihm noch schwer im Magen.

Katrin dagegen war wild entschlossen, etwas zu essen. Das Wammerl mit Knödel vor Gutwein sah einfach zu gut aus. Und natürlich galt es, eine Grundlage zu schaffen. Es war erst halb zwölf, der Tag also noch lang und gespickt mit einer Vielzahl von Trinkgelegenheiten.

Aus Solidarität bestellte auch Ignaz ein Wammerl.

Die Stimmung am Tisch war recht ausgelassen für die frühe Uhrzeit. Manche saßen schon seit neun Uhr da, zum Frühfrühschoppen, einige hatten schon fünf Kreuzerl auf ihrem Bierdeckel, daneben mehrere Striche und damit grob gerechnet gut einskommafünf Promille. Dementsprechend war das Niveau. Je dümmer der Witz, desto lauter das Lachen. Minderheiten hätten vermutlich nicht mitgelacht, aber Minderheiten waren auf Gemeindejubiläen nicht zugegen. Gemeindejubiläen feierte man unter sich.

Erwin Schnatterer hatte seine Zurechtweisung offenbar gut weggesteckt, jedenfalls lachte er laut und lang und krampfte seine rechte Hand fröhlich in den Oberschenkel seiner Begleitung. Bei dieser handelte es sich um eine solariumbraune, knapp bedirndelte verwelkte Schönheit, der als Einziger entgangen war, dass der Zahn der Zeit nicht nur gewissenhaft an ihr genagt, sondern beherzt zugebissen hatte, und die sich alles gefallen ließ, Hauptsache der Schnaps kam regelmäßig. Sie lachte am lautesten, wenn Schnatterer etwas sagte, egal ob es lustig war oder nicht.

Schnatterer, jetzt ermutigt vom Zuspruch, den er von seinen Tischnachbarn erfuhr, wandte sich wieder an Ignaz. „Hallgruber, womit verdienst du denn eigentlich dein Geld da draußen auf dem Schrottplatz?"

Plötzlich war es ganz ruhig am Tisch. Auch Gutwein und Katrin hörten auf miteinander zu reden, wobei Gutwein nicht aufhören musste, weil eigentlich nur Katrin gesprochen hatte. Aber selbst Katrin schwieg nun. Sie hatte freilich mitbekommen, dass Schnatterers Frage eine Provokation war, und überlegte sich eifrig, wie sie ihren Freund unterstützen könnte, ohne als Verwaltungsangestellte einem Gemeinderat öffentlich auf die Füße zu treten. Und gleichzeitig war sie gespannt auf Ignaz' Antwort. Auch sie fragte sich seit Wochen, womit Ignaz sein Geld verdiente.

Ignaz blickte Schnatterer kalt ins Gesicht. „Ich handle mit Schrott", sagte er.

„Ach was, davon kann man doch nicht mehr leben", insistierte Schnatterer und zeigte herzliches Vergnügen daran, offenbar einen wunden Punkt getroffen zu haben.

Gutwein wetzte mit seinem Hintern unruhig auf seinem Stuhl hin und her. „Was soll das, Erwin?"

„Ich frag ja nur", sagte Schnatterer und grinste.

„Hältst besser mal dein Maul." Max Gold stand plötzlich hinter Erwin Schnatterer und legte seine Hände auf dessen Schultern. Optisch war es nicht einwandfrei zu erkennen, aber aus dem Gesichtsausdruck Schnatterers konnte man schließen, dass Max seine Finger recht schmerzhaft in die Furchen über Schnatterers Schlüsselbeine drückte. Alle am Tisch schauten Max an. Nur Schnatterer nicht, der sich erheblich Mühe gab, nicht loszuschreien vor Schmerz. „Würde mein Maul nicht so weit aufreißen, wenn ich du wäre. Bist du meiner Meinung, Erwin?"

Erwin nickte stumm.

Max ließ Schnatterer los und klopfte ihm herzlich auf die Schulter. „Mach mal Platz, mein Lieber."

Schnatterer stand auf und wankte grußlos aus dem Saal.

„Was war das denn jetzt?", fragte einer der Trachtler.

Max Gold zuckte mit den Schultern. „Hab vor drei Jahren das Mofa von seinem Sohn vergraben. Hat im Suff das Kriegerdenkmal angefahren."

„Ach, der Bub vom Schnatterer war das. Wenn das der Bürgermeister erfährt. Der hat ja damals einen Ölanschlag vermutet und Anzeige erstattet", sagte Gutwein.

„Eben", meinte Max.

„Ist ja ehrlich gesagt auch scheißegal, wer damals gegen das Denkmal gefahren ist und wo das Mofa heute liegt. Also prost."

Am Tisch waren sich alle einig, dass der Trachtlerchef recht hatte.

Die meisten Frühschopper im Mönchsbräu schenkten sich den Feldgottesdienst. Der Gottesdienst war eher was für die Mütter der Kommunionkinder, die dem Pfarrer Spalier stehen durften, und vor allem für die alten Witwen, denen es nicht vergönnt war, das Dorfjubiläum mit ihren Männern zu begehen.

Aber irgendwann wurde es Zeit für die Trachtler, zum Festzug aufzubrechen. Es gelang gerade noch rechtzeitig, denn die Streitigkeiten mit einer ungewohnt resoluten Bedienung über die Menge der getrunkenen Schnäpse zogen sich erheblich in die Länge. Die Bissgurke bestand beharrlich darauf, dass es dreiundneunzig waren und keiner weniger, schließlich habe sie jeden einzelnen ordentlich verbucht. Die Trachtler mussten tatsächlich die Wirtin herbeirufen, um ihr klarzumachen, dass es nur achtzig gewesen waren, sonst würde man zwei Wochen lang nicht wiederkommen. Die Wirtin fand das Argument überzeugend und entschied, dass es tatsächlich nur achtzig Schnäpse waren.

Schließlich schafften es doch noch alle Trachtler rechtzeitig zum Festzug, und man schritt gewissenhaft und stolz, mancher schwankend aber umso stolzer den Weg von der Feldkapelle zum Marktplatz. Abgesehen von den Zugteilnehmern waren die Straßen menschenleer. Schließlich lief jeder Engelberger, der etwas auf sich hielt, im Festzug mit und winkte gravitätisch einem nicht existenten Publikum. Objektiv betrachtet war der Festzug ein Flop. Aber wer besitzt schon die seelische Grausamkeit, einen Festzug objektiv zu betrachten?

Ignaz jedenfalls nicht. Ihm war der Festzug viel zu egal, um überhaupt als Betrachter zu zählen. Er genoss die Ruhe auf dem Marktplatz, wo er allein auf einer Bank saß, eine Zigarette rauchte und die Vögel am Dorfbrunnen beobachtete. Katrin musste mit den anderen Verwaltungsmitarbeitern beim Umzug mitlaufen. Ganz vorn, aber nicht, weil Bürgermeister Otter sein Personal für besonders bedeutsam hielt. Kurz vor dem Dorfplatz sollten sie aus dem Zug ausscheren, sich an den Straßenrand stellen und den Rest des Umzugs freudig beklatschen.

Die Vögel saßen am Rand des Brunnens. Sie waren zu sechst. Es waren Lachmöwen. Ignaz erkannte sie an ihrem schokoladenbraunen Gesichtsflaum. Sie wirkten wie Henker mit übergezogenen Gesichtsmasken, die am Schafott auf ihre Kundschaft warteten. Lachmöwen verdankten ihren Namen den Lauten, die sie von sich geben. Die Töne glichen einem spöttischen Lachen, und weil Lachmöwen sehr kommunikative und humorvolle Vögel waren, wirkte es, als würden sie sich permanent über alle Lebewesen lustig machen, denen nicht das seltene Glück vergönnt war, als Lachmöwe auf die Welt gekommen zu sein. Ignaz kannte Lachmöwen aus dem *Lexikon der lustigen Lebewesen*, das er einmal ausgeliehen hatte. Neben der Lachmöwe konnte er sich noch an den Glasfrosch erinnern, ein exhibitionistisch veranlagtes Amphib in Südamerika, der es offenbar für chic hielt mit durchsichtiger Haut herum zu hüpfen und jedermann, der sie sehen wollte oder nicht, seine Innereien zu präsentieren. Dann gab es noch den Streifentenrek, ein ulkig stachliges Minisäugertier auf Madagaskar mit schwarzgelben Stacheln am ganzen Körper, das aussah wie ein unter Strom gesetztes Küken in einem Trikot von

Borussia Dortmund. Außerdem die Seefledermaus, ein von der Evolution sträflich vernachlässigter, deprimiert dreinblickender und fast schwimmunfähiger Fisch, der offenbar lieber eine richtige Fledermaus geworden wäre, aber das konnte man sich in der Natur ja nicht aussuchen. Weniger lustig als furchteinflößend war die Riesenassel, ein Krebs, der aussah wie eines der Killerviecher aus den Alien-Filmen und die Größe eines Dackels erreichen konnte. Gut, dass die Riesenassel in der Tiefsee lebte und nicht in Engelberg. Der herkömmliche Dackel selbst hatte es nicht in das Tierbuch geschafft. Für das *Lexikon der lustigen Lebewesen* war er einfach zu grantig.

Der Festzug drohte sein baldiges Erscheinen anschwellender Blasmusik an. Die Lachmöwen hielten mit lauteren Hähä-hähä-Rufen dagegen. Drei Minuten später erschien die Spitze des Zugs auf dem Marktplatz. Die Rathausbediensteten taten wie ihnen geheißen und reihten sich klatschend am Straßenrand auf. Es folgte die Blaskapelle, deren Mitglieder sich ebenfalls an den Rand stellten. Manche waren vom Frühschoppen, Marschieren und Musizieren so erschöpft, dass sie sich an eine Hauswand lehnen mussten, um nicht zusammenzubrechen. Dann klapperten die Hufe zweier Pferde über das Kopfsteinpflaster. Sie zogen eine prächtig geschmückte Kutsche hinter sich her. Bürgermeister Otter saß darin, außerdem der Landrat, beide in Tracht und Ornament, fröhlich winkend und kleine Blumensträußchen werfend, die unbeachtet aufs Pflaster fielen. Ein Lokaljournalist torkelte neben der Kutsche her und versuchte mit einer winzigen Digitalkamera zu fotografieren. Es mochte ihm nicht recht gelingen. „Kruzifix, jetzt bleibt's halt mal stehen. Des verwackelt doch sonst alles."

Bürgermeister Otter klopfte dem Kutscher auf die Schulter und bat ihn anzuhalten, damit der Journalist sein Foto machen konnte. Der Landrat und Otter grinsten glücklich in die Kamera.

Der Journalist machte sein Foto. Dann lehnte er sich erschöpft neben einen schwer ermatteten Posaunisten an eine Hauswand. Die Möwen lachten immer lauter.

Nach der Kutsche kamen die Gemeinderäte auf den Marktplatz, dann die Pfarrgemeinderäte. Es folgte der Pfarrer mit den Kommunionkindern und dem Kirchenchor, deren monatelang eingeübtes *Te Deum laudamus* ungehört verhallte, weil die Blaskapelle vergessen hatte, Pause zu machen. Hinter dem Kirchenchor schwankte der Trachtenverein auf den Platz, dann die schwer bewaffneten Mitglieder des Schützenvereins, neidisch beäugt von den Möchtegernsoldaten der Krieger- und Reservistenkameradschaft. Dahinter der Kegelclub, die ergrauten Damen der Strickliga, die Schulklassen der örtlichen Grundschule, die Kinder und Erzieherinnen des Gemeindekindergartens Klatschmohnwiese, die Fußballer, der Burschen- und Madlverein, die Freiwillige Feuerwehr, die Gewerblichen, also allerlei Metzgergesellen, Bäckereifachverkäuferinnen, Schreinermeister, Schmiede, Immobilienmakler und dergleichen, dann der Zahnarzt zusammen mit der Hausärztin und der Apothekerin, die Eisstockschützen, der Gartenbauverein, und zum Schluss eine ebenso undefinierbare wie zahlreiche Anzahl von Engelbergern, die einfach mitmarschierten, weil sie sich für wichtig genug hielten.

Als es auf dem Marktplatz immer voller wurde, flogen die Möwen laut lachend davon, wahrscheinlich ein paar Kilometer weiter nach Plötzwies. Am Plötzwieser Weiher fand heute das Meisterfischen der Audacher Fischereivereine statt. Dort würde es sicherlich auch allerhand zu lachen geben.

Das Gemeindejubiläum, Teil zwei: Weitersaufen

12. Mai 2018, ein Samstag, 31 Grad Celsius (14:23 Uhr), sonnig, Luftdruck 1018 Hektopascal, Tendenz weiter steigend
Nach dem Festzug strömten die Engelberger ins Bierzelt. Es fasste gut dreitausend Leute. Der Aufbau hatte drei Wochen gedauert.

Weil für das Festzelt die Parkplätze auf dem Marktplatz vorübergehend weichen mussten, war es im Vorfeld des Gemeindejubiläums in der Ortsgruppe der Freiheitlichen Partei zu einem schweren Zerwürfnis gekommen. Die Freiheitlichen standen nämlich für exakt zwei Themen, und die reichten, um bei den letzten Wahlen ein Drittel der Gemeinderatssitze zu erobern.

Das eine Thema war Heimat, wobei man bei den Freiheitlichen „Hoamat" sagen musste. Wer „Heimat" sagte, galt schon als verdächtig auswärtig und unhoamatlich.

Das zweite Thema war der unbedingte Erhalt von Parkplätzen im öffentlichen Raum. Weil die Autos immer mehr wurden und immer größer, war es das erklärte Ziel der Freiheitlichen, möglichst viele und möglichst große Parkplätze zu bauen. Wenn man sich die Hoamat der Freiheitlichen vorstellte, dann war das eine bis zum Horizont reichende asphaltierte Parkfläche vor einem Trachtenmodengeschäft.

Der Zeltaufbau für das Gemeindejubiläum stellte die Freiheitlichen vor eine ideologische Zerreißprobe. Einerseits war das Gemeindejubiläum Hoamat pur, da müsse man das mit den Parkplätzen ausnahmsweise mal hintanstellen, und das Zelt komme ja auch wieder weg, und dann wären die Parkplätze wieder da.

Andere Freiheitliche argumentierten, mit dem vorübergehenden Parkplatzwegfall öffne man dem immer ärger grassierenden Irrglauben, dass öffentlicher Raum nicht nur für Autos da sei,

Tür und Tor, und am Ende würden die Leute vielleicht feststellen, dass es die vielen Parkplätze gar nicht braucht. Man solle lieber eine Wiese am Dorfrand asphaltieren und das Zelt dort aufstellen. Wenn das Zelt wieder abgebaut war, könne man die Asphaltfläche als Parkplatz nutzen.

Jedenfalls konnten sich die Freiheitlichen nicht einigen, es kam zur Spaltung der Partei und einem öffentlich ausgetragenen Streit darüber, wie denn nun die Tischreservierungen im Festzelt aufzuteilen seien. Es ging um vier Biertische in der zweiten Reihe, also an prominenter Stelle, und beide Seiten beanspruchten die Tische exklusiv für sich.

Bürgermeister Otter erkannte sofort wieder eine der seltenen Gelegenheiten, sich der interessierten Öffentlichkeit als besonders raffiniert zu präsentieren. Er erinnerte sich an den Religionsunterricht. Der Lehrer hatte ihnen damals vom weisen Urteil des Salomon erzählt. Zwei Huren waren damals mit einem Baby vor den König getreten im Streit darüber, wer die Kindsmutter sei. Der weise König Salomon ließ sich ein Schwert reichen, um das Kind entzwei zu hauen und gerecht aufzuteilen. Eine der beiden Huren flehte Salomon flehentlich an, es nicht zu tun und das Kind lieber der anderen zu geben, und offenbarte sich dem König damit als die wahrlich liebende Mutter. „Ganz Israel hörte von dem Urteil, das der König gefällt hatte, und sie schauten mit Ehrfurcht zu ihm auf; denn sie erkannten, dass die Weisheit Gottes in ihm war, wenn er Recht sprach", hatte sich der Religionslehrer gefreut in der Hoffnung, seine pubertierenden Zuhörer von der Weisheit des Herrn zu begeistern. Es war ihm nur leidlich gelungen.

Aber als nun die Freiheitlichen um ihre Reservierungen stritten wie die Kesselflicker, kam dem Bürgermeister die Geschichte des Religionslehrers wieder in den Sinn. Steckte in ihm selbst nicht auch die Weisheit Gottes? Gewiss doch. Und sollten die Engelberger etwa nicht mit Ehrfurcht zu ihm aufschauen, wenn er Recht sprach? Wäre schon schön. Also frage er sich, wie der weise König Salomon im Engelberger Reservierungsstreit geurteilt hätte. Sicherlich hätte er sich von seiner Vorzimmerdame eine Schere reichen lassen.

Bürgermeister Otter saß hinter seinem Schreibtisch und sah die beiden Freiheitlichen, die er zu einem Schlichtungsgespräch in sein Büro geladen hatte, gnädig an. Beide blickten ausdruckslos vor sich hin. Gerade hatten sie, ohne einander eines Blicks zu würdigen, erneut die Reservierungen komplett für ihre Fraktion beansprucht.

„Ich habe die Reservierungen bestellt", beharrte der Anführer der Parkplatzfraktion.

„Aber ich hab sie bezahlt", insistierte der Führer der Hoamatlichen.

„Frau Prömptner, bringen Sie mir eine Schere", rief Otter.

Die Vorzimmerdame dackelte ins Büro des Bürgermeisters, hob die Schere von dessen Schreibtisch auf und reichte sie Otter.

Der Bürgermeister zog eine Schreibtischschublade auf und nahm das Zettelbündel mit den Reservierungen heraus. „Michi. Herbert. Ihr beide erhebt Anspruch auf die gesamten Reservierungen. Ich bin immer am Ausgleich interessiert. Wenn ihr mich fragt, ist der Kompromiss das Erfolgsgeheimnis der Demokratie."

Jetzt sahen sich die beiden Kontrahenten zum ersten Mal an. Irritiert. Keiner von beiden hatte jemals über Kompromisse oder Erfolgsgeheimnisse oder Demokratie nachgedacht.

Otter redete weiter. „Weil ihr beide Anspruch auf die Reservierungen geltend macht, will ich euch einen Kompromiss vorschlagen. Ich schneide jetzt die Reservierungen genau in der Mitte auseinander. Jeder bekommt exakt die Hälfte."

Herbert, der Anführer der Parkplatzfraktion brauchte ein paar Sekunden, um die Konsequenzen zu realisieren. Aber damit besaß er immer noch einen uneinholbaren Vorsprung vor seinem Kontrahenten von den Hoamatlichen, der einfach nur tumb vor sich hinstarrte und hoffte, dass ihm bald jemand erklärte, was das alles bedeutete. Wenn es nicht um Hoamat ging, erwies sich sein Intellekt leider immer wieder zuverlässig als heillos überfordert.

„Aber dann sind sie Reservierungen ja allesamt nicht mehr gültig", sagte Herbert verwirrt.

Bürgermeister Otter nickte anerkennend. „Das hast du klug erkannt, Herbert. Hast ganz gescheit eins und eins zusammengezählt und die Lage der Dinge wieder mal blitzschnell erkannt. Das mag ich so an dir. Wenn ich die Reservierungen also auseinanderschneide, dann sind sie nicht mehr gültig. Deine nicht, aber die vom Michi auch nicht. Deswegen schlage ich vor, ich zerschneide die Reservierungen nicht, wenn ihr euch, sagen wir mal innerhalb von einer Minute, auf einen sinnvolleren Kompromiss einigt."

Die beiden Kontrahenten sahen sich entschlossen an.

„Ich hab sie bestellt", rief der eine.

„Ich hab sie bezahlt", der andere.

Die Sekunden verrannen.

Irgendwann machte es schnipp und die Reservierungen waren entzwei.

Weil Frau Prömptner immer noch neben Bürgermeister Otter stand und die Situation geradezu in sich aufsaugte, brauchte Bürgermeister Otter sich nicht weiter um die Verkündung seines salomonischen Urteils kümmern. Alle würden es erfahren. Und alle würden über die Dämlichkeit der Freiheitlichen lachen. Wahrscheinlich noch in Jahrzehnten.

Ignaz und Katrin fanden in der zweiten Reihe des Festzelts freie Plätze. Neben der bunten Frau und ihrem Gatten.

„Ihr wart doch auch beim Konzert von Tom B. Stone im Café Rousseau", stellte Katrin erfreut fest, als sie sich zu dem seltsamen Paar setzten. „Ich bin die Katrin und das ist mein Freund, der Ignaz."

Die bunte Frau stellte sich als Wibke vor, und ihren Mann als Franz, aber er nenne sich Francis.

Francis nickte kurz und widmete sich seinem Smartphone.

Ignaz konnte ihn nicht leiden, obwohl Francis einer der wenigen war, der nicht Tracht trug, sondern ein Hemd mit seltsamem Kragen, weil nicht vorhanden, und Leinenhosen und keine Schuhe. Für den weiteren Verlauf des Tages war es aber unerheblich, ob Ignaz Francis mochte oder nicht, denn Francis musste nach ein paar Minuten zurück ins Homeoffice, weil irgendetwas mit dem Go-Live der neuen Website von Bavarian Culture nicht funktionierte.

Wibke klärte Ignaz und Katrin detailliert darüber auf, dass Bavarian Culture das neueste Projekt ihres Mannes war, und da müsse er natürlich auch am Wochenende ran, weil er sei ja der Siio, also der Chief Executive Officer, und wenn ein Go-Live bevorstand und es irgendwo hakte, bei einem so großen Projekt hakte ja immer irgendwas, daran seien ja viele beteiligt, und nicht jeder mache seine Arbeit so professionell wie der Francis, bei weitem nicht jeder, das stand jedenfalls mal fest, so professionell wie der Francis sei kein anderer, aber wenn es ihnen nichts ausmache, würde sie gern bleiben, weil nachher noch der Tom B. Stone spiele, und der sei nach ihrer Aktion auf der Bürgerversammlung eigentlich ihr Projekt, und der Tom B. Stone habe zugesagt, und zwar ganz fix, dass er vor seinem Auftritt und nachher freilich auch, bei ihr sitzen würde.

Katrin und Wibke verstanden sich sofort hervorragend. Beide erzählten einander von ihren Jobs, sie taten das gleichzeitig, um keine Zeit zu verschwenden. Frauen können das ja, gleichzeitig reden und zuhören, aber Ignaz war komplett überfordert. Männer können das nicht wirklich gut, zwei Menschen gleichzeitig zuhören und dabei auch noch Bier trinken, also konzentrierte Ignaz sich ganz aufs Biertrinken und ließ das Zuhören sein.

Vorher hatte er noch mitbekommen, dass Wibke gerade dabei war, eine Eventagentur aufzubauen. Konzerte veranstalten und so, da gebe es Synergieeffekte mit dem Projekt ihres Mannes, weil Bavarian Culture sei eine Werbeagentur für regionale Kleinunternehmen, das sei eine Nische, das habe in Berlin freilich nicht geklappt, in Hamburg leider auch nicht, aber hier in Bayern würde es sicher klappen, weil wo sonst auf der ganzen Welt waren die Menschen regionalbezogener als in Bayern, und wo bitteschön bedurften die Menschen dringlicher Hilfestellung, was Kommunikation betraf? Und Kultur sei nun endlich auch mal gefragt in Bayern, da sehe sie einen großen Markt, und sie sei geradezu prädestiniert, richtig gute Kultur in Bayern aufzuziehen, weil Kultur habe sie geradezu im Blut, der Vater habe mal mit Ton Steine Scherben gejammt, und die Mutter sei Klarinettistin. Wibke, so sagte sie, fühlte sich hier in Bayern richtiggehend als Pionierin, und für die Konzertpremiere habe sie sich etwas ganz Besonderes ausgedacht, etwas, das es in Engelberg noch nie gegeben habe, für den Kick-off-Event brauche es natürlich auf jeden Fall einen richtigen Kracher, da brauche es ein Happening, ein Spectacle spectaculaire, und zwar Hundling.

Ignaz sagte, er halte das für keine besonders gute Idee. Der Hundling sei letztes Jahr in Audach aufgetreten und selbst dort war er nicht ausverkauft, und er bezweifle, dass die Leute ein Jahr später gleich wieder zum Hundling rennen und ihm vierzig Euro in den Rachen stopfen, um seine angestaubten Lieder zu beklatschen. Aber Ignaz drang mit seinem Einwand nicht durch, weil Wibke den Hundling für einen wirklich originellen und duften Künstler hielt, und Katrin sie in ihrer Meinung auch noch bestärkte, weil sie den Hundling ja auch ganz gut fand, sie habe schon lang nichts mehr von ihm gehört, also sie würde schon hingehen, weil es wahrscheinlich schon interessant wäre zu sehen, ob der Hundling endlich wieder so gut ist, wie er vor zwanzig Jahren mal war. Man müsse Menschen Chancen geben, und von ihr aus gerne jedes Jahr.

Irgendwann kam Tom B. Stone an den Tisch und setzte sich neben Wibke. Ignaz hatte seine fünfte Maß Bier vor sich stehen und verspürte keine rechte Lust, die Zeit mit Konversation zu verschwenden. Allein dass er mit Katrin hier war, war in seinen Augen Liebesbeweis genug. Katrin und Wibke amüsierten sich auch ohne sein Zutun blendend.

Seit Stunden unterhielten sich die beiden prächtig. Alle halbe Stunde dackelten sie gemeinsam aufs Klo und kamen mit zwei Rüscherln wieder.

Am späten Nachmittag bekam Katrin nochmal richtig Hunger und bestellte eine Schweinshaxe. Ignaz half ihr nur ein bisschen dabei. Wenn er trank, hatte er keinen Hunger, also aß er nur ein paar Stücke Kruste.

Wibke lehnte komplett ab, weil Veganerin.

Jedenfalls wirkte Katrin am späten Nachmittag so glücklich und zufrieden, dass Ignaz glaubte, sich ganz aufs Trinken konzentrieren zu können, um diesen unerfreulich geselligen Tag unter Menschen möglichst erträglich zu überstehen.

Tom B. Stone wirkte ebenfalls überfordert von der Redseligkeit der beiden Frauen. So schnell wie Katrin und Wibke plapperten, verstand er fast gar nichts. Sein Deutsch war zwar inzwischen recht gut, aber wenn die Wörter wie Maschinengewehrsalven an seinen Ohren vorbeizischten, verstand er nur Bahnhof. Tom B. Stone schaute Ignaz an. „Du bist angenehm still."

Ignaz blickte von seiner Maß auf. „Hmmh."

„Die Beredsamkeit des Entzückens ist Schweigen."

„Hmmmh?"

„Ist ein deutsches Sprichwort."

„Nie gehört", sagte Ignaz.

„Habe ich von der Deutschlehrerin in der Volkshochschule gelernt."

Ignaz nahm einen Schluck Bier.

„Und sie hat mir noch ein anderes deutsches Sprichwort beigebracht: Wohl schweigen ist die größere Kunst als wohl reden."

Ignaz nahm die Hände von der Maß und zeigte auf die Nebentische. Überall plapperten die Leute. „Wir haben wohl nichts aus unseren Sprichworten gelernt."

Die beiden stießen miteinander an.

„Was machst du so, wenn du nicht in einem Bierzelt sitzt und schweigst?", fragte Tom.

„Dann vergrabe ich Dinge und schweige."

Tom musste lachen. „Du bist einer von wenigen, die mich nicht dauernd vollquatschen. Gefällt mir."

Ignaz rang sich dazu durch, Tom zu mögen und fragte sich ernsthaft, worüber er mit dem Musiker reden könnte. Aber er musste nicht lange überlegen, denn nun plapperten Wibke und Katrin auf Tom ein, und irgendwann musste Tom auf die Bühne und Musik machen.

Wibke und Katrin gingen nach vorn zur Bühne, um den Auftritt hautnah zu erleben. Ignaz blieb sitzen und trank Maß Nummer sieben. Sie schmeckte ihm besser als Maß Nummer sechs aber hoffentlich schlechter als Maß Nummer acht. Wenn das der Fall war, konnte er insgesamt ganz zufrieden sein mit seiner Teilnahme am Gesellschaftsleben. Irgendwann würde auch Katrin genug haben. Dann würden sie heimfahren, Katrin würde noch ein wenig weiterreden, wahrscheinlich darüber, wie schön der Tag gewesen wäre, und dann würden sie einschlafen, und endlich wäre es Sonntag und das ganze Tohuwabohu wieder vorbei.

Ignaz sollte sich gewaltig täuschen. Er konnte nicht ahnen, dass ihm Stunden später eine stattliche Anzahl von Schweinswürsteln einen gewaltigen Strich durch die Rechnung machen würde. Und ein Toter. Aber die Sache mit den Schweinswürsteln war schlimmer. Definitiv.

Tom B. Stone spielte ein fürchterlich schönes Konzert. Mehrmals lobte er die Freundlichkeit der Engelberger und dankte ihnen dafür, dass sie ihn als einen der ihren aufgenommen hatten. Auch Bürgermeister Otter dankte er immer wieder. Der Bürgermeister erhob sich dann von seinem Platz in der ersten Reihe, prostete Tom zu und winkte ins Publikum. Als Tom B. Stone nach seinem letzten Song in Anlehnung an JFK rief „I take pride in the words: Ich bin ein Engelberger", da johlten und applaudierten die Zuhörer und forderten Zugabe. Also rief Tom einfach nochmal „Ich bin ein Engelberger", wurde nochmals bejubelt und sprang von der Bühne.

Danach verkaufte er ein paar CDs und Platten. Seit einiger Zeit kauften die Leute wieder recht gern Schallplatten. Vielleicht irgendwann auch wieder Videofilme auf VHS oder Beta, denn früher war alles besser, auch die Schlechtigkeit von Ton- und Bildträgern. Anschließend kam Tom wieder zurück an den Tisch, an dem Ignaz saß und seine achte Maß richtig gut fand, und Katrin und Wibke immer noch fröhlich miteinander lichtgeschwindigkeitsschnell Konversation betrieben.

Irgendwann fingen die Hornochsen an zu spielen. Dafür, dass sie noch nie eine richtig gute Band gewesen war, war sie richtig gut. Die Leute im Festzelt saßen jetzt nicht mehr, sondern standen auf den Bänken und tanzten und grölten wild, je lauter, umso besser.

Katrin und Wibke stellten sich auch auf die Bänke und forderten Tom und Ignaz auf, es ihnen gleichzutun. Also stellten sie sich widerstrebend ebenfalls auf die Sitzmöbel.

Tom und die beiden Frauen tanzten recht fröhlich. Ignaz hielt seine Maß fest in den Händen und trank ab und zu. Wenn Ignaz von seinem Krug aufblickte, sah er Tom und Wibke auf der anderen Seite des Tischs beim Tanzen zu.

Toms linke Hand war irgendwo zwischen Wibkes Haut und Kleidung verschwunden, aber weil Wibkes Wickelrock recht ausladend war und ein Meer von Falten warf, konnte Ignaz nicht genau feststellen, wohin sie konkret verschwunden war. Jedenfalls lächelte Wibke recht glücklich.

Ab und zu sah Ignaz auch Katrin an, die neben ihm tanzte beziehungsweise versuchte, das Gleichgewicht zu halten und nicht umzufallen und einen Unbeteiligten zu zerschmettern.

Katrin lächelte Ignaz dann fröhlich an, und auch ein bisschen auffordernd, aber Ignaz fand es fehl am Platz, seine Hand auf ihren Hintern zu legen, so in aller Öffentlichkeit.

Um kurz vor zwölf mussten die Hornochsen aufhören, und das war rein musikalisch betrachtet auch allerhöchste Eisenbahn. Bürgermeister Otter hatte freilich keine Gelegenheit verpasst, der Band einen Schnaps zu spendieren. Da wollten sich die gespaltenen Freiheitlichen, die sich nach der Otterschen Tischreservierungszerschneidung Stehplatzkarten gekauft hatten, natürlich mit Geld aus der Fraktionskasse, über deren Eigentümer bald ein Gericht zu entscheiden hatte, nicht lumpen und spendierten der Band ebenfalls einen Kurzen nach dem anderen. Vielleicht wurde die Spendierfreude der Freiheitlichen ja mal durchgesagt oder hoffentlich sogar in der Zeitung erwähnt. Jedenfalls waren die Hornochsen irgendwann so hackedicht, dass sie keinen Ton mehr trafen.

Kein Vorwurf. Kann vorkommen. In den Neunzigern spielte Oasis mal ein Konzert in Los Angeles, bei dem Liam Gallagher beim Lesen der Setlist in der Zeile verrutschte, weil er voll war mit irgendwelchen Dingen, und dann sang er den Text von *Cigarettes and Alcohol*, während Noel und die Unwichtigen in der Band *Columbia* spielten.

Wenn eine Band scheiße performt, heißt das nicht, dass sie an sich scheiße ist, sondern wahrscheinlich ist sie einfach nur voll bis obenhin, womit auch immer.

So gesehen waren die Hornochsen immer noch die potenziell beste Band der Welt. Nur war ihr nie die Gelegenheit vergönnt, es zu beweisen, weil immer irgendwelche Bürgermeister oder Freiheitliche aller Couleur Schnäpse spendierten, und dann traf man halt einfach nicht mehr jeden Ton und jeden Chord, oder spielte zur selben Zeit verschiedene Lieder. Insgesamt war das alles aber fürchterlich egal, denn das Publikum war meist ebenso besoffen, und wenn man besoffen ist, geht einem vieles am Allerwertesten vorbei, vor allem Musik, siehe Ballermann.

Das Gemeindejubiläum, Teil drei:
Der Sturm, der Otter und der Grappa

12. und 13. Mai 2018, Nacht von Samstag auf Sonntag, 23 Grad Celsius (23:43 Uhr), Luftdruck 1008 Hektopascal, Tendenz extrem fallend
Um kurz vor zwölf war Schluss mit lustig und schlechter Musik auf dem Gemeindejubiläum. Der Feuerwehrkommandant hetzte auf die Bühne und entriss dem Sänger das Mikrofon.

Die Band stellte das Musizieren ein und widmete sich einem von den Freiheitlichen bereitgestellten Schnaps.

Der Feuerwehrkommandant sprach mit selbstbewusster Eigenwichtigkeit ins Mikrophon. „Wir müssen die Veranstaltung sofort abbrechen. Ein Gewitter zieht auf. Die Kollegen aus Münsing haben uns gewarnt. Die hatten das große Steckerlfischessen, und denen hat es die Feier komplett verhagelt. Mehrere Verletzte. In zehn Minuten dürfte das Gewitter bei uns sein. Die Sicherheit in diesem Zelt ist nicht gewährleistet. Ich wiederhole, nicht gewährleistet, die Sicherheit. Gehen Sie deshalb ruhig aber zügig nach Hause. Lassen Sie sich Zeit, aber beeilen Sie sich. Vielen Dank."

Sogleich brach im Festzelt ein gewaltiges Tohuwabohu aus. Ängstliche sprangen auf und liefen zu den Ausgängen. Durstige eilten in die Bar, um schnell noch einen auf den Weg zu nehmen. Es war ein großes Getrampel und Gewusel. Ein Kind, das freilich selbst schuld war, weil nur sechs Jahre alt und deshalb um kurz vor zwölf völlig fehl am Platz auf einem Gemeindejubiläum, wurde gewissenhaft übertrampelt. Keine Angst, nur Unterschenkelbruch und Prellungen, aber vernachlässigbar, weil vollkommen unplatziert inmitten einer mitternächtlichen Panik unter Erwachsenen und daher selbst schuld dran, von seinen Eltern so lange auf dem Fest gelassen zu werden.

Also intensives und hektisches Hin und Her im Zelt und draußen schlimmer Wind von west, über allem donnernder Himmel, darunter alle schwer beschäftigt mit aussaufen, rauslaufen und trocken nach Hause kommen, denn die beste Tracht und Regen sind einfach eine Scheißkombination, die es zu verhindern galt.

Irgendwann fand der schwerstbesoffene Vater sein Kind, hob es auf und schleppte es nach Hause. „Du bist aus dem Hochbett gefallen", trichterte der Vater dem Kind ein, und genau das sagte das Kind tags drauf auch artig dem Arzt in der Notaufnahme, nachdem der Vater es gegen Mittag wieder einigermaßen nüchtern ins Krankenhaus gefahren hatte.

Ignaz und Katrin und Tom und Wibke liefen zum Parkplatz. „Sollen wir euch heimfahren?", fragte Katrin Wibke und Tom. Sie lehnten ab. Es seien ja nur ein paar Minuten bis zu Toms Wohnung, wo man noch einen heben wolle.

Jaja, noch einen heben. Die beiden hatten etwas ganz anderes vor. Außerdem war es Wibke und Tom nicht ganz geheuer, zu zwei vollkommen Besoffenen ins Auto zu steigen.

Ignaz schaffte es ja nicht mal, das Auto aufzusperren, bis Katrin ihm den Schlüssel aus der Hand und die Sache übernahm, aber auch sie brauchte recht lange, um mit dem Schlüssel ins Schloss zu treffen.

Also gingen Wibke und Tom zu Fuß, aber das hätten sie mal besser nicht getan.

Es wurde ein prächtiges Unwetter. Eines wie man es vielleicht dem Bürgermeister der Nachbargemeinde wünschte, aber doch nicht dem eigenen Dorf, noch dazu am Tag des Jubiläums.

Was als triumphales Ereignis geplant war, endete im kompletten Chaos. Schlimmer noch, es war hochnotpeinlich für Engelberg und insbesondere die Engelberger Freiwillige Feuerwehr. Und wenn etwas peinlich war für Engelberg und die Feuerwehr, dann nahm Bürgermeister Otter das persönlich.

Immerhin und Gott sei Dank war das Festzelt fast leer, als das Unwetter es entzweiriss und mit einer Handvoll Windböen genüsslich die völlige Unfähigkeit der Engelberger Feuerwehrleute offenbarte.

Diese mussten nicht erst zum Einsatzort ausrücken, sie waren alle schon da. Nur waren sie abgesehen vom Kommandanten, der sein Amt sehr ernst nahm, allesamt sternhagelvoll. Der Befehl des Kommandanten, die hochgebundenen Planen an den Zelteingängen herunterzulassen und zu befestigen, wurde so dilettantisch ausgeführt, dass es für den Wind ein Kinderspiel war, ins Zelt einzudringen. Eine heftige Bö riss das Zeltdach weg, und wer weiß, wie weit es fortgeflogen wäre, wenn es nicht hundert Meter weiter gegen den Kirchturm geprallt wäre, wo es eine Weile fürchterlich pfeifend im Wind flatterte, die dort montierte Mobilfunkantenne abriss und schließlich, als der Wind nachließ, auf den Friedhof herabstürzte, wo zum Glück alle, auf die es fiel, schon lange tot waren.

Im Festzelt oder dem, was davon noch übrig war, widmete sich eine weitere Bö der Dekoration. Die meterlangen bunten Stoffbahnen an den Wänden wirbelten umher, einige davon drückte der Wind, diese hinterlistige und unberechenbare Drecksau von Naturgewalt, in den Hendlgrill, wo sie sofort in Flammen aufgingen.

Bürgermeister Otter befahl dem Kommandanten, seinen Leuten zu befehlen, das Feuer sofort zu löschen, bevor noch ein Unglück geschehe, als ob das, was gerade passierte, nicht schon längst eines war.

Der Feuerwehrkommandant gehorchte nicht. Stattdessen blickte mit zusammengekniffenen Augen in die Flammen, als könne er das Feuer ausstarren, dann brüllte er „die Gasflaschen, die Gasflaschen, alle raus hier". Er packte Otter am Arm und zog ihn hinter sich her aus dem Zelt.

Die anderen Feuerwehrler trotteten ebenfalls zum Ausgang. Einer trat in die Scherben eines zerbrochenen Maßkrugs und schleppte sich auf einem Bein weiter. Ein anderer rannte orientierungslos gegen einen Stützpfeiler, fiel wie vom Blitz getroffen um und wurde von zwei Kameraden weitergeschleppt wie ein angeschossener Soldat auf dem Rückzug von der Front.

Alle schafften es rechtzeitig raus aus dem Festzelt. Der Feuerwehrkommandant hatte den Bürgermeister gerade hinter den Dorfbrunnen in Deckung gezogen, als die erste Gasflasche explodierte.

Schon jetzt von einem Flammenmeer auf dem Engelberger Marktplatz zu sprechen, wäre objektiv betrachtet wahrscheinlich der richtige Zeitpunkt, aber es schränkt das Vokabular arg ein für die Beschreibung dessen, was sich nach den Explosionen der vier weiteren Gasflaschen ereignete. Die Drecksmedien fanden in den folgenden Tagen die Wörter Feuerhölle, Feuersturm und Inferno.

Noch bevor die zweite Gasflasche explodierte, rüttelte der Feuerwehrkommandant den Bürgermeister, der wie erstarrt war, an den Schultern. „Rufen Sie Verstärkung."

„Geht das nicht über Funk? Hast du kein Funkgerät?"

Der Kommandant deutete auf das brennende Zelt. „Das ist da drin."

Otter zog sein Handy aus der Innentasche seines Jankers. „Kein Empfang." Der Bürgermeister rannte los.

Das Rathaus war nur hundert Meter entfernt. Otter hatte insgesamt moderat getrunken, zuerst nur wenig, weil am frühen Abend musste er ja seine Festrede halten. Aber nach der Rede, die schon recht gut war, ach was soll die Bescheidenheit, es war verdammt nochmal die beste Rede, die ein Bürgermeister im Audacher Land je gehalten hatte, eine gelungene Mischung aus Heimatliebe, Lokalpatriotismus und Stolz auf sein Dorf.

Die Leute hatten begeistert geklatscht und viele ihm danach auf die Schultern geklopft und ihm gratuliert und versichert, ihn in zwei Jahren natürlich wiederzuwählen, wen denn sonst, und das ging Otter natürlich runter wie Öl. Deshalb hatte er nach der Rede an der Bar ein paar Runden spendiert und sich selbst auch ein paar Obstler gegönnt, nicht exzessiv, höchstens zehn oder zwölf.

Als Otter zum Rathaus lief, um von dort Hilfe zu rufen, war er immer noch nüchtern genug, um zu realisieren, was er mit diesem Anruf auslösen würde. Er blieb stehen und blickte sich um. Der Marktplatz war nicht zu sehen, eine Häuserreihe verdeckte den Blick, aber dahinter glühte der Nachthimmel feuerrot. Otter lief weiter. Sperrte mit zitternden Händen die Rathaustür auf. Lief durchs Foyer zur Treppe und in den ersten Stock zu seinem Büro. Sperrte die Tür zu seinem Vorzimmer auf, setzte sich auf Frau Prömptners Schreibtischsessel und wählte eins eins null.

Sofort ging jemand ran. Otter nannte schwer atmend seinen Namen und sein Amt und meldete Feuer in Engelberg.

„Wissen wir schon", sagte eine Frauenstimme unbeeindruckt. „Ist fast schon ein alter Hut. Haben mehrere Anrufe bekommen. Nur von Ihrer Feuerwehr haben wir noch nichts gehört. Ist nicht zu erreichen. Nicht gut."

„Ist längst vor Ort. Aber wir brauchen Verstärkung."

„Ist alarmiert. Die Feuerwehren der Nachbargemeinden, dazu die von Audach, das THW, der Katastrophenschutz und natürlich der Landrat. Er ist der Einsatzleiter und Koordinator. Bleiben Sie ruhig. Hilfe ist unterwegs."

„Was kann ich tun?", fragte Otter.

„Wie ich schon sagte", sprach die ruhige Frauenstimme. „Bleiben Sie ruhig. Danke für Ihren Anruf."

„Na hören Sie mal, ich bin der Bürgermeister", protestierte Otter.

„Im Protokoll für derlei Lagen spielen Bürgermeister keine Rolle. Gute Nacht."

Bürgermeister Otter sprang auf. „So eine verdammte Scheiße!" Was sollte er jetzt tun? Zurück zum Marktplatz, wo jeden Moment der Landrat, dieser aufgeblasene Fatzke, mit Blaulicht eintreffen, das Kommando übernehmen und ihn stehen lassen würde wie einen Schuljungen. Parteifreund hin oder her, wenn es irgendwo eine Katastrophe gab, die dem Landrat die seltene Gelegenheit bot, sich als großer Maxl aufzuspielen, dann nutzte er diese, und verdammt nochmal, das musste man dem Typ lassen, er machte sein Zeug dann auch verdammt gut. Sich am Marktplatz vom Landrat als überflüssig erklären und in eine Ecke stellen lassen, „lieber Robert, ab jetzt übernehmen die Profis", nein, darauf hatte Otter echt keine Lust.

Otter ging in sein Büro zu seinem Schreibtisch. Dort stand noch die Flasche Grappa, die ihm Fausto gestern vorbeigebracht hatte.

Fausto war der örtliche Italiener, er war schon seit vierzig Jahren hier und damit eigentlich fast schon ein richtiger Engelberger, zumindest ein italienischer Engelberger, und abgesehen vom Pizza-Russen war er der beste Italiener im Dorf. Fausto war so dankbar dafür, dass Otter letzte Woche die Trauung seiner Tochter persönlich vorgenommen und nicht seinem emotionsbefreiten Standesbeamten überlassen hatte, dass er Otter eine Flasche besten toskanischen Grappas vorbeibrachte.

Das Gespräch zwischen Otter und Fausto zu beobachten, wäre für Außenstehende sicherlich recht lustig anzuhören gewesen. Otter hatte derlei Gespräche in den vergangenen Jahren aber so oft geführt, dass sie ihn nicht mehr wirklich amüsierten.

Otter hatte das Geschenk dankend abgelehnt. Als kommunaler Wahlbeamter dürfe er für Amtshandlungen keine Geschenke entgegennehmen.

Fausto konnte das natürlich nicht verstehen, denn es handle sich um einen wirklich guten Grappa.

Genau das sei ja das Problem, hatte Otter geantwortet. Gerade weil der Grappa sicherlich gut sei, dürfe er ihn leider nicht annehmen. Ein guter Grappa koste wohl mehr als zehn Euro, und das sei nun mal die Wertgrenze. Jedes Geschenk über zehn Euro wäre illegale Vorteilsannahme. Da wäre er als Bürgermeister ganz schnell weg vom Fenster.

Fausto kapierte schnell, und meinte, so toll wäre die Traurede nun auch wieder nicht gewesen. Einen wirklich guten Grappa wäre sie jedenfalls nicht wert, es handle sich eher um einen mittelmäßigen Grappa. Im Einkauf koste die Flasche nur achtfünfzig.

Bürgermeister Otter rief seine Vorzimmerdame ins Büro. „Frau Prömptner, ich brauche Sie als Zeugin, dass der gute Fausto mir gerade einen recht mittelmäßigen Grappa für achtfünfzig schenkt."

Frau Prömptner kam ins Büro und nickte. „Sieht wirklich wie ein mittelmäßiger Grappa aus."

Otter nahm die Flasche, umarmte Fausto herzlich und bedankte sich. „Lieber Fausto, dass du mir einen mittelmäßigen Grappa schenkst, das werde ich dir nie vergessen."

Beim Rausgehen wischte sich Fausto Tränen der Rührung aus den Augen. Im Vorzimmer hörte Otter den italienischen Engelberger noch zu Frau Prömptner sagen: „Ist ein wirklich mittelmäßiger Patrone, der liebe Herr Bürgermeister. Ein ganz und gar mittelmäßiger Patrone. Gott segne diesen mittelmäßigen Patrone."

Otter griff nach der Grappaflasche, ging zum Fenster, öffnete es und blickte auf den blutroten Himmel über dem Marktplatz. Sirenen heulten und wurden aus allen Richtungen immer lauter. Otter beugte sich aus dem Fenster und blickte nach Osten. Dort zuckten ein paar Blitze friedlich am Himmel. Vielleicht schlugen sie gerade in den Plötzwieser Weiher ein.

Von weit weg sah ein Gewitter immer recht niedlich aus, als könne es keiner Fliege was zuleide tun. Eine Sekunde lang hoffte Bürgermeister Otter, der Blitz möge am Plötzwieser Weiher ein gutes Dutzend Angler erschlagen, das würde dann doch recht anständig von den Ereignissen in Engelberg ablenken, aber so viel Glück würde er wahrscheinlich nicht haben.

Otter öffnete die Flasche und schüttete sich ein knappes Drittel des Inhalts in den Rachen. Ob der Grappa gut oder mittelmäßig war, war ihm egal. Er tat seine Wirkung. Otter blickte aus dem Fenster, die Sirenen heulten, und das Rot am Himmel über dem Marktplatz verlor allmählich an Intensität. Er konnte sich gut vorstellen, wie der Landrat gravitätisch über den Platz schritt und so tat, als würde er das Werk der herbeigeeilten Rettungskräfte tatsächlich koordinieren.

Wahrscheinlich waren schon ein oder zwei Fotofritzen der Lokalzeitungen da, sicherlich auch eine Vielzahl neugieriger Bürger, die mit ihren Handys Fotos und Videos online stellten, und morgen würden irgendwann die Journalisten anrufen und ihn mit kaum unterdrückter Gehässigkeit fragen, wie denn in aller Welt das alles passieren konnte. Otter nahm noch einen großen Schluck, dann warf er die fast leere Flasche aus dem Fenster. Kurz übertönte das Zersplittern der Flasche auf dem Trottoir das Sirenengeheul. Aber nur ganz kurz.

Bürgermeister Otter verspürte keine Lust, zu Fuß nach Hause zu gehen. Er wohnte am anderen Ende von Engelberg. Die Straße führte direkt am Marktplatz vorbei. Wenn er da entlangginge, würden ihn sicherlich die Neugierigen ansprechen und fotografieren. Also setzte er sich in seinen Dienstwagen und ließ den Motor an. Besser hintenrum den längeren Weg fahren als direkt am Katastrophengebiet vorbei spazieren.

Spreitzel im Hintern, die Tom B. Stonesche Unsüßwerdung und die ganze Schose kurz von oben aus betrachtet

12. und 13. Mai 2018, Nacht von Samstag auf Sonntag, 18 Grad Celsius (23:54 Uhr), Sturmtief, Luftdruck 991 Hektopascal, Tendenz schon längst bodenlos abgefallen

Wibke und Tom B. Stone bekamen von dem Tohuwabohu auf dem Marktplatz nichts mit. Nachdem sie sich von Ignaz und Katrin verabschiedet hatten, schlenderten sie die Dorfstraße entlang.

Wibke schmiegte sich eng an Tom, und der empfand es als Einladung, seine Hand wieder in ihrem Wickelrock verschwinden zu lassen.

So gingen sie weiter, bis das Gewitter kam. Es kam mit Wucht und ohne große Vorankündigung. Erst ein heftiger Windstoß, dann ein heller Blitz, gefolgt von einem fürchterlichen Krachen, und schon kam der Regen. Er prasselte auf die beiden nieder, als wollte er den Weltrekord im Nassmachen von Leuten brechen. Autos rasten schnell an ihnen vorbei und spritzten Wasser aus in Windeseile entstanden Pfützen auf sie.

Wibke zog Toms Hand aus ihrem Rock und ihn nach rechts weg von der Straße. „Da auf dem Spielplatz gibt's ein Baumhaus mit Dach."

Während sie nacheinander die Strickleiter zum Baumhaus hochkletterten, waren ihre Klamotten schon durchnässt bis auf die Haut. Aber das war egal.

Wenig später hatten sie ohnehin nicht mehr viel an. Der Regen prasselte laut aufs Dach, draußen blitzte und donnerte es zum Weltuntergang, und drinnen fielen Tom und Wibke wie wild übereinander her, als sei dieser Moment die finale Gelegenheit der Menschheit, sich ein letztes Mal zu vereinen und nahe zu sein, bevor die Welt unterging.

Am Ende leitete das Unwetter doch nicht den unmittelbaren Weltuntergang ein. Nach wenigen Minuten verzog es sich grollend nach Osten, draußen heulten Sirenen, im Baumhaus küssten sie sich noch ein wenig, nicht mehr leidenschaftlich, eher erschöpft aber glücklich, und nachdem der Wind ihre Ekstase aus den Fenstern des Baumhauses geblasen hatte, spürten Tom und Wibke allmählich die schmerzhaften Nebenwirkungen ihres wilden Tuns, nämlich dass sie sich allerhand Schiefer eingezogen hatten.

Wibke erzürnte vor allem ein Holzsplitter, der sich auf recht unangenehme Weise in ihre linke Pobacke gebohrt hatte. Tom klagte über Schmerzen in seiner rechten Hand. Es gelang ihm im Dunkeln einen stattlichen Holzsplitter aus dem Handrücken zu ziehen.

Wibke beklagte sich nun darüber, dass Tom jetzt offenbar schmerzfrei sei, aber trotzdem keinerlei Initiative zeige, den Splitter aus ihrem Hintern zu entfernen. So habe sie sich das erste Mal mit einem Rockstar nicht vorgestellt.

Tom meinte, er sei kein Rockstar, aber trotzdem sei das alles irgendwie doch recht gut gewesen, hallo, in einem Baumhaus auf einem Kinderspielplatz habe er es echt noch nie getrieben, und fürs erste Mal sei das in der Gesamtbetrachtung gar nicht schlecht gewesen. Und das Holzsplitterproblem ermögliche ein Steigerungspotenzial, auf das man sich gemeinsam freuen könne.

Aber Wibke ärgerte sich immer mehr über den Spreitzel in ihrem Hintern, was durchaus nachvollziehbar war, wer will sich schon einen fünf Zentimeter langen Spreitzel in den Hintern einziehen, da kann der Sex so gut sein, wie er will, was vor allem hängen blieb, war der Spreitzel, und deswegen war und blieb Wibke wütend.

Sie blieb es auch, als sie sich im Dunkeln wieder anzog. Das Gute war, dass man einen Wickelroch nicht falschherum anziehen konnte. Das T-Shirt musste sie nur runterziehen, BH trug sie eh keinen und auf den Slip war geschissen, den sollten von ihr aus morgen irgendwelche Spielkinder finden. Wibke wollte einfach nur einigermaßen angezogen nach Hause laufen.

Das erste Mal mit Tom hatte sie sich irgendwie anders vorgestellt. Aber es war nun mal, wie es war, und wenn der Spreitzel erstmal aus ihrem Hintern raus war, sei weitere Kommunikation und Kopulation keineswegs ausgeschlossen, das stellte sie Tom auch in Aussicht, während sie die Strickleiter hinunterkletterte, und Tom im Dunkeln des Baumhauses immer noch damit beschäftigt war, sich seine Jeans irgendwie anzuziehen. Er hatte sie schon einigermaßen gut an, nur dass hinten vorne war und vorne hinten, aber egal, das würde für die paar Meter Heimweg schon taugen, jedenfalls zog sich Tom seine Hose hoch und kletterte flugs Wibke hinterher. Aber sie war schon oben auf dem Bürgersteig und verschwand hinter einer Hecke und aus seinem Blick.

Wibke wollte nur noch heim und den Spreitzel aus ihrem Hintern rauskriegen, irgendwie würde sie das schon hinbekommen. Es tat allmählich auch weniger weh, sie lief jetzt schneller den Bürgersteig entlang, es waren ja nur hundert Meter bis zu dem schicken Bauernstadel, den sie und Francis recht günstig gemietet hatten, weil der Bauer das Gebäude eigentlich nur wegen der Photovoltaikanlage auf dem Dach gebaut hatte, aber das war jetzt egal, ein Spreitzel steckte in ihrem Hintern, und deswegen fand sie es auch relativ fehl am Platz, dass Tom irgendwo hinter ihr auf dem Spielplatz theatralisch rief „nein, bitte geh nicht", weil so wütend sie auch war, hatte sie ja bereits angekündigt, dass sie sich melden werde, wahrscheinlich morgen oder vielleicht auch erst am Montag, aber sie würde sich auf jeden Fall melden, denn er sah schon süß aus, der Tom. Aber nicht mehr lange.

Die Tomsche Unsüßwerdung bekam Wibke nicht mit, weil Toms Hose auf dem Weg vom Spielplatz zur Straße herunterrutschte, was ihn zu Fall brachte. Es dauerte ein paar Sekunden, bis er die Hose wieder einigermaßen befestigt hatte. Hosenknöpfe hinten zumachen ist eine Tätigkeit, die ihre Zeit verlangt. Als Tom es endlich geschafft hatte und rauf zur Straße lief, war Wibke schon zu Hause und ab ins Bad, Licht an, Spiegelschrank auf, und wo verdammt nochmal war diese Scheißpinzette, wenn man sie mal dringend braucht.

Tom stürmte mit der falsch herumen Jeans den kleinen Hang hinauf vom Spielplatz zur Straße, und das zu seinem Leidwesen genau in dem Moment, als Bürgermeister Otter mit seinem Dienstwagen mit achtzig Sachen an eben jener Stelle vorbeifuhr, an der Tom plötzlich aus dem Dunkel auf die Straße lief.

Es waren der Kühlergrill des Dienstwagens, ein stattlicher Kühlergrill eines noch stattlicheren SUV, wie er sich für einen noch viel stattlicheren Bürgermeister gehörte, dazu die ebenfalls im Vergleich mit menschlichem Gewebe und Knochen arg harte Motorhaube und final der kurz darauf folgende Einschlag Toms in einen weichen, dafür aber äußerst stachligen Heckenrosenbusch, die den eben noch so süßen und adretten Tom B. Stone in eine optische Mischung aus dem Glöckner von Notre Dame, dem Biest aus *Die Schöne und das Biest*, Darth Vader ohne Helm und Ryan Reynolds in *Deadpool* verwandelten.

Der Unfall ermöglichte Tom eine verblüffende Gelenkigkeit an Körperstellen, an denen Knochen bei noch nie von SUVs getroffenen Menschen ein gewisses Maß an Unbiegsamkeit gewährleisteten und damit beispielsweise die Fortbewegung in aufrechtem Gang ermöglichten.

Als Tom B. Stone zerschmettert im Heckenrosenbusch lag, sah

er wie jemand aus, den man mit viel Sympathie vielleicht in die Kategorie ‚nicht schön, aber interessant' einordnen würde. Also auf den ersten Blick nicht unbedingt wie jemand, den man spontan zum Poppen ins Baumhaus zerrt. Mit seiner schlagartig erworbenen Gelenkigkeit in den Gliedmaßen und der Wirbelsäule hätte er es ohnehin nicht die Strickleiter hinaufgeschafft.

Es stand also nicht gut um Toms Attraktivität und Kletterfähigkeit, aber das war ihm, als er in den Heckenrosen lag, ziemlich egal. Dazu tat ihm alles zu sehr weh, richtig krass weh. Sogar das Atmen, eine normalerweise angenehm schmerzlose und deswegen vielleicht viel zu wenig wertgeschätzte Tätigkeit, verursachte schwerste Schmerzen. Hinzu kam, dass Tom im Rosenbusch tüchtig mit Bluterunterschlucken beschäftigt war, was ein besonnenes Räsonieren über seine aktuellen Kletterfähigkeiten erschwerte.

Erfreulicherweise ließ der Schmerz plötzlich nach. Tom machte die interessante Erfahrung, sich plötzlich von oben sehen zu können, wie er auf lächerliche Weise verkrümmt in den Dornen lag. Ein paar Sekunden lang konnte er die Details studieren, etwa dass hie und da ein Knochen aus seinem Körper ragte, und dass seine Nase nicht mehr da war, was echt entstellend wirkte, aber nicht weniger entstellend als der Unterkiefer, der scheps nach links an seinem Gesicht herunterhing, und das ganze Blut überall an seinem Körper war auch nicht besonders ästhetisch.

Aber hey, was war das denn? Tom sah, dass er seine Jeans falschherum anhatte, und wie scheiße sah das denn aus? Die Arschtaschen, die freilich hinten sein sollten, waren vorne. So will man doch nicht in ein Krankenhaus eingeliefert werden, ist ja kreuzpeinlich.

Irgendwann verlor Tom den Blick für die Details. Er entfernte sich immer weiter von sich selbst, schwebte höher und höher, sah bald nicht nur sich selbst im Rosenbusch liegen, sondern auch das Drumherum. Ein großes Auto, dessen rechter Scheinwerfer nicht mehr funktionierte. Tom konnte nicht erkennen ob es ein Audi oder ein BMW war, er kannte sich nicht gut aus mit Automarken, aber darüber dachte er nicht lange nach, denn nun stieg jemand aus dem Auto und torkelte zum Rosenbusch.

Der Typ schlug die Hände vors Gesicht, aber dann nahm er sie wieder weg und besah sich Tom. Ohne Zweifel konnte es dem Autofahrer nicht entgehen, dass Tom schwer verletzt war, das konnte man auch in fünfzig Metern Höhe noch erkennen, dass da jemand im Rosenbusch lag, der ziemlich schnell ziemlich professionelle Hilfe brauchte. Und ja, der Autofahrer schien das jetzt auch zu registrieren, denn er packte Tom am linken Bein und zog ihn aus dem Strauch.

Was dann passierte, konnte Tom nicht mehr genau sehen. Er war schon zu weit weg, viel zu hoch oben, um noch detailliert beobachten zu können, was unten geschah. Trotzdem war Tom zuversichtlich, dass alles gut gehen würde.

Der Autofahrer hatte entschlossen gewirkt, wie ein Anpacker, ein Macher, der auch in Extremsituationen wusste, was zu tun war, aber dann sah Tom irgendwann gar nichts mehr.

Eine Zeitlang war es vollkommen schwarz um ihn herum, er fühlte, dass er weiterhin höher glitt, und dann sagte ganz plötzlich eine Stimme zu Tom B. Stone: „Nenn uns altmodisch, aber hier im Himmel tragen wir die Hosen immer noch richtigrum."

Allgemein gilt es als vernünftig, nicht zu Betrunkenen ins Auto zu steigen. Seit Jahrzehnten reden sich Eltern den Mund fusselig in der Hoffnung, ihre Kinder würden zumindest diesen Rat beherzigen, wenn schon nicht den, sich doch bitte eine Jacke mitzunehmen, weil es kalt werden könnte. Heerscharen von Eltern sind gottfroh, wenn ihre teenagenden Kinder sie mitten in der

Nacht anrufen und fragen, ob man sie bitte von einer Party abholen könnte, weil der Marcel, der eigentlich zum Fahrer bestimmt war, gerade auf die Tanzfläche gekotzt hat.

Steig niemals zu einem Betrunkenen ins Auto. Regel Nummer eins. Werd von mir aus Immobilienmakler, verkauf den Leuten teure Versicherungen, die sie nicht brauchen, geh von mir aus demonstrieren, fürs Klima oder gegen den Kapitalismus, das legt sich wieder, geh in die Politik, wenn du willst, alles ist gut, so lange du zu keinem Betrunkenen ins Auto steigst.

Insofern hatten Wibke und Tom richtig gehandelt, als sie nicht zu Katrin und Ignaz ins Auto stiegen. Aber weder Wibke noch Tom hatten Eltern parat, die sie hätten abholen können. Wibkes Eltern lebten in einem kleinen Dorf bei Dresden, das war weit weg von Engelberg, und außerdem hatten weder Mutti noch Vati einen Führerschein, jedenfalls nicht griffbereit, weil bei der Polizei in Verwahrung, aber auch das war egal, denn sie besaßen kein Auto, aber auch das war unerheblich, denn Wibke hatte nicht die Nummer ihrer Eltern, was wiederum einerlei war, denn beide Seiten hatten sich seit Jahren nichts zu sagen.

Also Wibkes Eltern anrufen, war keine Option und wurde auch keine Sekunde lang in Erwägung gezogen, schließlich kam es Wibke sehr, sehr gelegen, nicht von ihnen abgeholt zu werden, sondern mit Tom spazieren zu gehen. Als Tom und Wibke gemeinsam die Dorfstraße entlanggingen, kicherte er kurz. Es war ein süßes Kichern. Normalerweise ist es ja nicht besonders attraktiv, wenn erwachsene Männer kichern, aber Tom hatte sich eine kindliche Kicherattraktivität bewahrt, als Künstler durfte man sich ja alles Mögliche bewahren, je mehr man sich als Künstler bewahrte, umso mehr war man überhaupt erst Künstler, also durfte Tom von Wibke aus gern kichern, Hauptsache er langte ihr dabei mit der Hand in den Wickelrock, und dann sagte er: „In the USA, Honey, ist es absolut kein Problem, jemanden zu erschießen, wenn er ungefragt dein Grundstück betritt. In my Country brechen wir jeden Tag das fünfte Gebot, und es ist okay. Aber es gibt eine Regel, die keiner bricht: Steig nicht zu Betrunkenen ins Auto. Ich sollte einen Song drüber schreiben."

Wibke fand Toms Gefasel nicht unbedingt bildungsfördernd, aber er sagte das alles auf recht süße Weise. Und eigentlich war es egal, was er sagte, Hauptsache Hand im Rock. In hundert Metern würde der Spielplatz rechts von der Straße kommen, und da war dieses Baumhaus, und nachdem es mittlerweile schüttete wie aus Kübeln, war das Baumhaus doch ein recht erstrebenswertes Ziel. Insofern war alles in Ordnung.

Es kommt selten vor, dass man stirbt, weil man nicht mit Betrunkenen mitfährt. Es kommt noch viel seltener vor, dass man stirbt, weil man eben deswegen auf dem Heimweg von einem anderen Betrunkenen überfahren wird. Und es ist eine absolute Rarität, dass das Überfahren vom Bürgermeister höchstpersönlich vorgenommen wird. Aber es gibt Abende, da kommt einfach vieles zusammen.

Das Schweinswürstl-Desaster und die
Tieferlegung des Tom B. Stone

13. Mai 2018, 16 Grad Celsius (07:18 Uhr), Luftdruck 996 Hektopascal, Tendenz fallend

Kopfschmerzen sind Reaktionen entweder des Körpers oder der Seele auf äußere Einflüsse. Es gibt Momente, in denen sich seelische und körperliche Ursachen zusammentun und gemeinsam einen riesigen Kopfschmerzberg auftürmen. Ignaz Hallgruber hatte den Gipfel des Kopfschmerzbergs um siebenuhrachtzehn am Sonntagmorgen erklommen.

Um siebenuhrsechzehn hatte er noch geträumt, dass jemand „jetzt wach endlich auf, du b'soffner Trottel" rief und an ihm rüttelte. Es war ein sonderbarer Traum, denn der Rüttler war Bürgermeister Otter. Warum sollte der Bürgermeister in seinem Schlafzimmer stehen, an ihm rütteln und ihn einen Trottel heißen? Das wirkte schon recht sonderbar und arg an den Haaren herbeigezogen, selbst für einen Traum. Denn im Traum hatte er an einer internationalen Schrotthändlerkonferenz teilgenommen. Sie fand in New York statt, im Madison Square Garden, es war eine riesige und wichtige Konferenz, und jeder Schrotthändler auf der Welt, der etwas auf sich hielt, war gekommen. Ignaz hatte gerade über die Zukunft des Schrotthandels referiert, und die lag natürlich darin, sich breiter aufzustellen, was bei den Traditionalisten auf wütende Proteste stieß. Sie hatten ihn ausgebuht, aber die Fortschrittlichen hatten laut applaudiert und nun, nach seiner Rede, schallten Ignaz-Ignaz-Ignaz-Rufe durch die Halle, und die lange Schlange an jungen attraktiven Schrotthändlerinnen, die für ein Autogramm anstanden und ihm kleine Zettel mit Telefonnummern oder Zimmernummern zusteckten, war kaum zu überblicken. Und nun ganz plötzlich Szenenwechsel: Bürgermeister, Gerüttel und Beleidigung. Wieder rief der Bürgermeister, diesmal

„wach gefälligst auf, du Arschloch". Und das Rütteln erreichte eine Intensität, die nicht mehr als Traum zu ignorieren war.

Ignaz wachte auf. Sogleich ertönte ein Dröhnen in seinem Kopf, dessen Intensität selbst er als geübter Trinker nicht gewohnt war. Ein Schmerz, als rührte jemand mit einer Stricknadel in seinem Gehirn herum.

Als Ignaz die Augen öffnete, stand Bürgermeister Otter leibhaftig und tatsächlich neben seinem Bett, seine Hände umklammerten Ignaz' Schultern. „Jetzt hör mal auf mit dem scheiß Gerüttel", raunzte Ignaz.

Otter ließ Ignaz los und setzte sich auf die Bettkante. „Ich brauch deine Hilfe."

„Es ist Sonntag und ich bin besoffen." Ignaz blickte auf den Wecker. „Und siebenuhrneunzehn. Geht's noch? Wie kommst du hier eigentlich rein, und warum bin ich überhaupt hier?"

Die erste Frage konnte Otter beantworten: „Die Tür stand sperrangelweit offen. Im Flur haben übrigens zwei Ratten miteinander gekämpft."

Die Antwort auf die zweite Frage dämmerte Ignaz nun selbst, als er das Wort Ratten hörte. Gestern war das große Fest gewesen, er hatte es sich gewissenhaft erträglich getrunken, dann wurde das Zelt geräumt wegen Sturmwarnung. Anschließend waren Katrin und er mit dem Auto zu ihr nach Hause gefahren, wo Katrin noch einen Mitternachtssnack zubereitete, Schweinswürstl mit mittelscharfem Senf, nur zwanzig und ohne Beilage.

Ignaz hatte vom vielen Saufen einen schlechten Magen und verzichtete, aber Gesellschaft leistete er Katrin natürlich schon, und so vertilgte Katrin nachts noch zwanzig Schweinswürstl, während Ignaz zwei Halbe trank. Nachdem Katrin aufgegessen hatte, wischte sie sich gelben Senf aus den Mundwinkeln und fragte Ignaz geradeheraus: „Wir sind jetzt schon ein paar Wochen zusammen. Warum sind wir immer bei mir und nie bei dir?"

Ignaz antwortete ohne groß darüber nachzudenken einfach mit der Wahrheit: „Weil ich in einem Kindergartenpavillon lebe ein Rattenproblem habe."

Katrin sah Ignaz an, als hätte er gerade gestanden, ein gesuchter Massenmörder zu sein. „Willst du mich verarschen?"

Ignaz ärgerte sich über Katrins Frage. „Man wird ja wohl noch wohnen können, wie man will, ohne darüber Rechenschaft ablegen zu müssen. Und man wird ja wohl noch ein Rattenproblem haben dürfen."

Katrin fühlte sich unwohl. „Man wird ja wohl noch fragen dürfen. Es ist doch irgendwie komisch, dass wir die ganze Zeit bei mir sind und nie bei dir."

„Genau deswegen hab ich ja das Rattenproblem. Ich hätte schon längst mal wieder ausdünnen müssen, aber dazu bin ich nicht gekommen, weil ich dauernd bei dir bin."

Katrin nahm diese Aussage übel. „Wenn du der Meinung bist, dass du zu oft bei mir bist, da ist die Tür." Sie stand auf, öffnete die Küchentür und deutete durch den Flur auf die Wohnungstür.

Ignaz fühlte sich beleidigt. „Glaubst du, ich weiß nicht, wo die Tür ist?"

„Ich glaub, es ist besser, wenn du sie jetzt benutzt."

Ignaz trank sein Bier aus und schob sich an Katrin vorbei in den Flur. „Kannst froh sein, dass wir zu dir gegangen sind. Ich hab nämlich keine Schweinswürstlarmee im Kühlschrank für den kleinen Hunger zwischendurch." Ignaz wankte die Treppenstufen nach unten. Von oben hörte er Katrin rufen: „Ich hab echt nicht geahnt, dass du so ein Arsch sein kannst."

Rückblickend hätte Ignaz das mit der Schweinswürstlarmee freilich nicht sagen sollen. Das wurde Ignaz um siebenuhrzwanzig schlagartig klar, als er sich daran erinnerte, wie Katrin ihn angesehen hatte, als er sich im Treppenhaus noch einmal umdrehte. „Geh", hatte sie gesagt. „Geh, und komm nicht wieder."

Ignaz richtete sich im Bett auf und griff auf den Nachttisch. Wo sein Handy am Ladekabel angeschlossen liegen sollte, stand eine halbvolle Bierflasche. Nein, so wie Ignaz sich fühlte, war sie nicht halbvoll, sie war ganz eindeutig halbleer.

„Wenn du dein Handy suchst, das liegt im Flur", sagte Otter.

Ignaz sprang aus dem Bett, was in dieser Situation überflüssig war. Er wäre besser langsam aufgestanden, das hätte ihm die Besteigung des nächsten Kopfschmerzgipfels erspart. Und eigentlich spielte es in Anbetracht der Gesamtsituation keine Rolle, ob er Katrin um siebenuhreinundzwanzig oder zweiundzwanzig anrief. Außerdem ging Katrin nicht ran.

Ignaz wankte nach draußen, setzte sich auf die provisorische Holztreppe und zündete sich eine Zigarette an. Er versuchte es nochmal bei Katrin. Wieder nichts. „Scheiße", fluchte er.

„Das kannst du verdammt nochmal laut sagen", sagte Otter und setzte sich neben Ignaz auf die Stufen.

Die Angelegenheit war durchaus delikat. Otter war ein cleverer Bürgermeister. Das Audacher Tagblatt hatte ihn mal einen ‚mit allen Wassern gewaschenen Lokalpolitiker' genannt und das durchaus positiv gemeint. Otter wusste, wie man Gegner gegeneinander ausspielte, wenn es nötig war. Er verstand es, Kritiker auf seine Seite zu ziehen, er bot ihnen kleine Zugeständnisse an, reichte ihnen einen oder zwei Finger, um irgendwann später selbst die ganze Hand zu packen. Kurz gesagt, er wusste, wie man Menschen dazu brachte, das zu tun, was er wollte. Aber was nutzte das alles, wenn man einen Toten im Kofferraum seines Autos liegen hatte, und jemanden davon überzeugen musste, dass es eine gute Idee war, sowohl den Toten als auch das Auto auf dessen Schrottplatz zu vergraben? Mal sehen.

Otter deutete auf den Schuppen. „Da drin steht ein Auto. Es muss verschwinden. Heute. Am besten sofort."

Ignaz zog an seiner Zigarette. „Dein Auto?"

„Mein Dienstwagen."

„Also unser aller Auto, mit dem nur du fahren darfst. Warum muss es weg?"

Otter zuckte mit den Schultern. „Weil halt."

„Heute ist Sonntag. Und ich hab Kopfweh."

„Ich weiß, was für ein Tag ist. Und ich hab auch Schädelweh. Ich hab auch gesoffen. Das ist ja mein Problem."

„Besoffen irgendwo dagegen gedonnert? Dann muss es doch nicht weg. Stell es einfach irgendwo ab und melde es als gestohlen. Problem gelöst."

Otter stieß einen Seufzer aus. „Nicht wenn man damit gegen einen Menschen gedonnert ist."

Ignaz warf seine Zigarette in den Kies und schaute Otter entsetzt an. „Du hast jemanden totgefahren."

Otter nickte. „Gib mir auch mal ne Kippe."

Ignaz steckte sich noch eine an und reichte Otter die Schachtel. „Warum sollte ich dir helfen? Ich war immer nur der Schrotti für dich?"

„Das hab ich doch immer respektvoll gemeint. Außerdem hab ich dich auf der Bürgerversammlung aufrichtig unterstützt und der Bücherei einen Batzen Geld gegeben für neue Bücher, die eh keiner lesen will."

„Da erinnere ich mich anders. Wir haben dich per Beschluss verpflichtet, das zu tun."

„Wie auch immer, ist ja egal. Ich brauch deine Hilfe." Otter inhalierte Rauch und hustete. „Soll auch nicht zu deinem Nachteil sein."

„Ein Toter hier auf dem Friedhof der Dinge? Ich weiß nicht recht."

„Naja, dass er tot ist, liegt auch ein wenig an dir", meinte der Bürgermeister.

„Da bin ich jetzt aber gespannt."

„Du bist doch mit dem Tom den ganzen Abend am Tisch gesessen und hast mit ihm gesoffen. Dann hättest du ihn wenigstens auch heimfahren können. So viel Anstand ist doch wohl nicht zu viel verlangt."

„Du hast Tom B. Stone überfahren?"

„Statt sicher von dir nach Hause gefahren zu werden, ist er auf der Straße rumgetorkelt und mir vors Auto. Unverantwortlich. Von uns allen."

Ignaz wusste nicht, was er sagen sollte. Die Erinnerung erkämpfte sich nur langsam die Überhand über seine Besoffenheit. Allmählich setzte sich das Bild vor seinem geistigen Auge zusammen. Wie er vor der Fahrertür auf seinen Beinen hin und herschwankte. Wie er den Autoschlüssel nicht ins Schloss brachte. Wie Katrin ihm den Schlüssel aus der Hand nahm. Wie Tom und die bunte Frau gemeinsam weggingen. Er konnte sich nicht mehr an ihren Namen erinnern. Wanka oder Milla oder Wibke, wahrscheinlich Wibke, vielleicht doch Milla oder Wanka, ja Wanka, sie hieß Wanka. Aber egal, das war jetzt nicht wichtig, denn wichtig war, und diese Erkenntnis schob sich nun durch den ganzen Restalkohol in sein Gehirn, dass er ja wohl überhaupt nichts dafürkonnte, dass Bürgermeister Otter besoffen diesen Tom totgefahren hatte, und dass das Auto mitsamt dem toten Tom nun in seinem Schuppen stand. „Otter, fahr das Auto vom Hof. Ist nicht mein Problem."

Ignaz stand auf und ging in die Küche. Im Kühlschrank war noch eine Konterhalbe. Er setzte sich an den Küchentisch und öffnete die Flasche an der Tischkante. Er rief Katrin an. Sie ging nicht ran.

„Bitte." Otter stand in der Tür. „Bitte hilf mir."

Ignaz knallte das Handy auf den Tisch und nahm einen Schluck.

„Zweitausend auf die Hand. Jeden Monat. Lebenslang."

Otter setzte sich an den Tisch. „Hast auch ein Bier für mich?"

Ignaz deutete Richtung Flur. „Nur noch ungekühlte. Leg ein paar nach."

Der Bürgermeister holte einen Kasten Bier aus dem Flur und füllte den Kühlschrank auf. Er ließ sich Zeit. Er war erleichtert. Zum ersten Mal seit Stunden wich die Anspannung aus seinem Körper. Zweitausend war viel, aber egal. Ignaz hätte auch zehntausend sagen können, die Hauptsache war, dass er überhaupt eine Zahl genannt hatte. Der Preis war verhandelbar, und mit Verhandlungen kannte er sich aus. Otter öffnete eine Bierflasche und setzte sich zu Ignaz an den Tisch. „Zweitausend sind zu viel. Kann ich mir nicht leisten. Hast du eine Ahnung, was ein Bürgermeister verdient?"

„Nein, aber es wird schon reichen."

„Ich hab Kinder."

„Das wäre mir neu", sagte Ignaz ungerührt.

„Der Bub studiert schon. Alte Geschichte, damals auf der Landwirtschaftsmeisterschule. Und die Gschwendtner Anni ist auch von mir. Der alte Gschwendtner weiß es nur nicht. Braucht viel Nachhilfe, die Anni. Kostet alles Geld."

„Schweigen auch."

Otter nahm einen Schluck Bier. „Achthundert. Mehr ist nicht drin."

Ignaz lachte. „Der Gutwein zahlt schon fünfhundert für seine verseuchten Muhs. Und was sind ein paar kontaminierte Kühe gegen einen toten Menschen?"

„Dass du das damals mit den rinderwahnsinnigen Kühen erledigt hast, das rechnen dir alle Bauern in Engelberg hoch an. Und deswegen legen sie alle zusammen für die Platzmiete auf deinem

Hof. Die zahlt der Gutwein nämlich nicht aus eigener Tasche. Da sind alle Engelberger Bauern mit im Boot. Weil sie dankbar sind, dass du das gemacht hast. Wenn das mit dem Rinderwahn rausgekommen wäre, hätte das Veterinäramt alle Rinder auf allen Höfen keulen lassen. Aber ich muss alleine zahlen für den Tom."

„Hast den Tom ja auch ganz allein totgefahren." Ignaz trank sein Bier aus und holte sich ein neues.

Otter schüttelte den Kopf. „Mehr als tausend sind nicht drin. Sonst muss ich Privatinsolvenz anmelden. Dann werd ich nicht wiedergewählt. Und wer weiß, was mein Nachfolger macht? Vielleicht ruft der dann mal beim Landratsamt an und lässt sich mit dem neuen Leiter der Umweltabteilung verbinden. Soll ein ganz scharfer Hund sein, hab ich gehört. Ganz heiß drauf, nach oben zu kommen. Der will glänzen. Dem käme die Aufdeckung eines Umweltskandals sicher recht gelegen. Der buddelt dir deinen scheiß Schrottplatz um, bis er was findet. Und da muss er nicht lange buddeln."

Ignaz blickte Otter in die Augen.

Für einen Bürgermeister waren es recht unscheinbare Augen in einem zum Einschlafen langweiligen Gesicht. So langweilig, dass die Gschwendtnerin sich nie auf ihn eingelassen hätte, wenn er nicht Bürgermeister wäre.

Bei der Auswahl der Sexualpartner spielt der soziale Status oft eine entscheidende Rolle. Das war wissenschaftlich erwiesen. Ignaz hatte es erst vor ein paar Wochen gelesen. Es stand im Buch einer jungen Soziologin, die den Einfluss des Aussehens von Menschen auf deren Fortpflanzungsgelegenheiten studierte. Ausgangspunkt ihrer Studie war das Gewicht junger Israelis bei der Musterung. Israel war eines der wenigen Länder, vielleicht auch das Einzige, daran konnte sich Ignaz nicht mehr erinnern, in denen sowohl Männer als auch Frauen gemustert wurden. Ihr

Studententeam rief ein Jahr lang bei allen Männern und Frauen an, die in den vergangenen zwanzig Jahren bei der Musterung als übergewichtig eingestuft worden waren, und fragte sie, wie viele Kinder sie hatten. Das Ergebnis: Übergewichtige Männer zeugten dreimal mehr Kinder, als übergewichtige Frauen gebaren. Umso höher das Übergewicht war, desto weiter ging die Schere auseinander.

Die Studie sorgte für allerhand Aufsehen in den Medien, vor allem, weil neidische Kollegen die angeblich unwissenschaftliche Vorgehensweise kritisierten. Aber die Soziologin legte nach. Nun untersuchte sie die Fortpflanzungszahl übergewichtiger Gutverdiener und fand heraus, dass diese im Schnitt fünfmal höher war als die übergewichtiger Geringverdiener. Diesmal konnte man ihr nicht vorwerfen, dass das vielleicht nur für Israel galt, weil sie nun in Harvard lehrte und forschte, und ihr Team weltweit Daten erhob.

Anschließend setzte sie ihren Forschungen die Krone auf, indem sie nachwies, dass die Fortpflanzungszahl reicher und mächtiger Männer unabhängig von ihrem Aussehen hoch war, während die Fortpflanzungszahl von Frauen, die nicht dem gängigen Schönheitsideal ihres Kulturkreises entsprachen, deutlich geringer ausfiel.

Die Quintessenz ihrer Studien war schlicht und ergreifend: Unattraktive Männer können sich weit und breit fortpflanzen, wenn sie nur mächtig oder reich genug sind, unattraktive Frauen dagegen nicht.

Gut fünfzig Prozent der interessierten Leserschaft fühlten sich bestätigt, knapp fünfzig Prozent taten das Ergebnis als irrelevantes Gedöns einer wild gewordenen Feministin ab.

Wie auch immer, Ignaz fand das Buch gut und hatte es gern gelesen. Es war interessant und flott geschrieben, aber er wusste nicht, warum es ihm jetzt in diesem Moment wieder einfiel, als er Otter in die Augen sah. Ach ja, wegen der Gschwendtner Babsi, die sich vom Otter offenbar ein Kind hatte machen lassen. Und als er dem Otter ins Gesicht sah, da war ihm das Buch wieder eingefallen. Denn eine Granate wie die Gschwendtner Babsi hätte für einen optischen Langweiler wie den Otter, diese Triefnase, sicherlich nie die Beine breit gemacht, wenn der Otter nicht Bürgermeister gewesen wäre.

Schade für das Kind. Vom alten Gschwendtner hätte es sicher sympathischere Gene bekommen. Aber der war ja nur Tankstellenbesitzer, und seitdem die Umgehungsstraße fertig war, tankte kaum noch jemand bei ihm, weil zu weit ab vom Schuss. Das war eigentlich irrelevant, schließlich konnte es Ignaz egal sein, wem der Otter wie viele Kinder andrehte, und wieviel er für sie bezahlen musste.

Aber Otters Drohung mit dem neuen Leiter der Umweltabteilung im Landratsamt hatte gesessen. Wenn so ein ehrgeiziger Beamtenmaulwurf sich durch den Friedhof der Dinge wühlte, dann würde er etwas finden. Und dann würde er weitergraben, immer weiter, und dann käme allerhand zum Vorschein.

Wer wusste schon, was Ignaz' Vorfahren hier vergraben hatten? Egal. Es reichte schon, was Ignaz und Max Gold in den letzten Jahren unter die Erde gebracht hatten, um ihn in Schwierigkeiten zu bringen. Zum Beispiel wusste er nicht, was er antworten sollte, wenn ihm ein ehrgeiziger Maulwurfbeamter die Frage stellte, warum im Erdreich des Friedhofs der Dinge dreißig rinderwahnsinnige Kuhkadaver lagen.

Also sagte Ignaz: „Tausend Euro sind okay."

Otter klopfte mit der Faust auf den Tisch. „Abgemacht." Er drosch seine Bierflasche gegen die von Ignaz. „Prost. Und kein Wort zu irgendwem."

„Sowieso", sagte Ignaz.

Otter warf den Autoschlüssel auf den Küchentisch, stand auf, stürmte aus dem Pavillon und schmiss die Tür zu.

Ignaz nahm sein Handy und drückte auf Wiederwahl. Wieder ging Katrin nicht ran. Er trank sein Bier aus und holte sich ein neues aus dem Kühlschrank. Er wollte gerade raus zum Schuppen gehen und sich die Sauerei ansehen, als sein Handy brummte. Nachricht von Katrin: „Hör auf mich anzurufen. Du hast mich so verletzt."

Ignaz drückte auf Rückruf. Katrin ging nicht ran.

„Ach leck mich doch am Arsch." Ignaz ging in den Schuppen.

Wer will wissen, wie ein Mensch aussieht, nachdem er von einem SUV mit achtzig Sachen in einen Rosenbusch gebolzt wird?

Ignaz wollte es nicht. Aber sich das anzusehen, gehörte nun mal zur Abmachung. Man konnte ja niemanden mit geschlossenen Augen verschwinden lassen. Man war ja kein Vogelstrauß.

Ignaz sperrte den Kofferraum auf. Schaut man Toten immer zuerst in die Augen? Das konnte doch nur Zufall sein. Riesiger SUV mit riesigem Kofferraum. Konnte man Basketball drin spielen. Wahrscheinlichkeit, dem Toten darin auf den ersten Blick direkt in die verdammten Augen zu sehen, gleich null. Aber genau in diese scheißtoten Augen blickte Ignaz zuerst. Verdammt unangenehmer Zufall.

Die Augen des Toten starrten ihn hoffnungsvoll an. Als könnte Ignaz ihm irgendwie noch helfen, nun als der Kofferraumdeckel endlich offen war. „Schön, dass du da bist, freut mich dich zu sehen. Fahr mich doch bitte ins Krankenhaus, da werden die mich schon wieder zusammenflicken", sagten die Augen und hofften inständig, dass auch Ignaz das so sah.

Ignaz schlug den Kofferraumdeckel zu und ging nach draußen zum Kotzen.

Zuerst musste die Leiche verschwinden. Ignaz kam nicht gut mit dem Bagger zurecht. Baggern war Max Golds Domäne. Ignaz brauchte fast eine Stunde, um eine etwa vier Meter tiefe Grube auszuheben. Sie sah fast aus wie ein richtiges Grab, besaß vier Ecken und einigermaßen gerade verlaufende Kanten.

Ignaz ging zurück in den Schuppen und holte Tom aus dem Kofferraum. Er stemmte ihn in eine Schubkarre, warf ein paar Quadratmeter Malerflies drüber, schob ihn zur Grube und kippte ihn hinein. Dann schüttete er das Loch eilig zu und fuhr mit dem Bagger mehrmals drüber, um die Spuren zu beseitigen. Wenn es nicht so traurig wäre, wäre es fast lustig gewesen, dass ausgerechnet jemand, der den Namen Tom B. Stone für einen hervorragenden Künstlernamen hielt, nun unter der Erde lag und niemals einen Grabstein sein Eigen nennen durfte.

Das Auto verschwinden zu lassen, würde fast den ganzen Tag dauern. Das Wichtigste war, die Fahrgestellnummern abzuschleifen. Anschließend riss Ignaz die Nummernschilder ab und bearbeitete sie mit dem Schweißbrenner, bis sie unkenntlich waren. Auch dem Inhalt des Handschuhfachs widmete sich Ignaz mit dem Schweißbrenner. Dann war eine neue Grube auszuheben, diesmal eine beträchtlich größere.

Ignaz brauchte drei Stunden. Sie war ebenfalls gut vier Meter tief. An einer Seite verlief die Wand nicht steil, im Gegenteil, sie war fast so flach wie eine Tiefgaragenzufahrt. Ignaz fuhr den Wagen in die Grube und schüttete sie zu. Dann planierte er sie eine Weile mit dem Bagger und schob mit der Raupe einen Haufen Eisentrümmer und Bauschutt darüber.

Gegen halb fünf deutete nichts mehr darauf hin, dass sich Tom B. Stone und das Dienstauto des Bürgermeisters auf Ignaz Hallgrubers Hof befanden. Der Friedhof der Dinge hatte sie einfach verschluckt.

Um halb sechs stand Ignaz vor dem Haus der Gemeindebücherei mit Katrins Wohnung darüber und läutete Sturm.

Katrin machte nicht auf. Meldete sich auch nicht über die Sprechanlage. Auch auf seine Anrufe und Whatsapp-Nachrichten reagierte sie nicht.

Es begann wieder zu regnen. Ignaz trat ein paar Schritte von der Eingangstür zurück. „Katrin, lass uns bitte reden. Bitte, bitte, bitte. Ich hab's nicht so gemeint."

Nichts geschah.

„Katrin", rief Ignaz wieder, nun deutlich lauter. Sie konnte ihn unmöglich überhören, „Katrin, es tut mir so leid."

Im ersten Stock ging ein Fenster auf. Es gehörte nicht zu Katrins Wohnung. Eine alte Frau beugte sich aus dem Fenster, lehnte sich mit den Ellenbogen aufs Fensterbrett und betrachtete den regennassen Ignaz, ohne etwas zu sagen.

„Katrin", rief Ignaz wieder, „jetzt sei halt nicht so. Ich liebe dich. Hast du gehört, ich liebe dich!"

Wieder tat sich nichts.

„Das ist jetzt aber schon ein bisschen erniedrigend, junger Mann", sagte die alte Frau am Fenster.

„Mir doch egal, ich liebe die Katrin, und das darf gern jeder hören", rief Ignaz.

„Jetzt hab ich's schon mehrmals gehört, und damit ist auch mal wieder gut." Die alte Frau schloss das Fenster.

„Dann musst du es halt einfach nochmal hören. Ich liebe dich Katrin."

Endlich öffnete sich das Küchenfenster von Katrins Wohnung. Etwas flog heraus und klatschte auf den nassen Asphalt. Danach schloss sich das Fenster sofort wieder. Ignaz hob den Gegenstand auf. Es war eine Zwanzigerpackung tiefgefrorener Schweinswürstl.

Der in betrunkenem Zustand ausgesprochen hervorragend klingende Katrinrückeroberungsplan

14. Mai 2018, ein Montag, 18 Grad Celsius (08:00 Uhr), Luftdruck 994 Hektopascal, Tendenz erst steigend, dann stark abfallend

Als Max Gold am Montagmorgen auf den Friedhof der Dinge fuhr, saß Ignaz auf seinem Campingstuhl vor dem Pavillon und trank ein Bier. Max stellte sein Mofa ab und hinkte zu Ignaz. „Morgen Chef, was für ein Wochenende."

Ignaz nickte.

Max setzte sich in seinen Dreifachcampingstuhl. „Was für ein Wochenende", sagte er nochmal. Offenbar wollte er über das Wochenende reden. „Hast du schon Zeitung gelesen?"

Ignaz schüttelte den Kopf.

Max zog ein Stück gefalteten Zeitungspapiers aus der Hosentasche und reichte es Ignaz. „Musst du lesen. Du lachst dich tot."

Ignaz nahm den Zeitungsausschnitt und legte ihn auf den Tisch. „Mir ist nicht nach Lesen."

„Das hab ich ja noch nie gehört von dir. Was ist los?"

„Ach, Frauen", sagte Ignaz.

„Liebeskummer?"

„Hmmh", sagte Ignaz.

„Erzähl."

„Hol dir ein Bier und mir auch gleich noch eins. Heute bleibt der Hof geschlossen. Wir trinken."

„Soll mir recht sein", sagte Max, stemmte sich aus seinem Stuhl, hinkte in den Pavillon und holte ein paar Flaschen Bier. Dann hockte er sich wieder neben Ignaz. „Auch wenn wir heute nicht aufsperren, sollten wir nicht zu viel saufen. Der Guldner Simmerl klopft gerade gegen die Himmelstür. Schlaganfall gestern Nachmittag. Keine Angehörigen. Wenn er endgültig den Löffel abgegeben hat, gibt uns die Moltner Bescheid. Will wieder zweitausend. Den Kneubert hat das Luder sicher auch schon informiert. Wird wieder ein Wettrennen."

„Heute keine Rennen", sagte Ignaz. „Heute saufen wir uns einen an."

„Du bist der Chef", meinte Max und öffnete zwei Flaschen Bier. „Vielleicht haucht sich der Guldner auch erst morgen aus. Soll ja ein ganz guter Kerl sein."

Bürgermeister Otter saß an seinem Schreibtisch und las den Artikel im Audacher Tagblatt. Allein schon die Überschrift: ‚Engelberger Gemeindejubiläum endet in Katastrophe!' Und dann die Unterüberschrift: ‚Örtliche Feuerwehr betrunken – Nachbarfeuerwehren müssen einspringen – Bürgermeister Otter auf Tauchstation'.

Otter brüllte Richtung Vorzimmer: „Frau Prömptner, holen Sie mir diese Giftspritzn von Journalistin ans Telefon, aber augenblicklich. Die hat ihren letzten Artikel geschrieben, diese, diese, ach einfach diese Sau, ja einfach nur Sau. Oder noch besser, rufen Sie den Kreuzer an. Warum mit den Säuen reden, wenn man den Hirten kennt?"

„Wird gemacht, Chef", rief Frau Prömptner. Dann erschien sie in der Tür. „Und übrigens, das wollte ich noch klarstellen. Sie haben es vielleicht noch nicht bemerkt, dass der Grappa vom Fausto nicht mehr da ist. Der stand am Freitag, als ich in Feierabend gegangen bin, noch auf Ihrem Schreibtisch. Aber ich hab ihn nicht genommen. Bei mir kommt nichts weg. Es ist mir ein Rätsel."

„Mir doch egal, wo dieser scheiß Grappa hin ist."

„Hauptsache, Sie glauben nicht, dass ich ihn genommen habe."

„Würde ich nie glauben, und jetzt holen Sie mir den Chef von dieser Schmierfinkin ans Telefon."

Frau Prömptner schloss die Tür. Eine Minute später klingelte das Telefon auf Otters Schreibtisch. „Herr Kreuzer ist in der Leitung."

„Durchstellen."

„Kreuzer, Audacher Tagblatt."

„Jak, was habt ihr denn da mal wieder für einen Scheißdreck geschrieben?"

„Robert, schön von dir zu hören. Meine Journalistin hat gestern den ganzen Tag versucht, dich zu erreichen", sagte Kreuzer unangemessen selbstbewusst.

„Aber deswegen kann sie doch nicht schreiben, dass ich auf Tauchstation bin."

„Wo warst du denn sonst?"

„Jedenfalls nicht auf Tauchstation. Tauchstation ist sachlich so nicht richtig", brüllte Otter ins Telefon.

„Du warst nicht erreichbar."

„Dann soll sie das auch so schreiben. Hatte alle Hände voll zu tun. War ja einiges zu koordinieren."

„Das Wort Tauchstation stammt nicht von uns, sondern vom Landrat", erwiderte der Redaktionsleiter.

„Ja eben, kannst mal sehen, wie viel es zu tun gab, wenn ich nicht mal für den werten Herrn Landrat zu erreichen war."

„Der Landrat ist dein Parteifreund, nicht meiner", sagte Kreuzer offenbar immer noch ungerührt.

„Ist doch egal, aber es stimmt nicht. Ich habe im Hintergrund gewirkt."

„Robert, was willst du? Ihr Engelberger habt euch bis auf die Knochen blamiert und könnt froh sein, dass keiner gestorben ist. Das war reines…"

„Maul halten, Jakob. Es ist reines Glück, dass ich nicht sofort alle Gemeindeanzeigen in eurem Schmierblatt streiche. Und zwar nicht mein Glück, sondern dein Glück. Wenn ich so eine Scheiße nochmal in eurer Zeitung lese, dann ist Schluss mit lustig. Wäre ja gelacht, wenn ihr einfach schreiben könnt, was ihr wollt."

„Robert, das ist jetzt wirklich ungerecht. Du weißt, dass wir hier beim Audacher Tagblatt Anzeigen und Berichterstattung strikt voneinander trennen." Der Redaktionsleiter hörte sich jetzt nicht mehr so selbstbewusst an.

„Aber ich trenne das nicht. Kannst du mich bitte mit dem Leiter der Anzeigenabteilung verbinden?"

„Lieber Robert, das muss doch jetzt echt nicht sein. Das können wir sicher anders regeln."

Bürgermeister Otter sagte ein paar Sekunden lang nichts. Dann ganz ruhig: „Lieber Jak, du hast recht. Du hast wie immer recht. Bist ein kluger und besonnener Mensch. Das bewundere ich so an dir. Ich bin dagegen hin und wieder zu impulsiv. Einfach zu engagiert. Ich überlege es mir bis morgen. Nichts ist älter als die Zeitung von gestern. Bin gespannt auf die morgige Ausgabe. Man kann ja mal übers Ziel hinausschießen. Passiert mir auch ab und zu. Aber dann muss man Manns genug sein und seine Fehler korrigieren. Ihr kriegt das schon hin." Dann legte er grußlos auf.

„Frau Prömptner, ich glaub, in ein paar Minuten ruft diese Schmierenjournalistin vom Tagblatt an. Bitte gleich durchstellen. Und einen Kaffee bitte."

Bürgermeister Otter war fürs Erste zufrieden mit sich. Den Schmierfinken vom Tagblatt hatte er mal wieder erfolgreich Bescheid gestoßen, was Pressefreiheit bedeutete. Nämlich auch die Freiheit, Anzeigen zu stornieren. Aber was noch wichtiger war: Eigentlich hatte er befürchtet, dass Tom B. Stones Verschwinden längst öffentlich war. Aber in dem Artikel stand kein Wort darüber. Kann gerne so weitergehen, der Tag, dachte sich Otter. Aber vor der Nacht fürchtete er sich ein wenig. Gestern Nacht war ihm Tom B. Stone im Traum erschienen. Er hatte nicht gut ausgesehen und war übellaunig. Drohte damit Otter zu überfahren. Schlechter Traum. Hoffentlich kam er nicht wieder.

„Scheiße", fluchte Ignaz und warf sein Handy auf den Campingtisch. „Sie geht einfach nicht ran."

„Wie oft hast du's probiert?", fragte Max und nahm einen großen Schluck Bier.

„So vierzig oder fünfzigmal."

„Hör auf damit. Hör sofort auf damit." Max trank einen Schluck und blickte auf den Friedhof der Dinge. „Hast bisschen umdekoriert gestern. Ist was Neues reingekommen?"

„War eine kurzfristige Sache. Ein Auto aus München. Gab zweitausend auf die Hand. Planquadrat G9 ist jetzt belegt."

„Alles alleine erledigt. Und das an einem Sonntag. Respekt."

„Musste mich irgendwie ablenken."

„Sonst hättest die Katrin am Ende hundertmal angerufen", lachte Max.

„Hast du wirklich Schweinswürstlarmee gesagt?" Max Gold schüttelte den Kopf, nachdem Ignaz sein Kommunikationsmalheur zu Ende erzählt hatte. Dann musste er lachen und kriegte sich fast nicht mehr ein.

„Klingt rückblickend lustiger als es war." Ignaz nahm einen Schluck Bier und zündete sich eine Zigarette an. „Vor allem, wenn man nicht selbst dabei war."

„Also ich bin ja kein studierter Experte im Frauenverstehen, aber ich glaub, da hättest du ihr auch gleich sagen können, dass sie fett ist", sagte Max.

„Sag ich doch, dass das nicht lustig ankam. Ich hab's ja auch nicht im Spaß gesagt. Ich war sauer. Und besoffen."

„Zählt beides nicht als Ausrede, kann ich mir vorstellen. Ignaz, was du jetzt brauchst, ist ein möglichst hervorragender Rückeroberungsplan. Und zwar einen verdammt guten."

Fünf Stunden und je acht Halbe später stand der Plan. Max hielt ihn für genial. Ignaz hegte noch ein paar Restzweifel, aber nach drei weiteren Bieren war auch er überzeugt davon, dass es klappen würde.

Nach seinem elften Bier machte Max Feierabend und fuhr mit dem Mofa vom Hof. Am Tor hielt er an und drehte sich zu Ignaz um. Er streckte seinen rechten Daumen nach oben. „Wirst sehen, Chef, das klappt. Nach der Aktion wird die Katrin dir in die Arme fallen und dich zerquetschen vor lauter Liebe."

Das Gute am Saufen ist, dass man irgendwann nicht mehr kann. Dann geht man schlafen, oder wenn man zu gehen nicht mehr in der Lage ist, schläft man einfach an Ort und Stelle ein. Irgendwann wacht man wieder auf, ist nicht mehr so besoffen wie vor dem Einschlafen, im Schädel dröhnt und scheppert es, aber allmählich wird man klarer im Kopf, vor allem dann, wenn während des Schlafs das Wetter umschlägt und es zu schütten beginnt wie aus Eimern, und man völlig durchnässt und zitternd in einer Pfütze neben dem Campingstuhl aufwacht, in dem man glaubte eben noch gesessen zu haben.

Ignaz kroch die Holzstufen zur Eingangstür hoch, und noch bevor er es aufs Klo schaffe, um in die Schüssel zu kotzen, schwante ihm, dass der Plan, den er zusammen mit Max ausgeheckt hatte, wahrscheinlich doch keine so gute Idee war.

Als er leer war, stemmte sich Ignaz von der Schüssel hoch und wankte nach draußen. Sein Handy lag auf dem Plastiktisch und gönnte sich ein Bad. Es war nicht mehr zu gebrauchen. Er konnte Max also nicht anrufen, um den Katrinrückeroberungsplan zu stoppen. Und vom Friedhof der Dinge zum Hof von Schorsch Gutwein laufen, war ihm in seinem Zustand doch zu aufwändig. Morgen würde Max ja wiederkommen, und dann könnte man das Ganze ja immer noch in aller Ruhe abblasen.

Nachdem Max Gold am Nachmittag vom Hof gefahren war, machte er sich direkt auf den Weg zu Schorsch Gutwein. Er war guter Laune. Der Katrinrückeroberungsplan war ohne Zweifel nichts anderes als genial, und die Umsetzung versprach allergrößten Spaß.

Der Schorsch schuldete dem Ignaz ja noch einen Gefallen, weil Ignaz auf der Bürgerversammlung den Gemeindezuschuss für die Trachtenerneuerung unterstützt hatte. Außerdem war der Gutwein ohnehin ein Mann der Tat. Wenn man ihn von einer Idee überzeugen konnte, dann war er sofort Feuer und Flamme und gern bereit mitzuhelfen. Und er war der einzige Bauer in Engelberg, der noch in Sauen machte. Und Sauen spielten eine zentrale Rolle im Katrinrückeroberungsplan.

Max brauchte nicht lange, um Schorsch Gutwein zu überreden. Das Geldbündel, das er auf den Tisch legte, war überzeugend genug.

Schorsch griff nach dem Bündel, zählte die Scheine, nickte zufrieden, zog die Schublade des Küchentischs auf und warf sie hinein. „Legen wir los. Ist die verrückteste Idee, die mir jemals untergekommen ist. Aber wenn's für den Ignaz ist, dann leiste ich gern meinen Beitrag."

„Wir brauchen Farbe, die lang hält. Sonst zählt's nicht richtig", sagte Max.

„Hab schwarzen Lack in der Garage. Und eine Sprühpistole. Kinderspiel. Kriegen wir im Nullkommanichts hin."

Max nickte zufrieden. „Und wir brauchen Bier."

Sauen zu beschriften stellte sich als komplizierter heraus, als Max und Schorsch angenommen hatten.

Was nicht an den Tieren lag. Schorsch Gutwein hatte ein offenbar besonders schmackhaftes Schweinefuttergranulat in einen großen Trog gekippt. Die Säue, die er einzeln an den Ohren zum Trog zog, widmeten sich fröhlich grunzend der unverhofften Mahlzeit und blieben ruhig stehen, während Schorsch mit der Lackierpistole schwarze Buchstaben auf ihre Rücken sprühte. Auf die erste Sau sprühte er die Buchstaben K, A, T, H, R, I, N.

Max Gold protestierte. „Die Katrin schreibt man ohne H."

„Dann streichen wir das H halt einfach durch", meinte Gutwein.

„Nix da. Es muss perfekt sein. Hol eine neue Sau", forderte Max.

„Dann krieg ich nochmal hundert", sagte Schorsch Gutwein und bugsierte das falsch beschriftete Vieh mit geübten Tritten zurück in den Zwinger.

„Die Sau war nur zur Probe. Die ist im Grundpreis mit inbegriffen", bestimmte Max und leerte seine Bierflasche.

Schorsch Gutwein verschrieb sich noch auf drei weiteren Säuen, aber irgendwann am späten Abend standen in einem Gatter acht glücklich grunzende Schweine, denen es sowas von egal war, dass auf ihren Rücken schwarz glänzende Buchstaben prangten.

Auf dem Rücken der prächtigsten Sau stand ‚KATRIN', und auf weiteren sieben verteilt die Wörter ‚WILLST DU MEINE', ‚FRAU WERDEN?', ‚ICH LIEBE DICH', ‚WIR SIND ZUSAMMEN', ‚10.000 SCHWEINSWÜRSTL', ‚GENUG FÜR IMMER' und ‚FÜR UNS ZWEI'.

Max Gold blickte zufrieden auf die Schweine. „Na, wenn das nicht die romantischste Schweineparade wird, die es je gegeben hat."

„Hat es überhaupt schon mal eine Schweineparade gegeben?", fragte Schorsch Gutwein und trank seine Bierflasche aus.

Max Gold zuckte mit den Schultern. „Der Echtwieser Girgl hat seiner Frau mal drei Ferkel zum Geburtstag geschenkt. Auf denen stand nur: ‚Ich liebe dich'. Mehr nicht. Das zählt also nicht."

Vor ein paar Jahren hatte Ignaz sich ein Buch ausgeliehen, das sich der Herkunft von Redewendungen widmete. Es gab ja allerhand geflügelte Worte, die man achtlos verwendete, ohne zu wissen warum, man also praktisch nur Bahnhof verstand, aber warum eigentlich Bahnhof und nicht Metzgerei, Postamt oder Kramerladen?

Oder warum kam einem etwas spanisch vor und nicht englisch, russisch oder italienisch? Und warum verdammt nochmal ging Liebe durch den Magen und nicht durch erheblich erotischere Organe? Ignaz hatte das Buch begeistert gelesen, aber an die Herkunft der meisten geflügelten Worte konnte er sich kaum erinnern.

An den Matthäus-Effekt schon. Der Matthäus-Effekt bezeichnet das Phänomen, dass es, wie man so schön sagt, immer dorthin regnet, wo es schon nass ist, oder wie man in Bayern sagt: Der Teufel scheißt immer auf den größten Haufen. Beides geht zurück auf das Matthäusevangelium, in dem es heißt: ‚Denn wer da hat, dem wird gegeben, dass er die Fülle habe; wer aber nicht hat, dem wird auch das genommen, was er hat.' Ähnliches besagt auch Murphys Law, das behauptet, dass einfach alles schiefgeht, was schiefgehen kann.

In einem in der Nachbetrachtung erstaunlich effektivem Zusammenwirken von Matthäus-Effekt und Murphys Law, sowie einer perfekt aufeinander abgestimmten Abfolge von Ereignissen, wie sie nur eine höhere Macht zu choreographieren in der Lage ist, passierte in Sachen Katrinrückeroberungsplan folgendes:

Montagmorgen: Ignaz hat keine Lust zu arbeiten, weil ihm die

Sache mit Katrin nicht aus dem Kopf will. Ans Telefon geht sie nicht. Schlecht.

Max Gold kommt zur Arbeit. Man säuft eine erkleckliche Anzahl von Bieren und schmiedet einen Plan, der in besoffenem Zustand ganz hervorragend klingt.

Am späten Nachmittag fährt Max Gold vom Hof und kümmert sich um die Umsetzung.

Ignaz trinkt weiter. Irgendwann stürzt er vom Stuhl, aber so wie er daliegt, ist es bequem genug, um einzuschlafen. Es beginnt zu regnen. Irgendwann wacht er auf, friert und kotzt sich aus.

Max ist zu diesem Zeitpunkt längst bei Schorsch Gutwein. Gemeinsam lackieren Max und Gutwein fröhlich die Schweine.

Inzwischen hat der Regen Ignaz' Handy unbrauchbar gemacht. Schorsch und Max lackieren weiterhin munter die Säue.

Ignaz ist zu faul und zu erschöpft vom vielen Trinken, um den weiteren Fortgang des Katrinrückeroberungsplans zu stoppen. Er legt sich ins Bett. Denkt an Katrin. Steht wieder auf. Setzt sich in die Küche. Schreibt ihr einen Brief. Schreibt zwei Stunden lang. Schreibt alles auf, was er ihr zu sagen hat, und wie sehr er sie liebt. Unterschreibt den Brief mit den abschließenden Worten: ‚Ich kann nicht ohne dich sein. In unendlicher Liebe, dein Ignaz.' Legt ihn auf den Boden im Flur vor der Pavillontür. Damit er ihn morgen Früh gleich einwerfen kann. Geht schlafen in der guten Hoffnung, alles doch noch zum Guten zu wenden. Schläft ein.

Max Gold und Schorsch Gutwein sind mit der Beschriftung der Schweine fertig. Inzwischen hat es aufgehört zu regnen. Sie gehen raus aus dem Stall und trinken noch drei, vier Halbe am Silo, wo man einen schönen Blick auf das nächtliche München hat. Außerdem ist es am Silo auch nach Mitternacht noch schön warm.

Irgendwann fragt Gutwein: „Hab ich das Gatter geschlossen?"

„Weiß ich doch nicht", sagt Max.

Gutwein stemmt sich hoch und wankt davon, um nachzusehen. Nach ein paar Minuten kommt er zurück. „War offen, aber sind noch alle sieben da. Ich hab uns noch zwei Gutenachthalbe mitgebracht. Aber dann ist Schluss."

Max und Schorsch stoßen zufrieden an.

Etwa zur selben Zeit trottet Sau Nummer acht vom Hof.

Sechs Stunden später klopft es an Katrins Tür.

Katrin stemmt sich aus dem Bett und öffnet.

Es ist die alte Frau Ketterl von nebenan. „Bitte tun Sie sich einen Gefallen, liebe Nachbarin, und schauen Sie nicht aus dem Fenster."

Katrin läuft zum Fenster.

Die Nachbarin hinterher.

Katrin öffnet das Fenster. Beugt sich raus.

Unten wühlt sich eine fette Sau durch den Vorgarten. Auf ihrem Rücken steht: Katrin.

Katrin schlägt die Hände vors Gesicht.

„Hab ich doch gesagt, dass Sie nicht aus dem Fenster schauen sollen", sagt die Nachbarin. „In aller Herrgottsfrüh so eine Sauerei. Aber Sie wollten ja nicht auf mich hören."

Die Nachbarin geht sehr zufrieden zurück in ihre Wohnung. Für einen banalen Dienstag hat sie genügend Gesprächsstoff.

Katrin schreibt Ignaz eine letzte Nachricht: „Du bist das größte Schwein, das ich je kennengelernt habe. Du bist doch krank." Anschließend löscht sie seine Nummer und sperrt ihn auf Whatsapp. Sie ist zu wütend und geschockt, um zu weinen. Das würde wahrscheinlich später noch kommen.

Katrin duschte, frühstückte, zog sich an und ging in die Bücherei im Erdgeschoss. Sie brauchte den ganzen Vormittag, um alle Sachbücher im Keller einzulagern. Anschließend schrieb sie eine

E-Mail an Bürgermeister Otter: „Sehr geehrter Herr Bürgermeister, nach Ihrer großzügigen Finanzzuweisung an die Gemeindebücherei macht die Aktualisierung und Umstrukturierung unseres Angebots schnelle Fortschritte. Dabei hat sich erwiesen, dass die Sachbuchabteilung in Anbetracht der sehr geringen Ausleihzahlen zu viel Platz beansprucht. Deshalb habe ich mir erlaubt, die Sachbücher im Keller einzulagern, um Platz für neue, gute Belletristik zu schaffen. Ich hoffe, dass das in Ihrem Sinne ist. Mit dieser Umstrukturierung wird die neue Qualität der Gemeindebücherei, die allein Ihrer Großzügigkeit zu verdanken ist, für die Kunden noch sichtbarer. Mit freundlichen Grüßen, Katrin Bückenbecker-Mahlstrom, Sachbearbeiterin Gemeindebücherei."

Ein paar Sekunden später kam Katrins Mail im Vorzimmer des Bürgermeisters an. Frau Prömptners Computer klongte stolz, um der Sekretärin zu signalisieren, dass allein er gerade eine E-Mail zu empfangen in der Lage war.

Bürgermeister Otter komplimentierte gerade einen Bittsteller aus dem Vorzimmer, der eine günstige Gemeindewohnung forderte. „Wir kümmern uns", sagte er mehrmals, bis er den Kerl schließlich aus dem Vorzimmer hatte und die Tür schloss.

„E-Mail von der Bückenbecker, Chef", sagte Frau Prömptner.

„Was wichtiges?"

Frau Prömptner überflog die E-Mail. „Bedankt sich für die Kohle. Und räumt um."

„Gut so, bisschen Bewegung schadet ihr nicht", sagte Otter.

Der Bürgermeister und seine Sekretärin mussten schallend lachen.

Tracht und Macht, Geld und Gier

16. Mai 2018, ein Mittwoch, 20 Grad Celsius (08:11 Uhr), Luftdruck 1007 Hektopascal, Tendenz steigend

Der Guldner Simmerl erwies sich selbst im Sterben als sympathischer Zeitgenosse. Er starb erst in der Nacht auf Mittwoch. Am Mittwochmorgen fand Ignaz, dass es nach der Montagssauferei, dem darauffolgenden unglückseligen Scheitern des Katrinrückeroberungsplans am Dienstagmorgen und dem anschließenden den Rest des Tages in Anspruch nehmenden Frustsaufen nun allerhöchste Eisenbahn war, sich wieder ums Notwendige zu kümmern.

Guldner hatte in der Nachbargemeinde Himmelreich ein florierendes Trachtenmodengeschäft besessen. Himmelreich war eigentlich Kneuberts Territorium. Aber seit Kneubert die Chuzpe besessen hatte, bei der Graorac aufzutauchen, waren die Territorialgrenzen für Haushaltsauflösungen im Audacher Land den Bierdeckel nicht wert, auf dem sie einst niedergeschrieben wurden.

Wegen Guldner weit in fremdes Gebiet vorstoßen, versprach aus zwei Gründen fette Beute: Guldner hatte sein Geschäft verstanden. Und er war schwul. Also keine Erben. Ergo viel zu holen.

Viele im Dorf vermuteten einst, der Guldner habe eine Affäre mit seinem Angestellten, und dem würde er das Geschäft irgendwann überschreiben. Aber bevor es dazu kam, lernte der Angestellte auf einer Trachtenmodenmesse einen jüngeren Trachtenhändler mit einem noch florierenderem Trachtengeschäft kennen. Fortan verzichtete Guldner auf Angestellte und Liebschaften.

Was oben im Verkaufsraum hing, ging natürlich zurück an die Hersteller. Aber Ignaz und Max hatten es nicht auf die gewöhnlichen Lederhosen und Dirndl abgesehen. Die gab es bei jedem anderen dahergelaufenen Trachtendantler in Oberbayern. Ignaz und Max ging es um den Keller. Dort befand sich Guldners Lager für original Audacher Männertracht. Mit Audacher Frauentracht handelte Guldner aus Prinzip nicht. Sie war ihm optisch zuwider.

Die Audacher Frauentracht hatte Guldner, ein Ästhet und Schöngeist vor dem Herrn, immer als Beleidigung fürs Auge empfunden, nicht nur für seines, sondern für jedes.

Es heißt ja, einen schönen Menschen entstellt nichts. Wer das behauptet, hat die Audacher Frauentracht noch nicht gesehen. Die Audacher Frauentracht war mühelos in der Lage, wunderschöne Frauen in unscheinbare, dotscherte Hascherl zu verwandeln. Klobig und plump im Schnitt war sie schlichtweg eine optische Zumutung und dazu von einer geradezu irrsinnigen Stofffülle. Diese verlieh der Tracht ein unerhörtes Gewicht, schwerer als das einer Ritterrüstung, als sei es ihre vordringlichste Aufgabe, jeder aufrechten Frau im Lande das Rückgrat zu beugen. Kurz gesagt: In Audacher Frauentracht wurden die schönsten und stolzesten Weibsbilder geometrisch betrachtet zu Kübeln.

Der Herrgott im Himmel war immer gern bereit gewesen, das Audacher Land mit einer Vielzahl von filigranen und zarten Frauen zu segnen. Den irdischen Schöpfern der Audacher Frauentracht war indes nichts Besseres eingefallen, als diese wunderbaren Geschöpfe Gottes in einem zügellosen Anfall des Wahnsinns hinter mehrere Zentimeter dicke Schichten aus Stoff, ach was, es waren nicht Schichten und nicht Stoff, es waren Wände, zu verstecken.

In ihrem wilden Furor schufen sie eine Vielzahl den weiblichen Körper entstellende Kleidungsstücke: Blusen und Unterröcke,

Strümpfe und Kittel, Spenzer und Schürzen, Knöpfe und Schnallen, und schließlich gipfelte ihr Feldzug wider die weibliche Ästhetik in der Erfindung der Schleifenhaube, einer urhässlichen und mehr einem Adlerhorst als einer Kopfbedeckung ähnelnden ästhetischen Unverschämtheit.

Eine junge und durchaus talentierte Journalistin hatte vor einigen Jahren den undankbaren Auftrag gehabt, über den Festzug zum Audacher Volksfest zu berichten. In ihrem Bericht zitierte sie eine recht lustige Frau in modischem Dirndl und Federhut, die neben ihr am Straßenrand gestanden und das Herannahen der Audacher Trachtenfrauen mit den Worten kommentiert hatte: „In Deckung, jetzt kommen die Panzerfahrzeuge."

Das Zitat löste einen Sturm der Entrüstung aus. So etwas Unhoamatliches durfte man vielleicht denken, vielleicht auch mal sagen, nach fünf Maß und unter Freunden, aber doch wohl nicht schwarz auf weiß in eine Zeitung schreiben.

Dutzende Trachtenträgerinnen drohten dem Audacher Tagblatt mit der Kündigung ihres Abonnements, wenn nicht augenblicklich der Gerechtigkeit genüge getan und die unverschämte Journalistin entfernt würde.

Daraufhin wurde die Verfasserin vom Verlagshaus kurzerhand in eine Gegend versetzt, in der die Frauentrachten schöner waren.

Gnädigerweise verzichteten die Audacher Panzerfahrzeuge auf die Kündigung ihrer Abonnements und fühlten sich als glückliche und stolze Siegerinnen. Aber jedes Mal, nachdem sie ihre Tracht anlegten, um auf irgendeinem Festzug mitzumarschieren, konnte man ihnen ihren Stolz beim besten Willen nicht ansehen. Wer kann schon erkennen, ob hinter einem geschlossenen Garagentor ein Bentley oder eine alte Zündapp steht?

Mittlerweile schrieb die Journalistin für die Vogue über Modenschauen in New York, Paris und Mailand.

Also alles gut für alle Beteiligten.

Der Audacher Männertracht gelang dagegen das Kunststück, das exakte Gegenteil zu bewirken. Sie verwandelte die buckligste und unansehnlichste Kreatur in einen schneidigen Kerl. Sie erweckte beim Betrachter nicht jenen lächerlichen Eindruck einer Verkleidung, wie ihn so viele andere bairische Männertrachten bewirkten, deren Träger sich jedes Mal, wenn sie diese anlegten, in albern bunte Imitationen ihrer selbst verwandelten.

Die Audacher Männertracht war anders. Sie war Ausdruck stolzer Männlichkeit, stilvoller Ehrwürdigkeit und männlichen Stilbewusstseins. Woher das kommen mochte, blieb den Geschichtsschreibern ein Rätsel. Aber wer auch immer die zum Gutteil schwarze Männertracht mit ihren silbernen Knöpfen, den prächtigen Stiefeln, den liebevoll gestalteten Westen und Ornamenten und den feschen Hüten im neunzehnten Jahrhundert zur Perfektion gebracht hatte, wäre heutzutage wohl ein in Paris und Mailand und New York heiß geliebter und vergötterter Modeschöpfer.

Es wäre vielleicht zu weit hergeholt zu behaupten, die Audacher Tracht sei Ausdruck maskulinen Überlegenheitsdünkels und historisch gewachsener Geringschätzung von Frauen. Aber diesen Gedanken einfach zu verwerfen, wäre gleichermaßen voreilig, wenn man allein die an Hässlichkeit kaum zu übertreffenden Hauben der Frauen betrachtete, während die Männer unter wunderbar geschnittenen, teuren und prächtigen Filzhüten neben oder meist vor ihren Frauen zum Gottesdienst schritten.

Die Audacher Männertracht war viel wert. Sie war ein Statussymbol, zumindest für die nicht wenigen im Audacher Land, die ihr eine gesellschaftliche Wirkung beimaßen. Viele waren bereit, tausend Euro für ein Paar Stiefel oder einen prächtigen Janker zu zahlen. Eine Trachtenhose in einigermaßen ordentlichem Zustand gab es nicht unter fünfhundert, einen schneidigen Hut ebenso wenig.

Denjenigen, die eine solche Tracht unbedingt ihr Eigen nennen wollten, war der Erwerb von größter Bedeutung und konnte je nach Kaufkraft und sozialem Status bisweilen mehrere Jahre in Anspruch nehmen. Manch einer nahm einen Kredit auf und verschuldete sich über beide Ohren, um seine Tracht zu vervollständigen. Die örtlichen Banken genehmigten diese Kredite gern, schließlich handelte es sich um hochverzinste Konsumkredite ohne Risiko. Denn das vom Bittsteller anzuschaffen gedachte Trachtenteil diente selbst als Sicherheit, und dessen kommerzieller Wert stieg Jahr für Jahr.

Man konnte ein talentfreier Geselle in einer heruntergekommenen Autowerkstatt sein oder Parkplatzwächter auf einem Supermarktparkplatz, man konnte Wirt einer windigen Boazn irgendwo im Hinterland sein, einer Boazn so scheußlich, dass kein Lokalpolitiker oder Handwerksmeister oder Geschäftsmann, der etwas auf sich hielt, jemals auch nur einen Fuß hineinsetzen würde, aber wenn man die Audacher Tracht trug, dann war man ihresgleichen.

Bei den Trachtenumzügen konnten der Geselle und der Parkplatzwächter, der Boaznwirt und der Zeitungsausträger, der erfolglose Rechtsanwalt, der noch nie einen Fall gewonnen hatte, der bedeutungsloseste Hanswurst und der nichtsnutzigste Aufschneider glücklich winkend neben dem erfolgreichen Bankvorstand und dem wichtigen Stadtrat marschieren, neben dem geldigen Fabrikanten und dem schwerreichen Metzgermeister, neben dem gierigen Bauunternehmer und dem hochangesehenen Richter. Wenn sie die Audacher Tracht trugen, waren sie alle gleich.

Aber nur dann. Sie nannten sie sich kameradschaftlich Schorsch und Erwin und Gustl und Fredl. Sobald jedoch die Großkopferten wieder ihre Anzüge trugen und der Geselle seinen Blaumann und der Boaznwirt seine grintige Schürze, waren sie sich so fremd und egal wie immer.

Die Audacher Männertracht war ein optischer Gleichmacher. Sie gönnte den Niederen das Gefühl von Bedeutsamkeit, und sie erlaubte den Großen, sich zu den Niederen herabzulassen. Die Audacher Männertracht war eine Win-win-Verkleidung für alle, die sie trugen.

Allen anderen war sie vollkommen egal.

Simon Guldner hatte sich in den vergangenen Jahrzehnten den Ruf erarbeitet, der Beste zu sein, wenn es um die Audacher Männertracht ging. Er war ein begnadeter Schneider und fertigte perfekt zugeschnittene Hosen, Mäntel, Westen und Janker. Auch in der Hutmacherei hatte er sich über die Jahre vervollkommnet.

Wer eine prächtige Tracht wünschte, der ging zum Guldner, ließ dort nicht selten über zehntausend Euro, und verließ Guldners Laden mit dem glücklichen Gefühl, von nun an zur Crème de la Crème zu gehören. Wer Guldners Laden mit einer Audacher Tracht verließ, konnte sich fortan stolz in den Alten Wirt in Audach setzen und sicher sein, dass er jetzt als einer galt, der wichtig und richtig war, egal, was für ein Nichts er gewesen war, bevor er den Laden betreten hatte. Wer Simon Guldners Laden mit viel Bargeld betrat und mit einer Audacher Tracht aus ihr herausspazierte, der war ein Herzober, wenn nicht ein Grasober, und wenn er sich in seiner Tracht nicht allzu dumm anstellte, dann konnte er dem Eichelober beim nächsten Trachtenstammtisch vielleicht mal auf die Schulter klopfen und ihn mit seinem Vornamen ansprechen, ohne ignoriert zu werden. In Audacher Tracht war man seinesgleichen.

Von den Pfennigfuchsern, von denen es nicht wenige in der Gegend gab, hatte man als Audacher Trachtenträger nichts zu befürchten. Eine Audacher Tracht konnte kosten, wieviel sie wollte, und je mehr man für sie auf den Tisch legte, umso großartiger durfte man sich fühlen.

Die Audacher Trachtenträger überschütteten recht gern jeden mit Spott und Hohn, der beim Stammtisch erzählte, dass er für seinen neuen Kachelofen fünfzehntausend bezahlt hatte, denn es wisse doch jeder, dass der Mangold Dammerl das schwarz für achttausend macht und noch dazu besser. Der Dammerl habe ja jeden Cent nötig, wegen seinem gehirnbehinderten Sohn, der koste ihn einen Haufen Geld, und da könne man den Preis ganz schön drücken, weil der Dammerl drauf angewiesen sei.

Der Hammer Sepp wurde im Alten Wirt einen ganzen Abend lang ausgelacht, weil er so dämlich war, die Marmorplatten für seine neue Küche beim Ebert gekauft zu haben. Dabei war der Herber doch viel billiger, weil der Herber mache das natürlich schwarz für die anderen Trachtler, aber um das zu wissen, dafür wäre der Hammer Sepp einfach noch nicht lang genug dabei. Sie lachten so lange, bis der Hammer Sepp auf den Stammtisch stieg und seine neuen Trachtenstiefel präsentierte. Und da sahen alle, die ihn eben noch genüsslich ausgelacht hatten, ganz blöd aus der Wäsche. So edle Stiefel hatte keiner von ihnen.

„Jetzt schaut euch mal meine neuen Stiefel an. Hab ich für die auch zu viel bezahlt?"

Die Leute schüttelten die Köpfe. „Solche Stiefel können kosten, was sie wollen, die sind es wert", sagte einer, der es wissen musste, weil er sich vor ein paar Wochen ebenfalls neue Stiefel gekauft hatte. Die hatten ebenfalls gekostet, was sie wollten. „Sind sicher vom Guldner", sagte der Mann anerkennend.

Der eben noch Ausgelachte nickte zufrieden.

Dann kam die Lena und sagte: „Letzte Runde und Füße runter

vom Tisch."

So verhielt es sich eben mit der Wirkung der Audacher Männertracht. Spränge im Alten Wirt ein junger Hüpfer in Panama Jacks auf den Tisch, was noch nie vorgekommen war, die Frage stellt sich ja gar nicht, Gott nochmal, welcher Mensch mit den Füßen in Panama Jacks oder Chucks oder Sandalen oder Slippers käme jemals auf die Idee, auf den Tisch zu steigen, um seine neuen Schuhe zu präsentieren? Das war natürlich auch gut und gesund so. Denn täte es jemand, könnte er gar nicht schnell genug „hab ich grad neu gekauft und wollte sie nur kurz herzeigen" sagen, ehe er in hohem Bogen aus der Wirtschaft hinaus aufs Kopfsteinpflaster geflogen wäre, wahrscheinlich in Kombination mit schwerwiegenden Gesichtsverletzungen und noch längerem Lokalverbot.

Aber wenn man in Audacher Männertracht auf den Tisch stieg, um seine neuen Stiefel zu präsentieren, war das etwas ganz anderes. Da konnte man sich ruhig noch ein bisschen Zeit lassen mit dem Herunterstiegen und der Rückbesinnung auf die Regeln allgemein angebrachtem Sozialverhaltens in Gaststätten.

Da konnte die Lena ruhig noch ein zweites Mal kommen und ebenso resolut wie vergeblich die Herabsteigung einfordern. Ohne ein Machtwort des Wirts höchstpersönlich ging da nichts, wenn man in Audacher Tracht und noch dazu in neuen Stiefeln, die zweitausend Euro gekostet hatten, auf einem Tisch stand und bewundert wurde. Da stieg man doch nicht einfach runter, bloß weil so eine dahergelaufene Bierbringerin wie die Lena einen dazu aufforderte. Da musste schon der Wirt auflaufen, und das tat er dann irgendwann auch, aber sehr untertänig und höflich, weil es sich mit den Trachtlern verscherzen wegen einer lächerlichen Tischbesteigung, wäre in etwa so wie sich aus freien Stücken den Zapfarm abzuhacken, bloß weil man sich einen Schiefer in den Daumen eingezogen hatte.

Wer im Audacher Land Audacher Tracht trug, der trug etwas Besonderes und war deswegen verdammt nochmal auch etwas Besonderes. Na ja, eigentlich nur in seiner Selbstwahrnehmung. Aber Selbstwahrnehmung ist das halbe Leben, wenn nicht sagar bis zu siebenundsiebzig Prozent.

Den Schankschluss konnten die Trachtler mit Androhung kollektiven Lokalboykotts nach Belieben verschieben. Aber wenn der Herrgott mit einem lässigen Fingerschnippen einem Audacher einen Herzinfarkt verpasste oder ein Hirnschlagerl oder hin und wieder auch eine ausgewachsene Leberzirrhose, dann zog selbst der stolzeste Trachtenmann den Kürzeren.

Jedes Jahr verstarb eine stattliche Anzahl Audacher Trachtenträger und manch einer hinterließ Nachkommen, die nicht viel anzufangen wussten mit den Trachten der erblassten Erblasser. Es war allgemein bekannt, dass der Guldner für original Audacher Trachten einen sehr guten Preis zahlte. Und so landete ein großer Teil der Erbstücke in dessen Kellerlager.

Auf genau dieses Lager hatten Ignaz und Max es abgesehen. Max fuhr den Laster. Ignaz saß neben ihm und blickte ausdruckslos aus dem Fenster. Max schaltete einen Gang runter und drückte das Gaspedal durch. Das Getriebe knirschte, und der Motor tat einen Schrei, als wolle der Laster sich lauthals über die plötzliche Beanspruchung beschweren. In den letzten Jahren war der Laster recht gemütlich hin und her gefahren worden, keine Eile, man hatte ja Zeit, aber jetzt drosch dieser Flegel von Max den alten Karren über die Verbindungsstraße zwischen Engelberg und Himmelreich, als nähme er an einem Formel-1-Rennen teil. „Komm schon, du alte Hex, jetzt werd endlich schneller. Ignaz, ich versprech dir, beim alten Guldner gibt es viel zu holen."

Ignaz antwortete nicht.

„Bist du immer noch angefressen? Das war doch alles nur eine Kette von unglücklichen Ereignissen, die niemand vorhersehen konnte. Du warst nur ein Glied in einer langen Kette."

Ignaz drosch mit der Faust aufs Armaturenbrett. „Wenn ich ein Glied in der Kette war, dann warst du mindestens fünf, wenn nicht zehn."

„Also zehn Glieder ist jetzt echt übertrieben. Sagen wir fünf. Den Schuh zieh ich mir an. Aber wenn ich fünf Schuhe an hab, dann du mindestens zwei oder drei, und der Gutwein acht bis elf. Schließlich hast du nicht gesagt, dass wir es nicht machen sollen. Das sind, wenn ich genauer drüber nachdenke, mindestens vier bis sechs Schuhe, und damit bist du schuldkettenmäßig genauso dabei wie ich, wenn nicht noch mehr. Aber der Gutwein hat vor lauter Saufen die Saustalltür offengelassen, und wenn irgendwer am meisten Schuld an der ganzen Misere hat, dann ja wohl der verdammte Zufall, dass exakt nur die Sau mit der Katrin-Lackierung entkommen ist und dann ausgerechnet unter dem Fenster von Katrins Wohnung herumspaziert ist. Wenn wenigstens die Sau mit der Ich-liebe-dich-Lackierung hinterhergedackelt wäre, dann wäre das alles doch ein Erfolg gewesen, zumindest ein Teilerfolg. Aber ich kann echt nichts dafür, dass du das alles nicht verhindert hast, du hast ja im Suff genauso rumgeblödelt wie ich, und fandest es eine gute Idee. Und wenn ich so eine Bestätigung bekomme, dann zieh ich das auch durch, es war ja auch lustig, die ganzen Tiere zu lackieren. Aber mach mir echt keinen Vorwurf, na gut, einen kleinen Vorwurf kannst du mir schon vorwerfen, ich war ja nicht unbeteiligt, bin halt mehr der Macher als der Denker. Aber du, Ignaz, du bist ja wohl tausendmal mehr der Denker als der Macher, darum hat es mich ja auch so gewundert, dass du am Sonntag das Auto aus München mir nichts dir nichts selber verbuddelt hast, sowas hat es ja noch nie gegeben, aber jedenfalls, dass die Katrin dir diese fiese Whatsapp geschickt hat, dafür kann ich wirklich nichts, oder nur teilweise."

„Die Katrin hat mir heute Morgen nochmal geschrieben. Dass ich die verkommenste Drecksau der Welt bin. Und dass sie mich anzeigt, wenn ich jemals wieder Kontakt mit ihr aufnehme", sagte Ignaz.

Max schüttelte verständnislos den Kopf. „Das mit dem Anzeigen ist natürlich schon hart", sagte Max und steuerte den Lastwagen durch eine langgezogene Kurve. Viel zu schnell für Ignaz' Geschwindigkeitsempfinden, aber physikalisch offenbar okay. „Wo kommen wir denn hin, wenn jeder, der eine lackierte Sau in Auftrag gibt, gleich angezeigt wird?"

„Die Katrin ist halt verletzt ohne Ende", sagte Ignaz.

„Ist auch wirklich blöd gelaufen. Muss man vielleicht einen neuen Katrinrückeroberungsplan aushecken. Aber jetzt machen wir erst mal die Trachten klar."

Kneubert hatte offenbar Wind bekommen vom Ableben Guldners und einen Hiwi am Eingang des Geschäfts postiert.

Der Hiwi saß auf der Stufe vor der Tür und wischte auf seinem Handy herum.

Max Gold parkte den Laster rückwärts vor dem Geschäft ein.

Der Jüngling stand auf, steckte sein Handy in die Hosentasche und griff nach einem Baseballschläger, der an der Tür lehnte.

Max klopfte Ignaz auf den Oberschenkel. „Ich seh schon, du bist nicht in Stimmung. Ich erledige das." Er stieg aus und hinkte zu dem jungen Kerl.

Der streckte den Rücken durch und stellte sich auf die Zehenspitzen, um größer zu wirken. Dennoch überragte ihn Max fast um einen Kopf.

Ignaz sah zu, wie Max eine Hand in die Hosentasche seines Blaumanns steckte. Hoffentlich holt er keinen Totschläger raus, dachte er.

Aber Max zog nur einen zweifarbigen Schein heraus und hielt ihn dem Kerl unter die Nase. Dann sprach Max ein paar Worte.

Der Kerl lehnte den Baseballschläger gegen den Rahmen der Ladentür und ging wortlos davon.

Ignaz stieg aus. „Was war das denn?"

„Zauberei." Max grinste. „Hab ihm meinen Behindertenausweis gezeigt und gefragt, ob er wirklich vorhat mit einem Baseballschläger einen Behinderten zu verprügeln. Und Simsalabim, weg ist er."

„Da war doch noch mehr, Max."

„Naja, nur dass ich ihm versprochen hab, dass er auch bald so einen hübschen Ausweis kriegt, wenn er hier weiter einen auf Sylvester Stallone macht. Denkt der Kneubert wirklich, er braucht bloß einen pickligen Teenager vor die Tür setzen und wir fahren heim?"

Ignaz holte das Brecheisen und stemmte die Tür auf.

Hätte er besser nicht gemacht, aber das konnte er nicht wissen. Man ist ja bei der Bewertung unvorhersehbarer Ereignisse immer erstmal Zeuge und erst im Nachhinein Besserwisser, aber das hätte er mal lieber bleibenlassen. Rückblickend würde Ignaz sicherlich zustimmen, dass das Türaufstemmen keine gute Idee war. Rückblickend sieht man alles immer ganz klar. Rückblickend hätten sich Ignaz und Max besser gesagt: Hoppla, der Kneubert hat einen pickligen Teenager vor die Tür gesetzt, da fahren wir lieber wieder heim, bevor was passiert. Aber vorausblickend war die Räumung eines Kellerlagers voll mit Audacher Trachten einfach nur ein hervorragendes Geschäft.

Sie schauten sich erst gar nicht lang im Geschäft um. Ignaz trat die Tür zum Keller auf, sie gingen nach unten und betraten ein Eldorado bairischer Glückseligkeit. Mehrere Räume voll mit Trachtenhosen, Jankern, Stiefeln, Westen, Hüten und Kisten voll mit Silberknöpfen.

Ignaz und Max griffen sich unbesehen alles, was wertvoll wirkte, schleppten es aus dem Keller und warfen es auf die Ladefläche. Sie beeilten sich. Bald würde Kneubert auftauchen und ihnen die Beute streitig machen. Nach einer halben Stunde hatten sie alles auf dem Laster verstaut.

Max fuhr den Lastwagen zurück zum Friedhof der Dinge.

Ignaz setzte sich auf den Treppenabsatz und zündete sich eine Zigarette an. Er versuchte noch nicht an den Wert der Beute zu denken. Trotzdem tat er es. Er brauchte einen Strohmann. Jemanden, der das Zeug unter die Leute brachte, nicht alles sofort, sondern vorsichtig, nicht gierig. Er dachte an Schorsch Gutwein. Der war als Vorsitzender des Engelberger Trachtenvereins hervorragend vernetzt im Brauchtumsmilieu. Ignaz kannte sich nicht gut aus im Trachtenbusiness, aber was Max gerade auf den Hof fuhr, hatte sicher einen Wert im sechsstelligen Bereich.

Ignaz zog sein Handy. Versuchte Katrin eine Nachricht zu senden. Es ging nicht. Sie hatte ihn, nachdem sie ihm in der Früh die Nachricht geschickt hatte, offenbar gleich wieder blockiert. Irgendwie konnte Ignaz sie verstehen. Erst die Beleidigung mit der Schweinswürstlarmee und dann auch noch die Katastrophe mit dem entlaufenen Katrin-Schwein.

Ignaz konzentrierte sich wieder auf die Arbeit und rief die Moltner vom Sozialamt an.

Die Moltner ging sofort ran. „Herr Hallgruber, freut mich von Ihnen zu hören. Dann haben also Sie das Rennen gemacht."

„Wir brauchen noch die offizielle Beauftragung."

„Ich schicke sie gleich per Mail. Muss ja immer erst abwarten, welcher Dienstleister bei unvorhersehbaren Räumungsnotwendigkeiten spontan Zeit hat."

„Woher wussten Sie das eigentlich mit dem Guldner? Der war doch sicher kein Sozialfall."

„Sie glauben gar nicht, wie pleite der gute Herr Guldner offiziell war. Ich habe das erst vor ein paar Monaten wieder vor Ort überprüft. Er lebte wirklich bitterarm. Um die weitere finanzielle Belastung für die Steuerzahler zu minimieren, wäre es gut, wenn die Räumung noch in diesem Monat abgeschlossen werden kann. Aber da kann ich mich auf Sie ja verlassen. Sie machen das alles ja immer höchstzuverlässig. Und grüßen Sie mir den lieben Herrn Gold."

„Er kommt morgen bei Ihnen vorbei, um die Formalitäten zu erledigen."

„Ich liebe die Formalitäten", sagte die Moltner und verabschiedete sich.

Als Ignaz sein Handy einsteckte, traten zwei auf Hochglanz polierte schwarze Trachtenstiefel in sein Blickfeld. Ignaz blickte auf. In den Stiefeln standen Beine in langen schwarzen Lederhosen, darüber eine prächtige Weste, dahinter ein ebensolcher Bauch, und ganz oben das feiste Gesicht Kneuberts. Weitere Trachtenmanschgerl näherten sich und stemmten ihre Arme in die Hüften.

„Gut schaut ihr aus, richtig fesche Burschen seid ihr", sagte Ignaz und versuchte cool zu wirken. Aber er fühlte sich ziemlich uncool, fast beschissen, denn die anderen waren zu viert und er allein, und sie wirkten allesamt so, als hätten sie nicht das Geringste gegen eine kleine Prügelei vier gegen einen einzuwenden. Ignaz war nicht nach prügeln, er prügelte sich generell nicht gern, schon gar nicht, wenn er in Unterzahl war. Eigentlich hatte er sich noch nie geprügelt, egal ob in Überzahl oder Unterzahl. Jemanden hauen kam für ihn nicht in Frage, man war ja nicht vor Urzeiten als Affe vom Baum gesprungen und als Mensch auf dem Boden gelandet, um sich weiterhin um Bananen zu kloppen. Man hatte sich als Menschheit mühsam Regeln erarbeitet, um

Konflikte ohne hauen zu lösen, und Ignaz empfand diese Regeln nicht als einschränkend, ganz im Gegenteil, er hielt sie für eine hervorragende Idee, aber die vier Kerle, die nun vor ihm standen, wirkten nicht so, als wollten sie ein argumentativ überzeugendes Grundsatzreferat über die Vorzüge des Gewaltverzichts über sich ergehen lassen.

„Ist ganz klar mein Revier", sagte Kneubert.

„Und die Graorac war ganz klar meines. Trotzdem bist du aufgetaucht. Der Max hat dir das dann ja auch klargemacht, dass das so nicht geht."

Kneubert grinste. „Aber der Max ist offenbar gerade nicht da."

„Hübsche Uniformen habt ihr da an."

„Ist ja auch das Mindeste, dass man die Haushalts- und Geschäftsauflösung vom Trachten-Simmerl ansprechend gekleidet macht. Und du, g'schissner Ignaz, schaust mir jetzt nicht unbedingt danach aus, als hättest du den notwendigen Respekt vor dem Simmerl und seinem Lebenswerk. Also steh auf und geh aus dem Weg."

Ignaz zog an seiner Zigarette. „Ich bleib jetzt noch hier sitzen, bis ich meine Zigarette aufgeraucht hab. Der Auftrag an mich ist schon offiziell raus. Du kannst gern bei der Moltner anrufen."

Kneubert zog sein Smartphone aus der Trachtenhose und rief die Moltner an. Nach kaum zwanzig Sekunden legte er wieder auf. Offenbar hatte die Beamtin ihm bestätigt, dass der Auftrag an Ignaz gegangen war. „Rutsch mal", sagte er zu Ignaz.

Ignaz und Kneubert saßen auf den Stufen vor dem Trachtenladen und rauchten. Kneubert hatte seine drei Hiwis zurück zum Lieferwagen geschickt. Was er mit Ignaz zu besprechen hatte, ging niemanden etwas an.

„Kann nicht so weitergehen, dass wir uns dauernd um die Räumungen prügeln", sagte Kneubert. „Wir brauchen wieder feste

Territorien."

Ignaz nickte. Insgesamt hatte sich die Situation erfreulich gewaltfrei entwickelt. „Hast recht. Aber die Moltner will doppelt kassieren. Die scheißt auf unsere Territorien. Der ist es egal, wer von uns der Schnellere ist. Vorschlag: Ich übernehme die zweitausend von dir. Und ab sofort halten wir uns wieder an die Grenzen."

„Und die Moltner?"

„Der sagen wir nichts. Die sitzt doch am längeren Hebel. Am Ende bringt sie einen Dritten ins Spiel, und dann geht's noch mehr drunter und drüber. Wir zahlen einfach weiter, halten uns an die Territorien, und wer die Räumung kriegt, der gleicht dem anderen die zweitausend aus."

„Abgemacht", sagte Kneubert.

„Siehst'e mal die Vorzüge von Vernunft und Kommunikation", sagte Ignaz.

„Bist und bleibst ein arrogantes Arschloch", meinte Kneubert.

Ignaz zuckte mit den Schultern.

Kneubert stand auf. „Audach und Karlsfeld sind ab jetzt allein mein Gebiet."

„Warum das denn? Die Bahnlinie bleibt die Grenze", sagte Ignaz.

„Bleibt sie nicht. Audach und Karlsfeld gehören ab jetzt mir allein." Kneubert stand auf und winkte seine Trachtenkumpel heran. Sie positionierten sich neben ihrem Chef. „Siehst'e mal die Vorzüge von Überzahl und Gewaltbereitschaft", sagte Kneubert und grinste ein Grinsen von derartiger Niederträchtigkeit, das selbst seine edle Audacher Männertracht nicht zu kaschieren in der Lage war.

„Und nun?", fragte Ignaz, dem jetzt ernsthaft unwohl war.

„Jetzt hau ich dir eine aufs Maul."

Die Wut, die Liebe und die Scheißegalität

18. Mai 2018, ein Freitag, 19 Grad Celsius (08:23 Uhr), Sauerstoffsättigung 77 Prozent, Tendenz leicht steigend
Nach der Morgenvisite entschied Ignaz, sich selbst zu entlassen.

Der Oberarzt hatte sich seine Nase nicht mal angesehen, war aber trotzdem zu der Expertise gelangt: „Das schaut ja schon ganz gut aus. Wenn das weiter so gut heilt, können wir Sie am Montag entlassen."

Ignaz rief Max Gold an und bat ihn, ihn abzuholen.

Eine halbe Stunde später schepperte Max mit dem Lastwagen auf den Parkplatz des Audacher Krankenhauses. „Dass die Doktoren dich schon wieder rauslassen mit so einem Schädel-Hirn-Dingsbums."

„Hab mich selbst entlassen."

„Biste jetzt Arzt geworden?"

„Die geben mir keine Schmerzmittel mehr, und für mein Schädel-Hirn-Trauma und die Nase interessiert sich keine Sau. Leiden kann ich auch daheim."

„Dann spring mal rein, Chef. Muss dir was erzählen."

Ignaz schwante, dass es keine lustige Erzählung werden würde.

Nach seiner Mittagspause beim Pizza-Russen war Max am Mittwoch zurück nach Himmelreich gefahren.

Die Ladentür des Trachten-Simmerl stand weit offen. Ignaz lag in stabiler Seitenlage auf dem Boden.

Aus mehreren Gründen konnte Max das Gesicht seines Chefs nicht sofort erkennen. Erstens war es blutverschmiert, zweitens wirkte die Nase platter als Max sie in Erinnerung hatte, und drittens hatte ihm jemand Gamsbärte in die Nasenlöcher und die Ohren gesteckt und mit Tesafilm Hirschhornknöpfe über die Augen geklebt. Ignaz sah aus wie ein zur Strecke gebrachter Wolpertinger.

Ignaz wollte das alles gar nicht so genau wissen, denn mit jedem Wort, das Max sagte, steigerte sich seine Wut. Er wollte nicht wütend sein. Er wollte, dass diese scheiß Kopfschmerzen aufhörten, und wenn diese Sadisten im Krankenhaus ihm die dazu notwendigen Infusionen verweigerten, dann würde er es eben daheim mit Bier erledigen. Die Wut, die in ihm wallte, war kontraproduktiv. Sie verstärkte nur die dröhnenden Schmerzen im Kopf, jedes Mal, wenn sein Herz schlug und Blut in sein Gehirn pumpte.

„Während ich dich ins Krankenhaus gebracht hab, haben sie sich die Trachten vom Hof geholt. Haben einfach die Kette durchgezwickt und sich das Zeug geschnappt. Haben sich nicht mal die Mühe gemacht, das Tor zu schließen. Stand sperrangelweit offen, als ich zurückgekommen bin.

In Ignaz' Gehirn dröhnte das Blut wie die Hammondorgel am Ende von Emerson, Lake & Palmers Version von Mussorgskis *Pictures at an Exhibition*, und die dröhnte schon mächtig, wenn Keith Emerson das *Great Gate of Kiev* fünfzig Meter entfernt auf einer Freiluftbühne errichtete, aber wenn er es mitten in deinem Gehirn immer wieder zusammenmörtelt und auseinandersprengt, dann hast du echt keine Lust drauf, dabei zu sein. „And the pain will be gain", plärrte Greg Lake in Ignaz Kopf, während Emerson mörtelte und sprengte und mörtelte und sprengte, von wegen Schmerz als Gewinn, das klang zwar gut, war aber Quatsch, Ignaz konnte das gerade bezeugen, es tat einfach nur saumäßig weh, Schmerz allüberall und weit und breit kein Gewinn, im Gegenteil.

Die Wut wälzte sich in gewaltigen Wellen durch Ignaz' Gehirn, und irgendwann gelang es ihr, Keith Emerson die Mörtelkelle zu entreißen, das Dröhnen ließ allmählich nach, und dann machte sich die Wut ans Werk und mörtelte Ignaz eifrig fünf Buchstaben direkt vor sein geistiges Auge: R, A, C, H, E.

„Aber ich hab auch gute Nachrichten", sagte Max. „Erstens hab ich beim Pizza-Russen schon was geordert. Zweitens hab ich zur Wiedergutmachung, weil ich ja den Friedhof nicht verteidigen konnte, ein paar Kästen Bier in den Pavillon gestellt, und drittens hat mir deine Katrin eine Nachricht geschickt. Sie hat dich wieder entsperrt und hofft, dass es dir gut geht."

In Ignaz' Herz sprang die Liebe aus ihrem Schneidersitz auf, quetschte sich durch die Herzklappen, zwängte sich in die Hirnschlagader und rannte bergauf ins Gehirn. Dort angekommen drosch die Liebe der Wut so lange in den Magen, bis die Wut die Maurerkelle fallenließ und sich in den Blutkreislauf Richtung beleidigte Leber davonstahl. Die Liebe machte sich hektisch daran, die von der Wut geschriebenen Buchstaben mit Mörtel zu überdecken und schrieb neue Lettern vor Ignaz' inneres Auge: A, L, L, E, S. W, I, R, D. G, U, T.

Aber die Buchstaben der Liebe waren eilig und lächerlich unprofessionell hingemörtelt. Die Liebe handwerkte selten im Gehirn. Bei den meisten Menschen führte sie ein luxuriöses und gemütliches Leben im Herzen und musste nur in Notfällen zu anderen Organen aufbrechen, und Mörteln war echt nicht ihr Ding: Da tat sie sich schwer, da waren ihr die Wut und die Eifersucht und die Missgunst himmelweit überlegen. Die Liebe hasste das Mörteln, sie stickte lieber mit feinem Faden filigrane Botschaften in Seidentücher, aber wenn es sein musste und gar nicht anders ging, dann brach sie eben auch mal Richtung Hirn auf, um zu mörteln. Sie tat es nicht gern und wollte so schnell wie möglich zurück ins Herz, zurück in die Stickstube, im Gehirn hatte sie eigentlich nichts zu suchen, genau gesagt hatte die Liebe Hausverbot im Hirn und durfte sich dort auf keinen Fall erwischen lassen, und deswegen hatte sie mal wieder nicht gewissenhaft genug gearbeitet, sondern nur schnellschnell. Das war schon immer das Problem der Liebe gewesen: Ihre Schluderhaftigkeit, ihre Passt-schon-Mentalität.

Unter der frohen Botschaft, die sie im Hirn vor Ignaz' geistigem Auge geschwind hingemörtelt hatte, waren die Buchstaben, die die Wut professionell an die Mauer geklatscht hatte, noch deutlich zu lesen.

In den vergangenen Jahren hatte vor allem die Scheißegalität in Ignaz regiert. Die Liebe hatte sich im Herzen verkrochen.

Die Wut hatte eine Zeitlang eine Führungsposition innegehabt, sie mörtelte fleißig im Gehirn und pochte im Bauch, vor allem, nachdem die grobe Moni ihren Kampf zurück ins Leben verloren hatte. Die Moni hatte fünf Jahre, nachdem Ignaz den Hof übernommen hatte, um die Moni-ins-Leben-Zurückholaktion finanzieren zu können, einfach grußlos aufgehört zu schnaufen. Kein Vorwurf, sie hatte sicherlich gekämpft wie eine Löwin, aber das konnte sie ja keinem mitteilen.

Danach hatte das Mitleid regiert. Das Mitleid war ein Universalbegabter, es vermochte alle Organe zu steuern und tat dies mit harter Hand. Das Mitleid ließ nichts anderes zu als kollektives Mitfühlen. Wenn man mitlitt, dann litt man nichts anderes.

Als sich Ignaz' Mutter ein Jahr nach dem letzten Schnaufer der groben Moni in die Isar stürzte und an einem Genickbruch starb, bewies die Wut wieder ihre Kraft. Sie preschte aus ihrem Versteck hervor und putschte sich zurück an die Macht.

Ignaz hatte geglaubt, sie existierte nicht mehr, aber sie war auf einmal wieder da, war immer da gewesen, und nachdem er das Krankenhaus rechts der Isar verlassen hatte, wo er gerade seine tote Mutter identifiziert hatte, da spurtete die Wut von seinen Zehen hinauf in die Gehörgänge und brüllte ihm ins Ohr: „Du hast ein Einskommanuller-Abi! Du hast studiert, was du geliebt hast! Die ganze Welt stand dir offen! Dann hast du das alles weggeschmissen und den Hof übernommen, um die Genesung der groben Moni zu finanzieren, und trotzdem ist sie grußlos gegangen! Und deine Mutter wegen der verdammten Liebe auch! Nur noch du bist da! Und wo stehst du jetzt?"

Die Wut brüllte in Ignaz' Ohren, bis er nicht mehr hören konnte. Nicht mehr nachdenken konnte. Nicht mehr fühlen wollte. Und ab da übernahm die Scheißegalität.

„Die Katrin hat dir eine Nachricht geschickt?", fragte Ignaz, um sich zu vergewissern, dass ihm seine schädelhirntraumatisierte Wahrnehmung keinen Streich spielte.

„Hab ich doch gerade gesagt", meinte Max und steuerte den Lastwagen auf den Friedhof der Dinge.

„Wie denn?"

„Über Facebook."

„Wusste gar nicht, dass du bei Facebook bist", sagte Ignaz.

Max parkte den Laster vor dem Pavillon und stellte den Motor ab. „Ich bin überall", sagte er. „Jedenfalls meistens."

Ignaz schickte Max ins Wochenende. Er setzte sich auf den Campingstuhl, ihm war im Stehen noch etwas schummrig, und wischte auf seinem Handy herum. Rief WhatsApp auf, aber es stürzte ab. Seit dem Wasserschaden war sein Handy ein langsamer, störrischer Esel. Er tippte nochmal auf das Startsymbol, die App öffnete sich erneut und stürzte sogleich wieder ab.

„Jetzt mach hin, du Scheißding", fluchte Ignaz. Beim dritten Versuch gehorchte der störrische Esel. Schnell rief er den Chat mit Katrin auf. Er ließ sich tatsächlich öffnen. Ignaz tippte eine Nachricht. „Ich will dir alles erklären." Dahinter fünf Herz-Emojis. Ignaz überlegte kurz, ob er die Nachricht abschicken sollte.

Er löschte zwei Herzen. Man muss ja nicht gleich übertreiben.

Katrin stand hinter der Ausleihtheke und bediente eine Kundin. Frau Bellhausen legte zwei Bücher auf den Tresen. Oben lag Maja Lundes *Die Geschichte der Bienen*, darunter *Fifty Shades of Grey*. Die Bienen verdeckten die Titelseite der Shades, aber Katrin erkannte das Buch an den Seitenrändern. Es waren die abgegriffensten Seitenränder überhaupt in der Bücherei. „Müssen Sie nicht zudecken, Frau Bellhausen. Ich hab's auch gelesen. Ist gut", sagte Katrin leise und zwinkerte.

Frau Bellhausens Organismus pumpte eine Menge Blut in ihr Gesicht. „Muss ja trotzdem keiner sehen", murmelte sie.

Katrin lächelte, scannte die Bücher ein und reichte sie der Kundin.

Frau Bellhausen wickelte sie in ein Tuch und steckte sie in ihre Einkaufstasche. „Ist es wirklich gut?", fragte sie leise.

Katrin nickte. „Literarischer Schund. Aber guter Schund."

„Dann möchte ich den zweiten Teil vorreservieren."

„Ist gerade ausgeliehen. Ich rufe Sie an, wenn es zurück ist."

„Sie sind ein Engel, Frau Bückenbecker-Mahlstrom. Ein schönes Wochenende. Aber die Bienen sind nicht nur Tarnung. Die interessieren mich schon auch."

„Die Bienen sind auch gut", sagte Katrin.

Katrins Handy auf dem Fensterbrett hinter dem Tresen gab ein kurzes Brummen von sich. Sie blickte sich um, ehe sie sich der nächsten Kundin zuwandte. Auf dem Display erschienen drei Herzen, dann wurde es wieder schwarz. Oh mein Gott, er hat mir drei Herzen geschickt. Nicht eines oder zwei, nein drei! Mit hochrotem Kopf wandte sie sich der wartenden Kundin zu. „Grüß Gott, Frau Kratochwil. Haben Sie etwas gefunden?" Katrin brüllte so laut, dass es beinahe ein Echo gab.

Frau Kratochwil war die älteste Kundin der Gemeindebücherei. Schon zweiundneunzig. Weil die Augen nicht mehr so mitmachten, war sie vor ein paar Jahren auf Hörbücher umgestiegen. Sie legte ein paar Hörbücher auf die Theke, die sie vor zwei Tagen ausgeliehen hatte.

„Ui, alle schon durchgehört, Frau Kratochwil? Sie sind mir ja eine richtiggehende Hörratte", brüllte Katrin.

Frau Kratochwil hielt sich eine Hand ans Ohr. „Jetzt flüstern Sie doch nicht immer so. Sie müssen lauter sprechen, sonst versteht Sie niemand. Von Monat zu Monat sprechen Sie leiser."

„Wollen Sie die Hörbücher zurückgeben?", brüllte Katrin noch lauter.

„Ich will mich beschweren, liebes Fräulein. Diese Hörbücher sind kaputt. Sie sind zu leise. Man versteht fast nichts. Ich hab mir was neues ausgesucht." Sie legte Charlotte Roches Hörbuch *Feuchtgebiete* auf die Theke. „Ich hoffe, dass dieses Hörbuch funktioniert. Ich liebe Feuchtgebiete. Kennen Sie noch das Audacher Moos, als es noch richtig feucht war? So schöne Natur."

„Das ist kein Naturbuch. Da geht es um Erotik", brüllte Katrin.

„Ja, das ist ein Naturbuch. Es geht um Botanik", schrie Frau Kratochwil zurück. „Ich freu mich schon drauf."

„Nein, Sie verstehen mich nicht", schrie Katrin Frau Kratochwil ins Gesicht. „Ich hab was anderes gemeint. Das ist bei Ihnen falsch angekommen."

„Vielen Dank für den Tipp. Das werde ich als nächstes ausleihen", rief Frau Kratochwil und steckte das Hörbuch ein.

Als sich die Tür der Bücherei hinter Frau Kratochwil schloss, griff Katrin sofort nach ihrem Handy. Sie öffnete WhatsApp. Neue Nachricht von Ignaz. Da waren sie wieder, die drei Herzen.

Katrin ließ sich auf ihren Hocker hinter der Theke plumpsen. Sie wehrte sich ein wenig gegen ihre Freude, aber sie freute sich trotzdem riesig darüber, dass Ignaz ihr geschrieben hatte, ihr alles erklären wollte und drei rote Herzen geschickt hatte.

Eigentlich hatte sie sich fest vorgenommen, sich überhaupt nicht zu freuen, höchstens ein kleines bisschen, aber keinesfalls so sehr, wie sie es nun tat. Katrin musste ihren kompletten Willen aufbringen, um nicht sofort zu antworten. Sie legte das Handy zurück auf das Fensterbrett. Versuchte sich abzulenken. Die Bücherei war menschenleer. Katrin blickte sich im Raum um und fand, es wäre mal wieder an der Zeit zu überprüfen, ob die Eberhofer-Krimis noch vollständig und alphabetisch korrekt einsortiert waren. Sie stand auf und ging zum Regal mit den Regionalkrimis. Tatsächlich standen *Schweinskopf al dente* und *Sauerkrautkoma* gemäß ihrer Ordnungsregel in falscher Reihenfolge. Katrin korrigierte das umgehend. Gut, dass sie nachgeschaut hatte.

Katrin bekam Hunger auf Schlachtschüssel mit Kraut. Zum Glück war gleich Mittagspause und der Mönchswirt nicht fern.

Kurz vor halb zwei war Katrin satt. Es war allerhöchste Zeit, wieder zurück in die Bücherei zu gehen. Um dreizehndreißig musste wieder offen sein. Was Öffnungszeiten betraf, verstand Bürgermeister Otter keinen Spaß. Gab es überhaupt jemanden in der Engelberger Gemeindeverwaltung, der wusste, ob Otter überhaupt Spaß verstand? Bei Öffnungszeiten jedenfalls nicht.

Katrin wedelte mit ihrer Serviette der Bedienung zu. „Ich komm nochmal nach Dienstschluss zum Abendessen. Dann zahl ich alles zusammen."

Die Bedienung nickte. „Passt schon, Katrin."

Katrin hetzte zurück zur Bücherei. Es war heiß. Sie kam ins Schwitzen. Um dreizehnuhrneunundzwanzig stempelte sie ein. Um dreizehnuhrdreißig schloss sie die Eingangstür auf. Dienstrechtlich alles gut. Der Andrang war überschaubar. Niemand stand vor der Tür.

Aber war wirklich alles gut?

„Sie verstehen mich nicht. Ich hab was anderes gemeint. Das ist bei Ihnen falsch angekommen." Diese Worte hatte sie vor der Mittagspause in Frau Kratochwils Gesicht gebrüllt. Aber die alte Frau hatte einfach nicht verstanden. Hatte Ignaz nicht das gleiche versucht? Und Katrin ihn einfach nicht verstanden?

Katrin fragte sich: Wenn dieser verdammte Stoffel von Ignaz tatsächlich derjenige war, den sie warum auch immer liebte, wenn er vielleicht der Mensch ihres Lebens war, wäre es dann nicht eine Grausamkeit ihr selbst gegenüber, sich einer Klärung zu verweigern. Vielleicht hatte sie ihn einfach nicht verstanden. Vielleicht hatte er es tatsächlich anders gemeint. Womöglich war alles, was er sagte und tat, einfach nur falsch bei ihr angekommen, oder jedenfalls in anderer Weise als gewollt.

Möglicherweise war das tatsächlich so. Katrin hoffte, dass es der Fall war. Aber was, wenn nicht? Was wenn Ignaz tatsächlich das Arschloch war, als das er damals im Treppenhaus verschwunden war und ihr daraufhin die Katrin-Sau geschickt hatte? Sollte sie sich tatsächlich nochmal auf ihn einlassen? Auf jemanden, der sie verletzt hatte wie seit dem grob enttäuschenden Jürgen niemand mehr?

Die optimistische, liebende Katrin hätte Ignaz am liebsten sofort drei Herz-Emojis zurückgeschickt, wenn nicht gleich vier oder fünf, aber die grob enttäuschte Katrin setzte sich durch und tippte eine Nachricht ganz ohne Emojis.

Nachdem sie ein paar Nachrichten ausgetauscht und ein Treffen verabredet hatten, fühlte sich Ignaz plötzlich weit weniger euphorisch, als er gehofft hatte. Es lag wahrscheinlich an der Gehirnerschütterung. Vielleicht war sein Gehirn noch nicht wieder in der Lage, Endorphine auszuschütten. Er fühlte sich auch ein bisschen müde, und in seinem Kopf fing Keith Emerson wieder an zu lärmen. Ignaz ging in den Pavillon und legte sich aufs Bett. Er schlief vierzehn Stunden lang.

Am nächsten Morgen wachte Ignaz mit dem Sonnenaufgang auf. Seltsamerweise mit der Überzeugung zu wissen, was zu tun war. Sein Kopf fühlte sich viel besser an, und als er sich nach einer Dusche im Spiegel betrachtete, fand er, dass er gar nicht mehr so übel aussah.

Die Schmerzmittelverweigerer im Audacher Krankenhaus hatten seine gebrochene Nase einwandfrei geradegebügelt. Welche Farbe sie hatte, konnte er nicht erkennen, weil sie einen weißen Verband darüber geklebt hatten.
Er sah ein bisschen aus wie Jack Nicholson in *Chinatown*. Er fand das nicht schlecht, Ignaz wirkte fast ein bisschen verwegen.

Seine linke Wange war noch arg geschwollen, aber weniger blau als gestern, dafür etwas röter. Das konnte sich bis morgen noch bessern.

Ignaz sprang vor dem Spiegel in die Luft. Das Wiederaufkommen seiner Füße auf dem Boden tat ein bisschen weh in seinem Kopf, aber nicht schlimm. Mister Emerson hatte sich offenbar einen neuen Ort zum Lärmen gesucht.

Trotzdem nahm Ignaz rein prophylaktisch zwei Paracetamol. Zu essen war nichts mehr da, beziehungsweise war die Leberkässemmel im Kühlschrank während seines Krankenhausaufenthalts schlecht geworden. Er bestellte etwas beim Pizza-Russen, denn er brauchte Kraft. Es gab viel zu tun. Es war höchste Zeit, mal wieder etwas gegen die Ratten zu unternehmen.

Bis der Bote des Pizza-Russen lieferte, hatte Ignaz schon drei Fässer vergraben. Ignaz gab dem Boten einen Fünfziger für die fünf Pizza Krimskovskaya. Drei davon warf er in die Fässer, eine fraß er wie ein Scheunendrescher.

Die Fünfte legte er in den Kühlschrank, nahm dabei die vergammelte Leberkässemmel mit und warf sie in eines der Fässer.

„Was ganz Feines", sagte er zu den Ratten, aber die antworteten nicht, sie wuselten aufgeregt zwischen den Schrotthaufen hin und her und verbreiteten die frohe Kunde: Der liebe Ignaz hat wieder Essen für uns eingefasst.

Ignaz vergrub noch drei weitere Fässer. Eines bestückte er mit einem toten Schwein, das Gutwein vorbeigebracht hatte, während Ignaz im Krankenhaus lag. Es war eine der Säue, die sich am Montag für die Katrinrückeroberungsaktion zur Verfügung gestellt hatten. Die Sau hatte offenbar eine fürchterliche Lackallergie, jedenfalls war es elendig verreckt, und Gutwein war es verständlicherweise zu peinlich, es in die Tierkadaverbeseitigungsanstalt zu bringen. Immerhin prangte auf dem Rücken der Sau noch immer gut lesbar ‚Ich liebe dich', und aus dem Kontext gerissen hätten die humorlosen Typen in der Tierkadaverbeseitigungsanstalt wahrscheinlich weiß der Himmel was gedacht.

Max hatte Ignaz vorhin angerufen und gesagt, dass er vergessen hat, die Sau zu vergraben, und sorry, heute könne er es nicht mehr machen, weil Fußballspiel in der Ehrenliga, jedenfalls lag es noch unter einer Plane hinterm Schuppen, und die Ratten taten sich bereits gütlich daran. Ignaz zog sich Arbeitshandschuhe an, schleifte es zu einer der vergrabenen Tonnen und stieß den Kadaver mit dem Fuß hinein. Das Schwein war am Boden des Fasses noch gar nicht richtig angekommen, da hüpften schon die ersten Ratten hinterher. Die letzten zwei Fässer bestückte er mit dem Inhalt der Packung Schweinswürstl, die ihm Katrin aus ihrem Küchenfenster vor die Füße geworfen hatte.

Den Nachmittag verbrachte Ignaz damit, den Pavillon zu putzen. Nicht blitzblank, aber das Nötigste: Mal wieder staubsaugen, die Aschenbecher auslehren und auswaschen, die überall herumliegenden Klamotten in den Schrank hängen, lüften. Das Lüften war die angenehmste Tätigkeit, man musste nur die Fenster öffnen, dann erledigte es sich von selbst. Ignaz fragte sich, warum er das nicht öfter machte, wenn es doch so einfach war. Dann noch Klo putzen und die Haare aus dem Abfluss in der Badewanne. Danach machte er sich auf die Suche nach dem Familienalbum. Er fand es in der allerletzten Umzugskiste, die er in der Abstellkammer durchsuchte, und legte es auf den Küchentisch.

Anschließend fühlte er sich hungrig, aß die verbliebene kalte Pizza, wurde müde, stellte seinen Handywecker auf zehn Uhr und ging schlafen.

Die Beichte

20. Mai 2018, ein Sonntag, 23 Grad Celsius (08:59 Uhr), Sauerstoffsättigung 81 Prozent, Tendenz leicht steigend
Was für ein schöner Tag für eine Versöhnung. Es war erst neun Uhr, aber es hatte schon deutlich über zwanzig Grad. Eine leichte Brise wehte Katrin durchs Haar, als sie von der Bäckerei zurück zu ihrer Wohnung ging. Sie würde sich nochmal umziehen. Heute war ganz eindeutig ein Tag für ein Sommerkleid.

Nach dem Frühstück, nur ein paar Eier mit Speck und zwei Semmeln, sie wollte sich etwas Hunger aufsparen für das Versöhnungsmittagessen im Mönchswirt, ging Katrin zum Kleiderschrank im Schlafzimmer. Sie überlegte eine Weile, welches Kleid sie anziehen sollte. Das Rote mit den kurzen Ärmelbündchen? Oder doch lieber das Blaue, das gewagtere, nur zwei spindeldürre Trägerchen über den Schultern und tieferer Ausschnitt? Katrin entschied sich für das Blaue. Sie zog es an, ging ins Bad, schminkte sich und flocht sich die Haare zu zwei Zöpfen. Ein letzter Blick in den Spiegel, dann war es Zeit aufzubrechen. Sie war schon fast zur Tür hinaus, als ihr Handy piepte. Nachricht von Ignaz: ‚Planänderung. Komm zum Friedhof der Dinge.'

Ignaz stand um zehn Uhr auf und ging ins Bad. Mit dem Langhaarschneider degradierte er seinen Siebentagebart zu einem Dreitagebärtchen und duschte.

Danach zog er sich Jeans, T-Shirt und Stiefel an und schaute *Doppelpass*, diese Fußball-Talksendung, in der die Experten seit Jahren darüber diskutierten, warum andauernd der FC Bayern Meister wurde, und sich darauf einigten, dass es einfach daran lag, dass er es konnte. Um kurz vor halb zwölf schickte er seine Nachricht an Katrin, machte den Fernseher aus und ging nach draußen, eine rauchen. Er ließ den Blick über den Hof wandern.

Der Hof sah recht ordentlich aus, so aufgeräumt ein Schottplatz eben aussehen konnte. Ratten sah er keine mehr. Sie waren alle in den Fässern. Er konnte sie hören. Ganz leise.

Ignaz stellte sich ans Hoftor und wartete auf Katrin.

Um kurz vor zwölf kam Katrin angeradelt.

Ignaz sah sie schon von weitem. Sie näherte sich schnell. Ein blauer Kugelblitz auf der Landstraße, naja, nicht unbedingt ein Blitz, aber immerhin eine erstaunlich rasant radelnde Kugel. Dabei trat sie kaum in die Pedale, es wirkte auf Ignaz fast so, als würde sie knapp über dem Asphalt schweben, ohne jeden Roll- und Luftwiderstand, allen physikalischen Gesetzen trotzend, nur angetrieben von der unermesslichen Kraft der Liebe, oder vielleicht sogar unaufhaltsam angezogen von seinem Charme und seiner Attraktivität. Ignaz dachte sowas hin und wieder, nicht oft, vielleicht alle zwei oder drei Jahre und wenn, dann auch nur kurz und sich sogleich der Lächerlichkeit seines Gedankens bewusst werdend.

Jedenfalls radelte Katrin mit erstaunlicher Rasanz auf ihn zu, und schon war sie da, hielt vor ihm an, blickte Ignaz ausdruckslos an und sagte: „Grüß dich Ignaz, ja da staunst du vielleicht, dass ich so schnell radeln kann, aber bilde dir bloß nicht ein, dass ich so schnell geradelt bin, weil ich es nicht erwarten konnte, bei dir zu sein, glaub das bloß nicht, ich bin nur so schnell geradelt, weil das ein E-Bike ist, also ein Radl mit Motor, fast schon sowas wie ein Motorrad, aber egal, jetzt bin ich ja hier, und ich hab mich schon ein bisschen gewundert, warum wir uns nicht wie abgemacht im Mönchswirt treffen, sondern du mir kurz vor knapp eine Whatsapp schickst, dass ich zu dir kommen soll, so als könnte man mich mir nichts dir nichts überall hinbestellen, weil die Katrin wird schon springen, wenn einer hopp sagt, aber so bin ich nicht, das ist nur eine Ausnahme, dass ich das heute mache. Mir einfach eine Nachricht schicken, dass ich zu dir kommen soll, als ob das ein Machtspielchen ist, und wenn das tatsächlich ein Machtspiel ist, dann ist es das erste und letzte Machtspiel, da kannst du dir sicher sein, aber insgesamt soll das jetzt von mir auch nicht zu zornig klingen oder zu negativ bei dir ankommen, weil alles in allem bin ich ganz froh und freue mich, dass wir uns jetzt wiedersehen und ich dir eine zweite Chance gebe, also ich bin insgesamt mehr froh als zornig, deutlich mehr froh, aber…"

Ignaz ging zu Katrin und legte ihr seinen Zeigefinger auf die Lippen.

Katrin war so überrascht, dass sie tatsächlich schwieg.

Ignaz zog ein Seidentuch aus der hinteren Tasche seiner Jeans, er hatte es bei irgendeiner Haushaltsauflösung abgestaubt, und wickelte es sanft um ihren Hals.

Katrin ließ es sich gefallen.

Ignaz zog das Tuch etwas höher, bis es ihren Mund bedeckte. Dann verknotete er es vorsichtig in ihrem Nacken. Er nahm ihre Hand und ging mit ihr durchs Tor auf den Hof. „Willkommen auf dem Friedhof der Dinge."

Ignaz führte Katrin vor den Pavillon und bat sie, sich zu setzen.

Katrin musste ein wenig kichern, und das zu sanft befestigte Seidentuch rutschte herunter. Da musste sie noch mehr kichern und zog es schnell wieder hoch.

Ignaz lächelte sie an. „Ich freue mich, dass du gekommen bist. Und ich freue mich, dass du diesen Spaß mit dem Tuch mitmachst. Weil jetzt rede ich."

Katrin kicherte wieder.

Ignaz goss ihr Kaffee ein. „Zum Trinken kannst du es natürlich runternehmen."

Wieder giggelte Katrin, und das wurde Ignaz jetzt ein bisschen zu viel, denn die Angelegenheit war an sich zu ernst. Aber er war keineswegs sauer, dafür sah sie in ihrem blauen Kleid und mit ihren neckischen Haarzöpfen einfach viel zu schön aus, und eigentlich war das Kichern ein gutes Zeichen, allein dass sie überhaupt gekommen war, war schon mal ziemlich super, aber jetzt wollte Ignaz die Kicherei beenden, weil es alles andere als lustig war, was er vorhatte.

Ignaz legte das Fotoalbum auf den Tisch. Nummerierte gelbe Klebezettel ragten an den Seitenrändern heraus. „Bitte schlag Nummer eins auf."

Katrin nahm das Album und blätterte zur ersten markierten Stelle. Es waren Schwarzweißbilder. Darauf zu sehen waren ein Mann und eine Frau. Auf einem der Fotos saßen sie fröhlich lächelnd in einem Cabriolet, auf einem anderen an einem Tisch in einem Restaurant. Auf einem weiteren Bild legte der Mann der Frau seinen linken Arm um die Schulter und zog sie an sich. Der rechte Arm hing schlaff herunter.

„Das sind meine Großeltern. Hermann und Therese. Sie haben das alles hier aufgebaut. Dann ist Therese plötzlich gestorben. Wenig später hat sich mein Opa umgebracht. Ohne seine Frau hatte das alles hier keinen Sinn mehr für ihn. Jetzt bitte weiter zum nächsten Einmerker."

Katrin blätterte weiter. Die Fotos waren immer noch schwarzweiß. Sie zeigten eine glückliche Mutter mit einem Baby im Arm. Der Vater umarmte die Mutter. Seine andere Hand hatte er sanft auf den Oberkörper des Babys gelegt. Die Eltern strahlten bis über die Ohren. Das Baby schien den Fototermin verschlafen zu haben. Weitere Fotos zeigten das Paar, wie es einen Babywagen durch Engelberg schob, und einen Christbaum, vor dem ein kleines Kind herumkrabbelte, der Vater mit glückselig strahlenden Augen hinterher.

„Das sind meine Eltern. Der Eindruck täuscht. Mein Vater war ein Widerling. Irgendwann wurde es ihm zu langweilig, sich um uns zu kümmern. In der Oberstufe habe ich mehr Zeit damit verbracht, unseren Weggang zu planen, als fürs Abi zu lernen. Bitte blättere um."

Katrin blätterte weiter.

Auf der Doppelseite war nur ein Foto eingeklebt. Es war ein Farbfoto und zeigte einen jungen Mann, der freudestrahlend ein Dokument in die Luft reckte.

„Das bin ich bei der Zeugnisverleihung. Einskommanull. Es war der Tag, an dem Mama und ich Papa verlassen haben. Es hat mich überrascht, dass mein Vater es überhaupt beim Fotografen bestellt und eingeklebt hat. Bitte blättere um."

Auf der nächsten Doppelseite klebten drei Sterbebilder.

„Nach der Trennung hat sich meine Mama neu verliebt. In eine Frau, aber das spielt keine Rolle. Die Frau wurde schwerkrank. Wir brauchten Geld. Papa hatte Geld. Aber er wollte es Mama nicht geben. Ich wollte ihn umbringen und mit dem Erbe die Behandlung bezahlen. Ich glaube, er wusste, dass ich es tun würde. Er hat beschlossen, mir das zu ersparen. Vielleicht war er ganz tief in seinem Herzen doch ein guter Mensch. Ich weiß es nicht. Ich denke nicht darüber nach. Mamas große Liebe ist trotzdem gestorben. Meine Mama auch. Ich bin der letzte Hallgruber. Und ich sitze seit über zwanzig Jahren hier auf diesem Hof, obwohl ich ihn nie wollte. Aber jetzt ist er das Einzige, was ich habe. Ich habe ihn gehasst, aber jetzt liebe ich ihn. Er ist mein Leben."

Katrin blätterte weiter. Alle Seiten waren leer. Sie zog sich das Seidentuch vom Mund. „Aber das kann doch nicht alles sein, Ignaz. Dieses Album kann doch nicht einfach mit drei Sterbebildern enden."

„Es ist tatsächlich alles."

„Ignaz, du kannst doch nicht allen Ernstes dein ganzes Leben auf diesem Hof verbringen, obwohl du es gar nicht wolltest. Du sperrst dich doch selbst ein."

Ignaz deutete auf das Seidentuch und zeigte nach oben.

Katrin nahm einen Schluck Kaffee und zog sich das Tuch wieder über den Mund.

„Als ich den Hof verlassen habe, dachte ich, die Welt steht mir offen. Hallo Welt, hier bin ich. Steh mir offen, liebe Welt. Aber die Welt hat sich einen Scheißdreck um mich geschert. Sie hat nicht auf mich gewartet. Dieser Hof schon. Ich habe aus diesem Ort etwas gemacht. Und dieser Ort hat aus mir etwas gemacht. Und das will ich dir jetzt zeigen."

Ignaz nahm Katrin bei der Hand und führte sie in den Pavillon. „Das war vor ein paar Jahren ein Teil des Engelberger Kindergartens. Ist eigentlich ein Container, aber es hört sich besser an, wenn man Pavillon sagt. Die werden quasi am Fließband produziert. Gehen ja weg wie warme Semmeln, weil die Gemeinden mit dem Kindergartenbauen nicht mehr hinterherkommen. Als Zwischenlösungen kaufen sie Pavillons. Als der Anbau an den Engelberger Kindergarten fertig war, hat die Gemeinde ihn nicht mehr gebraucht und versteigert. Ich hab zugeschlagen. Das Haus, das mal hier stand, war ziemlich runter. Hat schon reingeregnet. Auch im Keller ging's nass rein. Hätte ziemlich viel investieren müssen, um es wieder auf Vordermann zu bringen. Also hab ich den Pavillon ersteigert und das Haus plattgemacht. Bin eh nicht drangehangen." Ignaz führte Katrin durch die Räume. „Ich hab kaum was geändert. Badewanne eingebaut und eine größere Kloschüssel." Im Flur hingen immer noch kindliche Zeichnungen. Sie zeigten allerhand Schneemänner in mehr oder weniger gelungener Darstellung. Offenbar hatte der Auszug der Kindergartengruppe im Winter stattgefunden. Alle Räume waren im bäuerlichen Stil möbliert, die Schränke und anderen Möbel wirkten bieder und alt. „Die Möbel aus dem Elternhaus hab ich behalten. Sind nicht schlecht. Funktionieren schon seit siebzig Jahren." Ignaz ging mit Katrin wieder nach draußen.

„Das ist kein gewöhnlicher Schrottplatz", sagte Ignaz und führte Katrin über den Hof. „Hier stehen wir gerade über dreißig Kühen, die Max und ich vor vielen Jahren vergraben haben, weil sie rinderwahnsinnig waren, oder zumindest ein paar davon. Wer weiß das schon. Wurde ja nie gemeldet. Wir kriegen jeden Monat Geld dafür."

Katrin sagte nichts.

Ignaz führte sie ein paar Meter weiter. „Jetzt stehst du über ölkontaminiertem Boden. Haben wir hier verbuddelt, weil eine reguläre Entsorgung dem Auftraggeber zu teuer war."

Ignaz ging mit Katrin weiter über den Hof. „Hier stehen wir über den Uniformen der Engelberger Feuerwehr. Die waren vom Schnitt her nicht mehr modern, und der Kommandant wollte unbedingt neue. Also sind sie hier unter uns verschwunden. Der Einbruch im Feuerwehrhaus vor drei Jahren war nur erfunden. Wer klaut schon Feuerwehruniformen?"

Ignaz führte Katrin zu Planquadrat E2. „Hier vergraben wir die Biber. Die stehen ja unter Artenschutz. Aber wenn man sich als Biber mit den Bauern anlegt, verstehen die Bauern keinen Spaß. Vor ein paar Jahren ist der Rubenbauer mit seinem Bulldog in die Maisach gekippt, weil ein Biber den Acker untergraben hat. Haben ihn erst zwei Tage später im Rechen des Audacher Wasserkraftwerks gefunden. Da hat die Bauern die Wut gepackt. Seitdem ist ihnen der Artenschutz egal. Die Burschen vom Engelberger Burschenverein taugen ja eigentlich nur zum Saufen, und selbst das beherrschen sie nicht richtig, aber insgeheim sind sie ein regelrechtes Biberkillerkommando geworden. Die kriegen zweihundert Euro pro Biber von den Bauern. Und dann landen die Viecher bei mir. Ich verlange wie die Burschen zweihundert pro Stück. Wir stehen hier auf vierzig oder fünfzig Bibern rum."

Ignaz führte Katrin weiter. „Planquadrat S. S wie Schlacke. Frag nicht, woher sie kommt. Wir machen das ganz professionell. Haben fünf Meter tief ausgegraben und die Grube mit Malervlies ausgelegt. Unser Lieferant lässt sich drei Angebote von Entsorgungsunternehmen geben. Ich bin dann vierzig Prozent billiger als das günstigste Angebot. Funktioniert seit Jahren."

Sie gingen weiter zu einem anderen Teil des Schrottplatzes, auf dem sich Möbel zu einem gewaltigen Berg aufstapelten. „Das sind Möbel von den Haushaltsauflösungen, die wir fürs Sozialamt machen. Alles muss raus aus den Wohnungen und Häusern. Was bei dem Alles genau dabei ist, interessiert keine Sau. Die Kohle teile ich mit Max."

Ignaz ging mit Katrin zum letzten Punkt seiner Führung über den Friedhof der Dinge. Schon gut fünf Meter entfernt roch es nach Verwesung. Auf dem Boden lag eine Europalette. Ignaz bückte sich und schob sie zur Seite. Katrin blickte in ein Fass, auf dessen Boden ein totes Schwein lag. Ratten wuselten auf ihm herum. Von einigen waren nur die Hinterteile zu sehen, so tief hatten sie sich in den Kadaver hineingefressen.

Katrin wich ein paar Schritte zurück, riss sich das Seidentuch vom Hals, knäulte es zusammen und drückte es sich vor Mund und Nase. „Ignaz, was ist das für ein Wahnsinn hier?"

Ignaz erzählte ihr von der Schnapsidee, ihr mit einer Schweineparade einen Heiratsantrag zu machen, und wie schief das alles gegangen war. Das Schwein sei wohl an einer Lackallergie gestorben. Und jetzt fange er damit Ratten.

„Ich meine nicht diesen Irrwitz von Schweineaktion. Ich meine den ganzen Wahnsinn hier. Wer bist du?"

Ignaz breitete seine Arme aus. „Schau dich um. Das bin ich. Ich habe dir gerade Dinge erzählt, mit denen du mich wahrscheinlich für Jahre ins Gefängnis bringen kannst. Ich gebe dir damit die Macht über meine Zukunft. Aber ich gebe dir damit nicht die Macht über mich. Das ist mein Leben, und das wird es weiterhin bleiben. Du kannst mich ins Gefängnis bringen, du kannst dich umdrehen und für immer gehen, aber du kannst auch meine Freundin werden oder noch besser meine Frau."

Ignaz ging auf die Knie und fummelte einen Ring aus seiner Hosentasche. „Katrin, das ist der Ring, den meine Mama von der groben Moni geschenkt bekommen hat. Willst du ihn fortan tragen? Willst du mich heiraten?"

Katrin Bückenbecker-Mahlstrom stand in ihrem blauen Sommerkleid mit den hauchdünnen Trägern und dem tiefen Ausschnitt auf einem Schrottplatz und drückte sich gegen den Gestank der Verwesung ein Seidentuch auf Mund und Nase. Vor ihr kniete ein Mann mit weißen Verbandsstreifen quer übers Gesicht und streckte ihr einen Ring entgegen. Hinter ihm taten sich zwei Dutzend Ratten in einem Fass in der Erde an einem Ich-liebe-dich-Schwein gütlich. Überall um sie herum lagen die gröbsten Widerlichkeiten vergraben.

Katrin nahm kurz das Seidentuch vom Mund und sagte: „Ignaz, ich glaub, ich geh dann mal besser."

„Heißt das, du sagst nein?", fragte Ignaz.

Katrin drehte sich um und ging.

Der Betriebsausflug und die Alleswiedergutwerdung

13. August 2018, ein Montag, 27 Grad Celsius (10:18 Uhr), Sauerstoffsättigung 89 Prozent, Tendenz weiter leicht steigend

Bürgermeister Otter war guter Laune. „Frau Prömptner, haben Sie heute schon die Zeitung gelesen?", rief er hinter seinem Schreibtisch ins Vorzimmer.

„Herr Bürgermeister, ich lese die Zeitung jeden Tag, und zwar vor Ihnen. Ich habe Ihnen einen Artikel markiert. Den über das Gemeindejubiläum."

„Den meine ich ja. Guter Bericht, oder?"

„Ja schon."

Otter stand auf und ging ins Vorzimmer. „Frau Prömptner, bitte tun Sie jetzt einfach mal so, als ob Sie den Artikel noch nicht gelesen haben."

Frau Prömptner sah Otter streng an. „Wie lang soll das noch so gehen, Chef?"

„Bis Sie in Rente gehen. Wann ist das eigentlich?"

„Wissen Sie doch. Ein Jahr müssen Sie sich noch gedulden."

„Das stehe ich durch. Also machen Sie mir bitte einen Kaffee und spitzen Sie die Ohren, ich lese Ihnen was vor."

„Bin schon ganz gespannt", sagte Frau Prömptner und stemmte sich von ihrem Sessel hoch. Das Telefon klingelte. Sie warf einen Blick auf das Display. „Ist die Polizei."

„Dann sind Sie erst mal um die Vorlesung herumgekommen, Sie Glückliche", sagte Otter. „Ich geh gleich hier ran. Aber bitte Kaffee."

Es war der Leiter der Audacher Polizeiinspektion persönlich.

„Jürgen, grüß dich", rief Otter in den Hörer. „Was kann ich für dich tun? Heute schon Zeitung gelesen? Nein? Ich les es dir vor. Hör zu: Die Katastrophenschutzbehörde hat ihre Untersuchungen zum Engelberger Feuersturm abgeschlossen und kommt zu dem Ergebnis, dass Bürgermeister Otter keinerlei Fehlverhalten vorzuwerfen ist. Im Gegenteil: Otter habe klug gehandelt, indem er sich vom Ort des Geschehens zurückzog und sich als Kommunikator im Engelberger Rathaus zur Verfügung stellte, um das Ineinandergreifen der Rettungskette zu unterstützen."

Otter musste lachen. „Hast du das gehört, Jürgen? Und dann noch der Kommentar neben dem Artikel. Spitz die Ohren, ich les dir wieder vor, weil es so gerecht ist: Bürgermeister Otter hat in der Krise Größe bewiesen. Er hat sich nicht in den Mittelpunkt gedrängt, sondern hat sich in lobenswerter Besonnenheit auf die Arbeit im Hintergrund konzentriert. Solche Bürgermeister kann man sich nur wünschen. Hast du gehört, Jürgen? Man kann mich wünschen. Ich bin wünschenswert. Geil, oder?"

Frau Prömptner werkelte an der Kaffeemaschine herum. Die Zeiten, in denen man morgens einfach Wasser durch einen Filter laufen ließ, das sich dann als Kaffee in eine Kanne ergoss, und dann nachmittags vielleicht nochmal, waren längst vorbei. Die Kaffeemaschine in Otters Vorzimmer war komplizierter zu bedienen als ihr Computer. Aber es war gesellschaftlicher Konsens, dass der Kaffee, der sich zickend aus der neuen Maschine in immer kleiner werdende Tassen zu ergießen erbarmte, nun mal als besser zu befinden war als der Filterkaffee von anno dazumal.

Als sie an der Maschine zu Ende gewerkelt hatte und dem Bürgermeister ein verschwindend geringes Volümchen Kaffee kredenzte, rief Otter fröhlich ins Telefon: „Jürgen, wiederhol das bitte nochmal. Damit kannst du meiner Frau Prömptner mal was richtig Gutes tun. Wart, ich stell dich auf laut. Frau Prömptner, bitte setzen Sie sich hin und genießen Sie."

Frau Prömptner setzte sich in ihren Sessel.

„Jetzt mal los, mein lieber Jürgen. Sag's nochmal. Sie ist bereit."

Aus dem Lautsprecher des Telefons schepperte die Stimme des

Polizeichefs: „Liebe Frau Prömptner, weil weder der Verbleib des gestohlenen Dienstwagens des geehrten Herrn Bürgermeisters ermittelt werden konnte, noch die Wiederauffindung des verschwundenen Ivan Gerstbaumer alias Tom B. Stone gelungen ist, gehen wir aufgrund eines erneuten Abgleichs der Indizien von einer so genannten Koinzidenz aus. Kurz gesagt, wir glauben, dass Tom B. Stone das Auto Ihres Chefs geklaut und sich damit davongemacht hat."

„Hab ich ja schon immer gesagt", sagte Frau Prömptner ungerührt.

„Vielleicht hätten wir das früher in Erwägung ziehen sollen", sagte die scheppernde Polizeichefstimme.

„Wir haben längst einen neuen Dienstwagen gekauft", mischte sich Otter wieder ins Gespräch ein.

„Ich kann dich nicht hören", rief der Polizeichef aus dem Lautsprecher.

„Scheißegal. Wir sehen uns eh heute Abend auf dem Volksfest." Bürgermeister Otter legte auf. „Frau Prömptner, haben Sie das gehört? Die Polizei geht jetzt von etwas aus, was Sie schon vor drei Monaten wussten. Wissen Sie was, jetzt haben Sie sich auch mal einen Kaffee von Ihrem Chef verdient."

Otter ging zur Kaffeehöllenmaschine und werkelte energisch daran herum. „Wie wollen Sie ihn?"

„Milch und Zucker und Zimt", sagte Frau Pfrömptner. „Das volle Programm."

Otter schob eine Tasse unter den Auslauf und drückte allerlei Knöpfe. Die Maschine reagierte nicht. „Frau Prömptner, bitte machen Sie sich Ihren Kaffee selber, aber betrachten Sie ihn wieder mal als von mir gemacht. Und bilden Sie sich bitte völlig zurecht ein, dass er von Herzen kommt." Dann verschwand er in seinem Büro und schloss die Tür hinter sich.

Das Audacher Volksfest war eine Massenbelustigungsveranstaltung allererster Vorzüglichkeit. Fünf Bierzelte, mehrere Schnapsstände, und natürlich die für Volksfeste üblichen Vergnügungsangebote wie Luftgewehrschießen, Büchsenwerfen, Lose oder Fäden ziehen, Entenangeln, Mäusekloppen, dazu freilich reichlich Fressstände, an denen es Pizza, Schweinswürstl, Fischsemmeln und dergleichen zu verschlingen galt, und natürlich noch Höllenmaschinen wie Geisterbahn, Riesenrad, Kettenkarussell, Wilde Maus und allerhand anderes Schwindelerregendes.

Das Audacher Volksfest war ein Paradies für Menschen, die Menschen mochten. Sie trafen dort Bekannte, die sie seit dem letzten Volksfest nicht mehr gesehen hatten, und den Nachbarn, den sie jeden Tag sahen. Jeder trank und feierte gemütlich mit seinem Nächsten, ganz wie Gott es beim Diktat seiner Bibel schon vor Jahrtausenden gefordert hatte. Jeder war glückselig, jeder fröhlich. Jeder gut.

Ignaz hasste das Audacher Volksfest. Trotzdem musste er hin. Vor ein paar Jahren, es war ein sehr lukratives Jahr für den Friedhof der Dinge gewesen, war Ignaz auf die Idee gekommen, einen jährlichen Betriebsausflug ins Leben zu rufen. Das schlug er Max Gold vor, und weil Ignaz so guter Laune war, weil sich die Geldbündel in seinem Safe stapelten wie noch nie, überließ er Max großzügig die Entscheidung darüber, wohin der Betriebsausflug gehen sollte.

„Audacher Volksfest", hatte Max Gold wie aus der Pistole geschossen geantwortet.

Als Ignaz die Worte Audacher Volksfest hörte, verabschiedete sich seine gute Laune flugs durchs gekippte Küchenfenster nach draußen. „Geht nicht auch Bergwandern? Muss ja nicht weit rauf sein. Nur zur ersten Alm."

„Bergwandern gehen wir dann natürlich auch noch. Weil das Audacher Volksfest ist noch nicht aus, wenn es unten Schluss ist.

Dann gehen wir den Berg rauf in die Altstadt, weil da steppt der Bär. Wenn man die Afterhour vom Audacher Volksfest nicht mitmacht, dann ist man praktisch gar nicht richtig dagewesen."

Max Gold benutzte Schreibgeräte sehr selten. Aber jedes Jahr Anfang August nahm er einen Kugelschreiber, setzte sich auf seine Plastikstühle vor dem Pavillon und schrieb den Ablaufplan des baldigen Betriebsausflugs nieder. Anschließend übergab er ihn feierlich an Ignaz. „Da steht, was wir heuer auf dem Betriebsausflug machen. Freu mich schon."

Diesmal stand auf dem Zettel: ‚Anfart so um halb elf, spetestens. Müssen nämlich umso elf im Franziskaner sein. Haben die besten Hendl und die schönste Bedinung. Die haben da auch Weißbier. Das ist gut. Zwei oder drei. Dann raus bisschen Spas haben. Spigelkabinet ist heuer da. Da muss man tagsüber rein. Am Abend ist es immer vollgekotzt. Weil die Besofenen nicht mehr raus finden. Dann Zwischenmalzeit beim Sennefelder. Hat das beste Schaschlik weltweit. Besser als die Ungarn es machen.'

Ignaz musste lachen. Max schrieb das mit dem Schaschlik und den Ungarn jedes Jahr. Keine Ahnung, was Max gegen die Ungarn hatte. Er nahm sich vor, ihn das beim diesjährigen Schaschlikessen zu fragen.

Er las weiter: ‚Drei Halbe beim Sennefelder. Schenkt grünen August aus. Ist dann ungefär spät Nachmittag. Also rüber ins Große Zelt zum Zechner. Hat einen Schweinsbraten zum reinsetzen. Bester auf der Welt. Hab mal auf Teneriffa einen Schweinsi gegessen, der war viel schlechter, ich kenn mich aus. Zum Schwein zwei, drei Massen. Kein Radler, um Gottes Willen kein Radler. Viel zu süß. Limo ist für Kinder. Danach freie Zeit fürs scheißen. Halbe Stunde später Treffen beim Haudenlukas. Weitergehen zur Strudelarm. Kurzes Umsteigen von Bier auf Cola Rum. Macht fit. Weiter zum Griechen. Oliven, Fäta und

Uso. Da sind dann immer alle, mit denen man weiterziehen kann. Danach weiterziehen. Über die Hubertreppe rauf in die Afterauer. Empfehle Kochwirt. Aber da können wir spontan sein.'

Ignaz legte den Zettel zurück auf den Campingtisch. Das also stand ihm heuer bevor. Das Programm des diesjährigen Betriebsausflugs unterschied sich nur in Marginalitäten von den Programmen der vergangenen Jahre.

Trotzdem freute sich Ignaz heuer noch weniger auf den Betriebsausflug als sonst.

Ignaz stand am Ouzostand und hielt sich an einem Stehtisch fest.

Max klammerte sich an eine Dirndlfrau, diese an eine Ouzoflasche.

Die Dirndlfrau schenke wieder ein.

Max war glückselig. „Also dass ich dich heut wiedergetroffen hab, ist ein Wink vom Schicksal. Nach zwanzig Jahren sehen wir uns wieder, und ausgerechnet an dem Tag, an dem ich keine Ahnung hab, wo ich schlafen soll."

Die Dirndlfrau schenkte fertig ein und stieß mit Max an. „Das muss ja wirklich Schicksal sein", lallte sie und stieß mit ihm an.

Max zwinkerte Ignaz zu. „Damit erkläre ich den Betriebsausflug für offiziell beendet."

Max und die Dirndlfrau verschwanden Arm in Arm im Nirgendwo.

Ignaz stand eine Minute lang sinnlos in der Gegend herum. Dann trank er seinen Ouzo aus. War nicht schlecht gelaufen, der Betriebsausflug. Max war ein begnadeter Unterhalter. Man musste nicht viel mit ihm sprechen, weil er immer selber sprach. Und dann war Max vor zwei Stunden die Dirndlfrau über den Weg gelaufen. Er hatte sie vor zwanzig Jahren mal abgeschleppt, auf einem Hallenfest in Kreuznach oder Haubing, da waren sie sich nicht einig. Fortan musste Ignaz gar nichts mehr zum weiteren Fortgang des Betriebsausflugs beitragen, er saß oder stand einfach nur dabei, trank und sagte ab und zu ja oder nein.

Ignaz fühlte sich schwer glücklich, dass der Betriebsausflug vorzeitig beendet war. Dann kam ihm Katrin in den Sinn. Warum hielt er seit zwanzig Jahren Max aus, mit all seinen blöden Erzählungen und dem ständigen Gelaber? Und warum bemühte er sich nicht, Katrin zurückzugewinnen? Sie redete genauso viel wie Max, sogar deutlich mehr, aber warum regte ihn Max Golds Gelaber kein Stück auf, während er sich jeden Tag einredete, gottfroh darüber zu sein, dass Katrin damals wortlos vom Friedhof der Dinge gegangen war?

Max gehörte einfach zu seinem Leben, so wie er war, so wie er redete. Katrin könnte doch das Gleiche werden, er müsste sich eben einfach ein bisschen Mühe geben und seine Bequemlichkeit überwinden, überlegte Ignaz.

Aber Ignaz konnte nicht gut überlegen, denn er war erheblich besoffen. Ein Betriebsausflug, ob vorzeitig abgebrochen oder nicht, war alles andere als eine Kindergeburtstagsparty, ein Betriebsausflug war harte Trinkarbeit.

Irgendwie wünschte sich Ignaz jetzt, nachdem Max gegangen war, doch ein wenig Anschluss. All den anderen gelang das ja offenbar auch, und deshalb sollte es ihm jetzt ebenfalls irgendwie gelingen. Ignaz dachte kurz darüber nach, ob er der Welt nochmal eine Chance geben sollte.

Ach, geschissen auf die Welt. Er dachte darüber nach, Katrin noch eine Chance zu geben. Er fummelte sein Handy aus der Hosentasche. Schrieb ihr eine Nachricht. ‚Katrin, ich liebe dich fei immer noch'. Er bestellte noch einen Ouzo. Trank ihn. Sah sich die Nachricht, die er eben geschrieben hatte, nochmal an, dachte sogleich, dass er das ‚fei' besser weggelassen hätte, aber das war auf einmal sowas von egal, weil plötzlich Katrin vor ihm stand.

Katrin sah einfach phantastisch aus. Die Monika Gruber sieht ja auch recht gut aus, wenn sie Dirndl trägt, aber wenn man breit ist wie ein Scheunentor, und einem dann plötzlich die Katrin vor die Augen tritt, wieder mit Zöpfen, so wahnsinnig neckischen Zöpfen, und wieder mit ihren Beinen, die man ein wenig sehen konnte, weil das Dirndl kein ganz langes war, und mit einem sagenhaften Dekolleté, oder scheißt der Hund drauf wie das hieß, also jedenfalls mit dem ganzen Katrinvorbau, der in der Luft herumragte, als gäbe es keine Schwerkraft, aber vor allem mit ihrem Lächeln, war die Katrin eine Hundert, wenn die Gruberin eine Zehn war, nur so zum Vergleich, weil zehn war ja eh noch ziemlich gut. Und im Vergleich mit der Gruberin hatte die Katrin auch noch Humor.

„Grüß dich, Ignaz. Wie geht's dir?"

Ignaz versuchte, möglichst nüchtern zu klingen. „Passt schon."

„Hätte dich hier nicht erwartet. Gehst ja sonst nicht viel weg."

„Hatte Betriebsausflug mit dem Max. Bin sozusagen beruflich hier. Was bringt dich hierher?"

„Behördentag." Sie deutete auf eine große Gruppe zwei Meter entfernt von ihnen.

Bürgermeister Otter stand umringt von ergebenen Mitarbeitern in höchstmodernen Trachtenlatschen da und schenkte seiner Belegschaft fröhlich ein.

„Und wie geht's dir?", fragte Ignaz.

„Ganz gut. Hab jemand neues ausprobiert. Über so eine Online-Plattform. Aber der war ein Arsch und der danach auch. Denk jetzt bitte nicht, dass ich dauernd online bin, um Kerle aufzureißen, so bin ich eigentlich gar nicht, nur das Rudel hat mir halt dazu geraten und mir einen Account angelegt, weil sie gemeint haben, dass ich halt endlich mal einen verdient hätte, der wirklich gut zu mir ist, aber wenn ich ehrlich drüber nachdenke, wer ehrlich zu mir war, dann fällt mir eigentlich nur du ein, aber glaub jetzt bitte nicht, dass ich das gutheiße, was du machst, weil das auf deinem Hof ja wohl echt nicht das Allerbeste ist, was man machen kann, aber wenn ich es mir ganz genau überlege, dass ich den ganzen Tag lang als Büchereileiterin für einen Bürgermeister arbeite, dem die Moral scheißegal ist, Hauptsache er wird wiedergewählt in seinem scheiß kleinen Dörfchen, dann denk ich mir jetzt einfach mal, dass es halb so wild ist, jemanden zu küssen, der halt auch nicht immer alles richtig macht."

Katrin packte Ignaz mit beiden Händen am Kopf und küsste ihn wie sie noch nie jemanden geküsst hatte, nicht mal Christian Grey in ihrer Phantasie.

Irgendwann, Ignaz befürchtete schon, er würde elendig ersticken an dem Fischsemmelatem, den Katrin ihm einhauchte, zog Katrin ihre Zunge in den eigenen Mund zurück, löste ihre Lippen von seinen und sagte freudestrahlend: „Hättste nicht damit gerechnet, dass ich dir so ein Mordstrumm Bussi gebe."

Am nächsten Tag wachte Ignaz sehr zufrieden auf. Er hatte kein Kopfweh, obwohl er ausdauernd und reichlich gesoffen hatte. Aus der Küche dringende Bratgeräusche deuteten ein üppiges Frühstück an. „Katrin, was machst du denn da ohne mich?", rief Ignaz.

„Eier mit Speck", dröhnte es aus der Küche. „Man muss ja auch mal was essen."

„Wie sind wir hierhergekommen?", fragte Ignaz.

„Weiß ich nicht mehr. Und jetzt stör mich nicht. Sonst brennt mir das alles hier an."

„Soll ich dir helfen?"

„Nein. Schau dir lieber das Bewerbungsschreiben an."

„Was für ein Bewerbungsschreiben?"

„Liegt auf dem Kissen neben dir."

Ignaz las den Zettel. „Ich stimme zu hundert Prozent zu", brüllte er, sprang aus dem Bett, lief in die Küche und nahm seine Katrin ganz fest in die Arme. Sollen die Eier doch anbrennen. „Der Friedhof der Dinge braucht ganz dringend eine erfahrene Bibliothekarin."

Realität

15. August 2018, ein Mittwoch, 34 Grad Celsius (15:32 Uhr), Sauerstoffsättigung 95 Prozent, wird schon wieder
„Er wacht auf", sagte jemand ganz leise.

Ignaz hörte ihn kaum. Konnte ihn auch nicht sehen. Es war stockdunkel.

„Hat auch lang genug gepennt", sagte jemand, der fast so klang wie Max Gold. Aber es konnte nicht Max sein. Max sprach nie so leise.

Ignaz öffnete die Augen. Das Nichts, das er sah, war jetzt nicht mehr schwarz, sondern weiß und grell. Ignaz blinzelte. Schwarz, weiß, schwarz, weiß, schwarz.

„Ziehen Sie bitte die Vorhänge zu", sagte die fremde Stimme.

Ignaz hörte unregelmäßige Schritte. Dann das Rascheln von Vorhängen. Er öffnete wieder die Augen.

Das Weiß war jetzt ein Grau. Ignaz blinzelte erneut. Sein Sichtbild wurde schärfer. Das Grau waren Vorhänge. Vor dem Grau stand etwas Blaues. Nochmal blinzeln. Das Blau war Max Golds Blaumann.

Und der Mann in dem Blaumann war tatsächlich Max Gold. Jetzt sprach er auch lauter: „Du hast den Betriebsausflug verschlafen."

„So ein Schmarrn, Max. Kann mich genau erinnern, dass wir da waren. Du bist am Ouzostand mit einer Eroberung davongezogen. Und dann hat mich die Katrin geküsst. Wir sind wieder zusammen. Sie arbeitet jetzt auch auf dem Friedhof der Dinge. Ist das nicht phantastisch?"

„Machen Sie sich keine Sorgen, Herr Gold", sagte die andere Stimme. Ach ja, da war ja noch einer. Er stand neben dem Bett und trug einen Arztkittel. „Ist ganz normal, dass jemand erstmal verwirrt ist, wenn er gerade aus einem dreimonatigen Koma aufgewacht ist. Ich lasse Sie dann mal allein. Wenn was ist, einfach klingeln.

Max setzte sich zu Ignaz ans Bett. „Hab mir ganz schön Sorgen gemacht."

„Was hat der Typ gerade von Koma gefaselt?", fragte Ignaz.

„Ich glaub, ich muss dir eine Menge erzählen.", sagte Max und zog eine Bierflasche aus seinem Blaumann.

„Und ich glaub, ich hab eine Menge Fragen." Ignaz befürchtete, dass ihm die Antworten nicht gefallen würden.

Eine Woche später holte Max Gold Ignaz vor dem Krankenhaus ab.

Der Oberarzt hatte sich den Mund fusselig geredet, um Ignaz von einer Reha zu überzeugen.

Aber Ignaz blieb stur. Er wollte so schnell wie möglich nach Hause. Immerhin hatte er noch eines. In seiner Abwesenheit hatte Max den Friedhof der Dinge am Laufen gehalten.

Es war erstaunlich, wie Traum und Realität einander ähnelten. Zumindest teilweise. Tatsächlich hatte sich Kneubert die Trachtenbeute unter den Nagel gerissen. Das war ärgerlich. Schlimmer war das, worin sich Traum und Wirklichkeit unterschieden: Katrin hatte sich nie bei Max gemeldet. Die Führung über den Friedhof der Dinge hatte nie stattgefunden. Eine Versöhnung auf dem Audacher Volksfest hatte es nie gegeben. Max war überhaupt nicht bei Facebook.

Die Liebe war nie in sein Gehirn gepustet, um dort ALLES WIRD GUT vor sein geistiges Auge zu mörteln. Und so stand dort immer noch in dicken, blutroten Lettern, was die Wut geschrieben hatte: RACHE!

Vor dem Friedhof der Dinge standen zwei Frauen. Eine davon erkannte Ignaz als die bunte Frau, deren Namen er längst vergessen hatte. Die andere hatte er noch nie gesehen.

Ignaz stieg aus dem Laster. Max fuhr weiter auf den Hof.

„Wir haben heute geschlossen", sagte Ignaz. „Bin gerade erst aus dem Krankenhaus raus."

Die bunte Frau verschränkte die Arme. „Das wissen wir. Sowas spricht sich rum. Deswegen sind wir hier."

„Danke für den Empfang. Aber wie gesagt, wir haben zu."

Die unbekannte Frau machte einen Schritt nach vorn. Sie war so um die sechzig. Sie reichte Ignaz die Hand und räusperte sich. „Hallo Herr Hallgruber", sagte sie mit amerikanischem Akzent. „Mein Name ist Helen Gerstbaumer. Ich bin auf der Suche nach meinem Sohn. Sie kennen ihn vielleicht unter seinem Künstlernamen Tom B. Stone."

Epilog

Jessas, Maria und Josef. Dem Ignaz Hallgruber hat das Leben ja sauber eingeschenkt.

Drei Monate Koma! Weil der Kneubert wirklich brutal zuhauen kann, wenn er sauer ist.

Die Katrin auf dem Friedhof der Dinge nur ein komatöser Wunschtraum.

Keine Sachbuchabteilung mehr in der Bücherei. Bürgermeister Otter hatte das so beibehalten, nach ihrem Wegzug. Katrin wohnte jetzt in Audach und arbeitete dort in der Stadtbücherei.

Und dann waren auch noch die bunte Frau und Tom B. Stones Mutter aufgetaucht, und stellten Fragen. Fragen, die er nicht beantworten konnte, obwohl er die Antworten kannte.

Für Ignaz waren die letzten Monate eine gewaltige seelische und körperliche Strapaze.

Endlich hatte er sich vorsichtig rausgetraut ins Leben, gab der Liebe wieder eine Chance, und dann ging alles schief, was nur schiefgehen konnte.

Da kann ich den Ignaz gut verstehen, dass er mir mit dem Spaten drohte, als ich wenige Tage nach der ganzen Schose auf den Friedhof der Dinge spazierte, um ihn zu fragen, ob ich einen Roman über ihn schreiben darf. Ist doch klar, dass man da emotional die Wände hochgeht.

Trotzdem wollte ich seine Geschichte aufschreiben, auch ohne seine Hilfe. Ich fand sie einfach interessant. Freilich nicht so interessant wie die Geschichte Raskolnikows in *Schuld und Sühne* oder die des kleinen Schlingels Oskar Matzerath in *Die Blechtrommel*, und auch nicht so spannend wie *From Dusk till Dawn* oder *Babylon Berlin*, doch hoffentlich hart aber herzlich.

Ich jedenfalls bin froh, dass es nun ein Buch über Ignaz Hallgruber gibt. Denn ich glaube, dass es auf dieser Welt jede Menge Ignaz Hallgrubers gibt. Nicht jeder von ihnen vergräbt Leichen auf seinem Hof. Aber haben wir nicht alle irgendwann in unserem Leben etwas vergraben und zugeschüttet, auf dass es nie wieder ans Licht kommt? Nicht alle Ignaz Hallgrubers dieser Welt reißen sich die Wertsachen und das Geld Verstorbener unter den Nagel. Aber wer hat noch nie etwas aus reinem Eigennutz getan? Nicht alle Ignaz Hallgrubers verschanzen sich jahrzehntelang auf ihrem Hof und wagen sich kaum ins Leben hinaus. Aber wer fühlt sich zuhause nicht am sichersten? Wer empfindet keine Scheu vor Veränderung, wenn er es sich gemütlich eingerichtet hat im Gleichbleibenden? Nicht alle Ignaz Hallgrubers haben einen Menschen so sehr verletzt, wie unser Ignaz das bei der wunderbaren Katrin hinbekommen hat. Aber wer hat noch nie jemanden so sehr verletzt, dass es ums Verrecken nicht mehr zu heilen war?

Wie gesagt, Ignaz Hallgruber signalisierte mir spatenschwingend und eindeutig seine Verweigerung an der Mitwirkung an diesem Projekt. Deshalb musste ich mir den gesamten Inhalt ausdenken.

Und deswegen hat nichts, was in diesem Buch steht, auch nur den geringsten Bezug zu real existierenden Personen oder Ereignissen. Alles und jeder ist Fiktion. Außer der Schweinsbraten vom Zechner und das Schaschlik vom Sennefelder. Die sind beide tatsächlich zum Niederknien gut.

Manch einer möchte beim Lesen von Ignaz Hallgrubers Geschichte das Dachauer Land wiedererkennen. Das tut er zurecht. Aber wer sich auf die Suche begibt nach real existierenden Personen, die womöglich als Vorbilder meiner Romanfiguren dienen, der ist auf dem Holzweg. Die Figuren existieren nur in meinem Kopf. Sie existieren nicht im Dachauer Land, und das ist größtenteils gut so.

Oder auch nicht. Einen wie Max Gold könnten wir in realer Ausfertigung hundertmal gebrauchen. Im Audacher Land, im Dachauer Land, in München, in Nürnberg, in Augsburg, im Oberland, in der Oberpfalz, in Schwaben und sonst noch wo in Bayern, ach was, überall auf der Welt.

Das Gleiche gilt für die herrliche Katrin Bückenbecker-Mahlstrom. In Schweden hieße sie vielleicht Astrid Bergqvist oder in Holland Aniek van de Sanden, und es sei diesen Ländern von Herzen gegönnt, wenn es dort tatsächlich viele von ihnen gibt.

Aber ich war nie in Holland und Schweden, und im Oberland und der Oberpfalz kenne ich mich auch nicht so gut aus wie im Dachauer Land, das möglicherweise die eine oder andere Ähnlichkeit mit dem Audacher Land aufweist. Aber irgendwo muss das Ding ja spielen, und dann doch besser an einem Ort, der einem bekannt ist und am Herzen liegt.

Was ich noch loswerden will: Ich habe Ignaz Hallgruber als relativ langhaarigen, Jeans und Lederjacke und Stiefel tragenden Kerl beschrieben. Da wird sich vielleicht manch einer denken: Der Ignaz schaut doch aus wie der Autor. Recht hat er. Aber wer denkt, da schreibt mal wieder einer über sich selbst, der irrt. Ich habe noch nie einen Schrottplatz besessen. Noch nie eine Rattenplage bekämpft. Ich wohne nicht in einem ehemaligen Kindergarten, ich lese ungern Sachbücher und gehe gern unter Leute, weil ich das Leben da draußen liebe. Aber optisch ist mir Ignaz Hallgruber ähnlich. Ich konnte ihn nicht lange sehen, weil er wirklich fürchterlich bedrohlich den Spaten schwang, und ich Feigling sogleich die Füße in die Hand nahm und mich vom Hof machte, aber als er dastand und mit dem Spaten die Luft zerteilte, trug er ein schwarzes Shirt, graue Jeans und braune Stiefel, und hatte relativ lange Haare. Er sieht mir nun mal täuschend ähnlich. Besser so, als wenn er zufällig jemand anderem ähnelt, der das vielleicht nicht so toll findet.

Und was ich noch sagen will, aus Sorge um meine körperliche Unversehrtheit: Ich halte die Dachauer Frauentracht keineswegs für unästhetisch. Sie ist das schönste Gewand der Welt. Allein aus Gründen des sparsamen Umgangs mit den irdischen Ressourcen rate ich von Neuproduktionen ab.

Was meinen Kontakt zu Ignaz Hallgruber betrifft, übe ich mich in vorsichtiger Zurückhaltung. Vielleicht war ich einfach zu aufdringlich. Gleich eine Woche nach dem ganzen Tohuwabohu auf seinem Hof aufzutauchen, war wahrscheinlich sehr unsensibel.

Seitdem sind knapp drei Jahre vergangen. Mit Max Gold bin ich immer noch in Kontakt.

Nach Ignaz' Traum hatte sich Max tatsächlich bei Facebook angemeldet. Jede Woche postet er ein Bild: Max beim Fußballspielen, Max beim Watten im Vereinsstüberl, Max mit Bier in der Hand vor einer Riesenpizza vom Pizza-Russen, Max vor seinem Bagger mit Bier in der Hand, Max mit Bier auf Mallorca, Max nach einem Betriebsunfall mit verbundenen Händen vor der Notaufnahme, natürlich mit Bier in der Hand. Max hat auf Facebook mittlerweile eine große Fangemeinde und bekommt für seine Fotos jede Menge Likes. Fans können sich Bier-in-der-Hand-Fotos an ausgefallenen Locations wünschen. Die meisten Likes bekam Max mit Bier in der Hand bei der Corona-Impfung.

Das Foto von Max mit Bier in der Hand beim Betriebsausflug 2021 bekam relativ wenige Likes. Es zeigte Max und Ignaz in etwa eineinhalb Metern Abstand auf ihren Campingstühlen vor dem Pavillon auf dem Friedhof der Dinge. Beide lächelten in die Kamera.

Als ich das Foto sah, schrieb ich Max eine Nachricht: ‚Der Ignaz schaut ja fast glücklich aus. Freut mich zu sehen.'

Max antwortete augenblicklich: ‚Der Ignaz funktioniert wieder einwandfrei. Hab dein Buch über ihn gelesen. Erstes Buch in meinem Leben. Gar nicht schlecht, so ein Buch. Ich komm ganz gut rüber in dem Buch. Kannst von mir aus noch eins über uns schreiben. Ich wär dabei."

Bevor ich Max antwortete, dachte ich kurz nach. War ich wirklich dazu bereit, ein zweites Buch über Ignaz Hallgruber zu schreiben? Das Risiko, mit einem Spaten verdroschen zu werden, wenn man über Ignaz Hallgruber schreiben wollte, ist ja nicht unerheblich.

Eigentlich war ich gerade dabei, ein Sachbuch über das spannende Leben der Seegurke zu schreiben. Aber das Thema langweilte mich seit Seite sechshundertfünfzehn zu Tode.

Auserzählt ist er ja noch nicht, der Ignaz, nach allem, was man in letzter Zeit so gehört hat.

Der Mut packte mich. Zum ersten Mal im Leben packte mich der Mut, und aus Angst davor, dass er mich sogleich wieder auf Nimmerwiedersehen losließ, schrieb ich Max: ‚Gute Idee. Bin dabei.'

Zwanzig Minuten später piepte mein Handy. Nachricht von Max. ‚Vielleicht macht der Ignaz diesmal auch mit. Du sollst ihm dein Buch vorbeibringen.'

Ich fuhr sofort zum Friedhof der Dinge. Hielt am Tor. Ließ den Motor laufen. Quetschte das Buch in den Briefkasten. Dazu noch einen Zettel mit meiner Telefonnummer. Sprang schnell zurück ins Auto.

Mal sehen.

Dank

Herzlichen Dank an meine Eltern Rosmarie und Kurt. Meinem Papa für das geduldige Lektorat. Und beiden einfach für alles.

Ich danke Barbara Gasperlin, die trotz der räumlichen Distanz eine wunderbare Freundin ist und mich bei meinen literarischen Gehversuchen immer bestärkt und unterstützt.

Vielen Dank an Nina Praun, für die das Gleiche gilt. Ihre Texte auf *derschreibmaschinenblog.de* sind immer eine Inspiration und regen zum Nachdenken darüber an, was wirklich wichtig ist.

Ich danke meiner wunderbaren Tochter Marie-Theres. Ihre Begeisterung für Dinge, die in Erwachsenenaugen wertlos erscheinen und ihren Nutzen verloren haben, hat mich überhaupt erst auf die Idee gebracht, über einen Schrottplatz zu schreiben. Marie, heb weiter Steine und Stöcke auf, grab weiter zersplitterte Coca Cola-Werbetafeln aus moosüberwachsener Erde aus. Heb verlorene Schrauben auf und steck sie in die Tasche deines Anoraks. Um dann hundert Meter weiter eine passende Schraubenmutter zu finden. Bestehe weiter darauf, dass wir all das Zeug mitnehmen, das du für dich als wertvoll erachtest, auch wenn der Papa es für unnütz hält. (Sorry, die kleinen Holzspreitzl mit den rostigen Nägeln drin habe ich beim letzten Umzug trotzdem entsorgt. Blutvergiftungsgefahr.)

Und nicht zuletzt, aber an dieser Stelle doch zuletzt, weil das Buch gleich aus ist, herzlichen Dank an all die Menschen, die mich fragen, wann ich denn das nächste Buch schreibe.

Genau j e t z t.

Von Florian Göttler bereits erschienen:
Voll aufs Maul, 3H-Verlag (2018), ISBN: 978-3-9818-5907-2
Ein Heimatlied von Gier und Grausamkeit, Twentysix (2020), ISBN 978-3-7407-6436-4